REVISTA

NANCY LEVY-KONESKY

Tufts University

KAREN DAGGETT

Boston College

HOLT,
RINEHART
AND
WINSTON,
INC

New York   Chicago
San Francisco   Philadelphia
Montreal   Toronto   London
Sydney   Tokyo

To Bruce with love.
KD

To Georgie, Frank, and B.J. Thanks for making it so easy.
NRL-K

Library of Congress Cataloging-in-Publication Data
Levy-Konesky, Nancy
    Revista.

    English and Spanish.
    1. Spanish language—Conversation and phrase books—English.
    2. Spanish language—Readers.   I. Daggett,
Karen,   II. Title.
PC4117.L443   1988   468.6′421   87-25124
ISBN 0-03-014214-8

Printed in the United States of America

Printed simultaneously in Canada

7 8 9 0 1   9 8 7 6 5 4 3 2 1

Holt, Rinehart and Winston, Inc.
The Dryden Press
Saunders College Publishing

We wish to thank Marilyn Pérez-Abreu for her editorial foresight and expert supervision,
Carol Wasserman for her valuable assistance and detailed scrutiny of the manuscript, Susan
Cohan for her precision copyediting, Julia Price for carefully overseeing all of the stages of
production, Carmen Cavazos for her beautifully creative design and Renée Davis for her
expert art direction. We extend a very special thank-you to Sharon Alexander for her
consistently sound judgment, good ideas, and as always, sense of humor. We also wish to
express our appreciation to Vince Duggan, Priscilla Taguer, and the entire staff at Holt,
Rinehart and Winston whose joint effort helped to fine-tune *Revista*.

    Our gratitude and appreciation go to Emma Sopeña Balordi for her valuable assistance,
and to Jane Levy Reed, Jane Fields, Linda Greenberg, Oswaldo Voysest, Donna Ackles,
Ginger Paluba, Nancy Jo Cardillo, and Pablo José Correa for their contributions to various
aspects of manuscript preparation.

    We are grateful to Isaac Goldemberg for helping to ensure linguistic accuracy and
authenticity, to Lois Cecsarini for her creative and innovative contributions, and to the
following people for their helpful reviews and suggestions during manuscript preparation:
Valorie Babb, Minot High School; Susan Bacon, University of Cincinnati; Bárbara
Bénjamin, Los Angeles City College; Fé Brittain, Pima Community College; Helen C.
Brown, Communty College of Philadelphia; Harold L. Cannon, California State University
at Long Beach; Irma Blanco Casey, Marist College; MaryAnn Ferrari, Miskayuna High
School; David William Foster, Arizona State University; Ildiko Lewis, Moorspark College;
William Luis, Dartmouth College; Ernest Norden, Baylor University; Gladys Rivera-La
Scala, United States Naval Academy; C. Albert Rubio, Greensboro Public Schools; Karen
Smith, University of Arizona; W. Flint Smith, Purdue University; María-Elena Vieira-
Branco, University of Pennsylvania.

PREFACE

How can learning a foreign language be an enjoyable and meaningful experience? One way is to provide students with authentic materials that will stimulate their thinking and break the tedium of the class hour. Teachers spend hours gathering readings and realia from Hispanic newspapers and magazines and then wonder how they will have the time and energy to creatively integrate these materials into their lesson plans and use them effectively to help students practice newly acquired skills and to teach culture. *Revista* has been written in response to this need.

Revista is a conversational activity book and cultural reader whose goal is to encourage interaction among students in practical situations. It offers the conversational practice needed to facilitate language acquisition. The most distinguishing feature of *Revista* is that it is *based* on realia. It brings the reality of the Spanish language into the classroom and places genuine Hispanic materials into the hands of the students. Unlike other activity books, the realia is not merely used passively as page-fillers that can be ignored. It is used actively to reinforce grammar, to teach culture, and to serve as a springboard to meaningful interchange. The exercises and activities are based on the content of the realia. In addition, authentic readings from popular Hispanic magazines and newspapers are incorporated into the text, presenting opportunities for students to practice the four language skills: listening, speaking, reading, and writing.

The magazine format of *Revista* provides maximum flexibility and a contemporary flavor that appeals to high school and college students. The sections are graded according to level of difficulty and are independent of one another. The teacher has the freedom to choose the readings and activities that will most interest the class and are most appropriate for their level.

Although designed for intermediate and conversation courses in college, *Revista*'s versatility and practicality are also attractive to high school students. The text can be used alone or in combination with texts whose focus is primarily grammar or reading.

Each of the text's eight units includes three to four sections dealing with aspects of the unit theme. These themes were selected from among those that most interest today's students, such as consumerism, travel, diversions, and life-styles of the rich and famous. Each unit of *Revista* is structured as follows:

- *Entre nosotros . . . and Contextos culturales*
  Theme-related ''fun facts'' relevant to the Hispanic world, with conversational exercises to help students compare and contrast Hispanic and non-Hispanic cultures.

- *Para comenzar . . .*
  Prereading strategies in a variety of formats that prepare students for the selections by helping them focus on the unit theme.

- *Antes de leer . . .*
  Prereading strategies such as word guessing, conversational warm-up questions, and cognate recognition, which enable students to read the selections with maximum understanding.

- *Lectura **Artículos***

  Brief articles selected from current Hispanic newspapers and magazines. The selections offer timely themes of high interest that will stimulate conversation among students and help them to express themselves more freely in Spanish. Some themes are humorous or satirical, while others are serious and controversial.

- *Realia*

  Various theme-related pieces of realia followed by exercises and activities. Students sharpen language skills and practice self-expression while learning how to read a job application, a classified ad, a hotel bill, or a wedding invitation.

- *En otras palabras . . .*

  A variety of exercises that test the students' comprehension of key aspects of the selection and provide opportunities for assimilation of material.

- *Composición*

  Opportunities for students to express their knowledge, opinions, ideas, and feelings in writing. All suggested topics are related to the section theme.

- *Minidrama*

  Activities such as role-playing, interviews, and dialogues that require the oral and written participation of students in pairs and small groups.

- *Debate*

  Topics that encourage students to express and support opinions about theme-related issues.

- *Además*

  A section review that provides more opportunities for meaningful discourse and vocabulary practice. It includes skits, dialogues, debates, discussions, interviews, and surveys.

- *Vocabulario* and *Respasemos el vocabulario*

  An abundance of high-frequency words and expressions often overlooked in elementary Spanish. These are accompanied by exercises to ensure acquisition and stimulate conversation. The *Formando otras palabras* section provides opportunities for students to learn how to enlarge their vocabulary by forming new words from related words. Presenting the vocabulary after the reading selections and realia emphasizes the importance of word guessing in context, a necessary basic reading skill.

- *Por último*

  End-of-unit exercises and activities to help students assimilate the vocabulary and topics from all sections.

- *Don Rafael, a sus órdenes*

  Students learn Spanish expressions that help them to respond authentically to everyday situations in a practical, functional manner.

EDITOR
Vincent Duggan

REDACTORA EJECUTIVA
Marilyn L. Pérez-Abreu

REDACTORAS
Sharon Alexander
Julia Price
Carol Wasserman

GERENTE DE PRODUCCION
Priscilla Taguer

DIRECTORA DE ARTE
Renée Davis

DISEÑADORA
Carmen Cavazos / Grafica

**COORDINADORA
DE FOTOGRAFIA**
Rona Tuccillo

LA PORTADA
Fotografía hecha por
Beryl Goldberg

FOTOGRAFIAS

1, Photo Researchers Inc./
Ulrike Welsch
3, Beryl Goldberg
6, David Kupferschmid
31, Stuart Cohen

CONTENIDO

Años escolares, años profesionales

- EL COLEGIO
- LA UNIVERSIDAD
- ELIGIENDO UNA CARRERA
- EL DIA LABORAL

ENTRE NOSOTROS...

1. Con la excepción de la enseñanza pre-escolar, el sistema educativo en España es fundamentalmente diferente al sistema en los EEUU. La enseñanza primaria es obligatoria, gratuita y dura seis años. El título es necesario para ingresar en la escuela secundaria y para conseguir un empleo.

En la escuela secundaria los estudiantes empiezan a especializarse. Pueden asistir a escuelas tecnológicas, comerciales o militares. Los que asisten al liceo estudian las humanidades y se preparan para la universidad. El plan de estudios es muy rígido, y se da mucha importancia a la historia, las matemáticas y las lenguas extranjeras. En general, las actividades extraescolares como los deportes, los clubes y las lecciones de arte no se ofrecen en la escuela, aunque algunas tienen programas de educación física. En la mayoría de las escuelas se mantiene la separación entre los sexos. Al graduarse se recibe el título de «bachiller».

2. Es difícil ingresar en las universidades hispánicas. Son casi todas gratuitas pero hay mucha competencia. Los exámenes de ingreso son rigurosos y hay largas listas de espera. Cada plan de estudios corresponde directamente a una «Facultad»: Medicina, Ciencias, Derecho, Filosofía y Letras, etcétera. Las asignaturas son duras y no son de tipo electivo. Hay poca comunicación entre los estudiantes y el profesorado.

La asistencia a clase no es obligatoria. Algunos estudiantes se presentan sólo para tomar el examen final. La mayor parte de los exámenes son orales, y durante veinte minutos el estudiante es examinado por un comité de tres profesores. Normalmente la escala de notas es de 1 a 10:

    10 = sobresaliente
     9 = notable
     8 = superior
   5–7 = aprobado
   1–4 = suspenso

Debido a la falta de un «campus» central, el concepto de la residencia estudiantil casi no existe. Los estudiantes viven en casa o en pensiones.

3. La Universidad Autónoma de México, situada en la Ciudad de México, tiene más de 200.000 estudiantes. Es la universidad más grande de la América Latina. Las fachadas[1] de algunos de los edificios están decoradas con murales fabulosos de David Alfaro Siqueiros, Diego Rivera y otros artistas famosos.

La Universidad de Madrid es la universidad más grande de España. Tiene 200.000 estudiantes y es la única «universidad de campo» en Europa.

_____

1. fronts

CONTEXTOS CULTURALES

1. ¿Qué opina Ud. del sistema de enseñanza secundaria de España? Compárelo con el de los EEUU. ¿A qué edad debe un alumno elegir una profesión u oficio? Explique.

2. ¿Qué se requiere para ingresar en una universidad estadounidense? En su escuela o universidad, ¿es obligatoria la asistencia a clase?

¿Cree Ud. que es importante? ¿Por qué sí o por qué no? ¿Qué opina Ud. del sistema de exámenes orales? Compárelo con el sistema que usa su profesor(a). ¿Qué opina Ud. de los exámenes orales en general? ¿Son más difíciles o menos difíciles que los escritos? ¿Para qué asignaturas es mejor tomar un examen oral? Describa las ventajas y desventajas de vivir en una residencia estudiantil.

3. ¿Prefiere Ud. asistir a una universidad grande o pequeña? ¿Cuáles son las ventajas y desventajas de cada una? El recinto[1] de la Universidad Autónoma de México se llama «la ciudad universitaria». ¿Qué implica este nombre?

_____

1. site

EL COLEGIO

Ahora que acaban de empezar las clases, *Revista* examina algunos aspectos de la vida estudiantil.

PARA COMENZAR...

Los años estudiantiles que pasamos en la escuela primaria y secundaria se pueden considerar los años de formación.

¿En qué consiste esta formación? ¿Está Ud. de acuerdo con que son años importantísimos? ¿Por qué sí o por qué no?

Dé Ud. ejemplos para apoyar sus ideas.

I. LIBROS, LIBROS Y MAS LIBROS

ANTES DE LEER...

Adivine[1] Ud. el significado de las palabras subrayadas,[2] según el contexto.

1. La <u>bibliotecaria</u> los ayuda a encontrar los libros que quieren leer.
   a. library   b. clerk   c. librarian
2. La lectura es algo más que un <u>pasatiempo</u>.
   a. hobby   b. drudgery   c. period of time
3. Cada libro que terminan significa el <u>agregar</u> otra estrella a sus cuadernos.
   a. adding   b. removing   c. placing
4. Sus <u>lecturas</u> de verano los llevan a escribir obras teatrales.
   a. lectures   b. lecturers   c. readings

---

1. guess   2. underlined

Un verano lleno[1] de libros

El televisor está fuera de la vista y la radio está callada. La casa se halla suficientemente tranquila como para mantener una conversación o leer un libro.

La señora Elvira Cisneros, madre de cinco hijos, me dice, «Se conecta la televisión únicamente para ver ciertos programas de los fines de semana y algún programa instructivo ocasional durante la semana.»

¿No se aburren los niños a veces? La señora Cisneros contesta, «No. Tienen libros para leer.»

En los meses de verano, el lunes es el día de la biblioteca. Ella lleva a sus hijos en automóvil a la sucursal[2] de la biblioteca. La bibliotecaria, Isabel Bazán, los ayuda a encontrar los libros que ellos quieren. Durante las vacaciones, el espacio entre la una y las cuatro de la tarde es tiempo «de tranquilidad» en la casa de los Cisneros, tiempo para leer o hacer algo creativo y para aprender a vivir con uno mismo. Si los amigos desean quedarse durante estas horas, tienen igualmente que desarrollar[3] alguna actividad constructiva durante esa parte del día.

Como resultado, los chicos leen hasta cuarenta libros durante las vacaciones. Cada libro que terminan significa el agregar otra estrella al cuaderno de lectura que guardan. La señora Cisneros cree que la lectura es algo más que un pasatiempo. Es una buena base para ayudarlos con sus fantasías.

A menudo, sus lecturas de verano los llevan a escribir obras teatrales. Después, toda la familia participa en la representación de estas obras en la noche.

(Así es cómo la señora Cisneros describió un verano típico en su casa cuando sus hijos eran pequeños. Actualmente,[4] uno de sus hijos, Henry, es el alcalde[5] de San Antonio, Tejas. Una hija acabó sus estudios doctorales en biología celular, otra hija es periodista, y otra es compositora y fundadora de un grupo musical. El menor de los hijos es arquitecto.)

---

1. full   2. branch   3. to develop
4. at present   5. mayor

EN OTRAS PALABRAS...

¿Verdad o mentira?   Si la frase es falsa, corríjala.

1. En la casa de los Cisneros, los niños miran la televisión con frecuencia.
2. Después de mirar la televisión, los Cisneros siempre representan su escena favorita.
3. Una vez al mes la familia va a la biblioteca a buscar libros.
4. Por la tarde, los niños juegan con sus amigos.
5. El leer no ayuda a los niños de ninguna forma.

CONVERSEMOS

A. **Me gusta leer.**   ¿Cuál es su libro favorito ahora? ¿y a los seis años? ¿Por qué? De todos los libros que Ud. ha leído, ¿cuál es el más... y por qué?

1. aburrido   2. divertido   3. emocionante
4. difícil de comprender   5. romántico
6. cómico

B. **Opiniones.**   Conteste Ud. las siguientes preguntas.

1. ¿Por qué es importante leer? ¿Qué se puede aprender de los libros? ¿y de la televisión? ¿y de la radio?
2. ¿Deben los padres imponer un límite de horas en que los niños pueden mirar la tele? ¿Cuántas horas es razonable? Explique.
3. ¿Deben los padres censurar los programas que miran los niños? ¿Hasta qué edad? ¿Qué tipo de programas deben censurar para un niño de cinco años? ¿y de doce? ¿y de dieciséis? Nombre Ud. algunos programas actuales que son beneficiosos para estos grupos. Nombre también algunos que carecen de valor.
4. ¿Debemos mirar sólo los programas de televisión que nos enseñan algo? ¿Por qué?

MINIDRAMA

Ud. es productor(a) de televisión y hoy estrena[1] su programa para niños. En grupos, representen un segmento del programa.

---

1. debuts

II. VIDEO-LIBROS

Aprender con vídeo-libros

ANTES DE LEER...

1. Adivine Ud.: ¿Qué es un vídeo-libro? ¿Para qué sirve? ¿Dónde se pueden comprar los vídeo-libros? ¿Cuánto cuestan?
2. Dicen que pertenecemos a la generación «vídeo». ¿Qué significa eso? ¿Cuáles son algunos de los efectos que ha tenido la vídeo-tecnología en nuestras vidas?

Vídeo-libros BBC. De 60 a 110 minutos. Sistema VHS.

Los vídeo-libros, que están teniendo un gran éxito en el mercado del vídeo europeo, constituyen un excelente medio de consulta y aprendizaje. Constantemente nuevos títulos sobre muy distintos temas son puestos a la venta; así, BBC ha sacado al mercado cinco nuevos títulos.

«*Adiestre[1] a su perro*»; en él, la mundialmente conocida adiestradora de animales domésticos señora Woodhouse muestra los distintos pasos en la enseñanza para perros de cualquier raza.

«*Cuide sus plantas de interior*»; a través del *señor Smith* se nos muestran consejos para lograr la máxima belleza en la jardinería interior, desde la elección de semillas[2], periodicidad en el riego[3], temperatura adecuada, conservación, etcétera.

«*Manténgase en forma*»; se da una serie completa de ejercicios físicos de todo tipo, acompañados de consejos para seguir en la dieta y así conseguir un cuerpo en forma.

«*Juegue al tenis*»; presenta de manera sistemáti-

ca el método de aprendizaje y perfeccionamiento de las técnicas del deporte de la raqueta. Ha sido utilizado por jugadores de diversos países que están situados entre los mejores del ranking mundial.[4]

«*Pinte*»; el señor *John Fitzmaurice*, conocido experto en pintura, enseña paso a paso todas las técnicas pictóricas desde su inicio, logrando al final hacer cuadros propios sin necesidad de acudir[5] a ninguna escuela de arte para conocer los secretos del claroscuro, por ejemplo.

---

1. Train   2. seeds   3. watering
4. of the world   5. to go

EN OTRAS PALABRAS...

Explique en sus propias palabras lo que se puede aprender por medio de los vídeo-libros mencionados en la lectura.

1. «*Adiestre a su perro*»
2. «*Cuide sus plantas de interior*»
3. «*Manténgase en forma*»
4. «*Juegue al tenis*»
5. «*Pinte*»

CONVERSEMOS

A. **Ventajas.** El siguiente párrafo ofrece algunas ventajas de usar los vídeo-libros. Llene Ud. los espacios con la palabra apropiada.

televisor	cómodo	claridad	profundidad
casa	aprender	alumnos	escuelas

A través de un vídeo-libro se pueden _____ las cosas más diversas. Tiene la ventaja de la _____ del libro y la _____ de la imagen. Tal vez los más perjudicados[1] son los dueños de las _____ que ven cómo sus posibles _____ se quedan en su _____ frente a la pantalla[2] del _____, lo que sin duda resulta más _____. Los resultados pueden llegar a ser los mismos.

Ahora, diga si Ud. está de acuerdo con estas ventajas y defienda su respuesta.

B. **Posibilidades.** Nombre Ud.:

1. una cosa que resulta imposible aprender por medio de un vídeo-libro
2. dos libros que Ud. quiere convertir en un vídeo-libro
3. tres cosas no mencionadas en la lectura que se pueden aprender por medio de un vídeo-libro

C. **Vídeo-autores.** Las siguientes personas van a hacer un vídeo-libro. Ayúdelas a seleccionar un título apropiado para su obra.

1. Jim Rice   2. Geraldine Ferraro
3. Rambo   4. Julia Child

Ahora, escriba Ud. un párrafo que describa el contenido de uno de estos vídeo-libros.

MINIDRAMA

En grupos, escojan uno de los vídeo-libros mencionados y representen un segmento.

DEBATE

En grupos, defiendan o refuten el siguiente punto de vista: Se puede aprender más por medio del (de la) profesor(a) que por medio de la televisión.

---

1. hurt   2. screen

III. EL COLEGIO¹ MERICI

ANTES DE LEER...

¿Cuáles son algunas diferencias entre un colegio público y un colegio privado? ¿Cuáles son las ventajas y desventajas de los dos?

niños?

Si sus hijos tienen desde un año hasta diecisiete años de edad y necesitan un colegio con un ambiente educativo, competente y responsable que fomente² la investigación y respete los procesos de aprendizaje de cada alumno,

TENEMOS BUENAS NOTICIAS

El Colegio Merici bilingüe, con 30 años de experiencia, abre nuevos grupos en todos sus niveles para el próximo ciclo escolar **1984-1985.**

Pre-escolar-Montessori ☐ Primaria incorporada a la S.E.P. ☐ Secundaria y C.C.H. incorporados a la UNAM. ☐ Amplias instalaciones.

Canchas de futbol, basquetbol y volibol, bibliotecas, auditorio, jardines y patios recreativos. Servicios de transporte.

COLEGIO MERICI

Informes:
Granjas 45 Palo Alto. México, D.F. Km. 15 Carretera México Toluca
Tels: **570-31-83 570-29-51**

EN OTRAS PALABRAS...

Conteste Ud. las siguientes preguntas referentes al Colegio Merici.

1. ¿A qué edad puede el niño empezar sus estudios?
2. ¿Cuál es la dirección del colegio?
3. ¿En qué año se fundó la escuela?
4. ¿Qué deportes se juegan en el colegio?
5. ¿Qué otras actividades ofrecen?
6. ¿Cuál es la filosofía del colegio?

COMPOSICION

Escriba Ud. un anuncio de un colegio nuevo que Ud. quiere fundar. Incluya:

1. la filosofía educativa
2. los servicios ofrecidos
3. la edad de los estudiantes
4. la especialización de la escuela
5. información sobre el profesorado

---

1. En muchos países hispanos, la palabra *colegio* se refiere a las escuelas primarias o secundarias.
2. encourages

IV. EL VERANO ES PARA... ¿APRENDER?

CONVERSEMOS

Opiniones. Conteste Ud. las siguientes preguntas.

1. ¿Quiere Ud. asistir a este campamento? ¿Por qué sí o por qué no?
2. ¿Sabe Ud. usar una computadora? ¿Es fácil o difícil? Explique. ¿Es importante saber usarla? ¿Por qué? ¿Cree Ud. que es importante para un niño de diez años saber usarla? Explique.
3. ¿Qué significa para Ud. «el verano»? ¿Debe ser un tiempo para descansar? ¿Cuál es más importante para un niño, lo físico o lo intelectual? Explique. ¿Qué hace Ud. durante el verano?
4. ¿Cree Ud. que hoy día los niños están demasiado ocupados con clases extraescolares? ¿En qué actividades participa Ud. ahora? ¿y a los diez años? ¿Es importante tener algún tiempo libre sin actividades planeadas? ¿Para qué sirve este tiempo?

V. LOS NIÑOS HABLAN

CONVERSEMOS

Opiniones. Conteste Ud. las siguientes preguntas.

1. ¿Cree Ud. que los niños se preocupan demasiado por las notas? ¿Son importantes las notas para un niño de ocho años? ¿de diez años? ¿A qué edad deben los niños empezar a recibir notas? Explique.
2. ¿Hasta qué punto deben los padres ayudar a sus hijos con la tarea? ¿Les pedía ayuda a sus padres cuando Ud. era pequeño(a)? ¿y ahora? ¿A quién le pide Ud. ayuda ahora? ¿En qué materias?
3. Prepare Ud. una respuesta para el niño en la caricatura. ¿Qué le debe decir su padre?

—Perdona..., pero con todo este lío[1] de la playa y el veraneo se me olvidó decirte que tengo que presentar trescientos problemas de «mates»[2], seis redacciones[3] y un comentario de textos. ¡Tienes tres días para hacerlo y pasarlo a limpio[4]!

1. confusion   2. math
3. compositions   4. copy it over

—¿Así que mañana a las ocho de vuelta a la oficina? ¡Oye, si te echas a llorar[1] no se lo diré a nadie!

Opiniones.   Conteste Ud. las siguientes preguntas.

1. ¿Por qué es cómica esta escena?
2. Por lo general, ¿son los niños sensibles[2] a los problemas de sus padres? Explique.
3. ¿Hay veces en que tenemos que ser padres de nuestros padres? ¿Cree Ud. que los padres deben esconder[3] sus preocupaciones de sus niños? ¿Cuándo?
4. ¿Cree Ud. que los niños de hoy son más «adultos» o menos «adultos» que los niños de la misma edad en el pasado? Dé Ud. ejemplos.

1. begin to cry   2. sensitive   3. hide

 ¡Qué pesadilla![1]   Lea Ud. la caricatura y haga las actividades.

1. ¿Quién es responsable por las pesadillas de Ud.? Cuéntele a la clase una pesadilla que Ud. no puede olvidar.
2. ¿Tiene Ud. dificultades en dormirse la noche antes de un examen? ¿Qué métodos usa Ud. para dormirse?
3. ¿Lo (La) hacen sentirse nervioso(a) sus profesores? ¿Cuáles? ¿Por qué? ¿Qué piensan sus profesores de Ud.? ¿Son justificadas sus opiniones? Explique.

—Mamá, ahora que conoces al profesor, ¿comprendes la razón de mis pesadillas?

1. nightmare

 El derecho de los padres.   Lea Ud. el siguiente titular y conteste las preguntas.

Si quieres enterarte de lo que pasa dentro y fuera de la escuela

1. ¿Cree Ud. que los padres siempre están al tanto de lo que pasa en el aula? ¿Es importante que los padres lo sepan todo? ¿Por qué sí o por qué no?
2. ¿Cuáles son algunas de las cosas que los padres no necesitan saber? ¿y las que deben saber?
3. ¿Tienen los padres el derecho de saber lo que enseñan en las clases y cómo lo enseñan? ¿Cuáles pueden ser algunas repercusiones?

C. Es la culpa de los maestros.

Lea Ud. el siguiente chiste y conteste las preguntas.

> —¡TAN MALAS notas escolares merecen una buena azotaina[1]!
> —dice el padre al hijo.
> —De acuerdo, papá. Yo sé dónde vive la maestra.

1. ¿Quién es responsable por las notas, el estudiante o el maestro? Cite Ud. ejemplos de los dos casos.
2. ¿Está Ud. de acuerdo con las siguientes frases? Defienda sus respuestas.
   a. Los aumentos de sueldo se deben basar en los logros de los maestros y no en los años de experiencia que tienen en el aula.
   b. Es la responsabilidad de los maestros asegurar de que los estudiantes aprendan.
   c. Los maestros no merecen mucho respeto. Son maestros porque no están capacitados para realizar otro trabajo.
   d. Cualquier persona puede ser un buen maestro si tiene mucha experiencia en su campo de especialización.
   e. Muchos maestros que están dedicados a la profesión la dejan porque hay pocas posibilidades de avance y porque las condiciones de trabajo son muy malas.

---

1. whipping

D. Opiniones.

Conteste Ud. las siguientes preguntas.

1. ¿Qué características o cualidades debe tener un buen maestro para niños? ¿Debe un maestro del nivel secundario o universitario tener las mismas cualidades? Explique.
2. ¿Cuál es la diferencia entre el conocimiento, la inteligencia y la sabiduría? ¿Cuál de los tres atributos figura más al tomar buenas decisiones? ¿Cuál(es) se puede(n) adquirir? ¿heredar?
3. ¿Cuáles son las diferencias entre la experiencia de la escuela secundaria y la de la universidad? Considere Ud. los siguientes factores:
   a. la vida social
   b. las actividades extraescolares
   c. la calidad de la instrucción
   d. la dedicación a los estudios
4. Compare Ud. la instrucción que se recibe en el aula con la que se recibe fuera de la clase.

E. La importancia de la educación.

En grupos, defiendan o refuten uno de los siguientes puntos de vista.

1. Todo el mundo debe asistir a la universidad.
2. Es mejor aprender por medio de la experiencia que por medio de la educación formal.
3. Se deben abolir[1] las materias obligatorias.
4. La instrucción en la escuela privada es mejor que la de la escuela pública.

F. Los problemas inevitables.[2]

Escriba un editorial en forma de carta para el periódico de su escuela o universidad. Incluya la información siguiente:

1. los problemas más graves en su escuela o universidad
2. algunas posibles soluciones

---

1. abolish   2. unavoidable

LA UNIVERSIDAD

¿Cómo sobrevivir[1] los años universitarios? *Revista* **ofrece algunas sugerencias.**

PARA COMENZAR...

"Es la Educación la que te salva ó te hunde[2]"

En grupos, expliquen Uds. el significado de esta frase. ¿Están de acuerdo?

Defiendan sus respuestas. ¿Hay algo que pueda «salvarle a uno» más que la educación? ¿Salvarle de qué?

1. survive   2. destroys

I. TODO TIENE UN PRECIO

EN OTRAS PALABRAS...

Termine Ud. las frases siguientes según el anuncio.

1. Para algunas personas, la matrícula...
2. Shawmut lo (la) ayuda por medio de...
3. Para más información...

CONVERSEMOS

Opiniones. Conteste Ud. las siguientes preguntas.

1. ¿Cuánto cuesta anualmente la matrícula universitaria hoy día? ¿Cuáles son otros gastos que se necesitan pagar? ¿Es demasiado cara la educación universitaria? ¿Por qué cree Ud. que cuesta tanto? Además de conseguir un préstamo de un banco, ¿cuáles son otras maneras de obtener dinero para pagar la matrícula? ¿Cuáles son las ventajas de cada una?
2. ¿Qué oportunidades se le ofrecen a una persona que acaba de graduarse de la universidad? ¿y de la escuela secundaria?

COMPOSICION

Ud. quiere solicitar un préstamo a este banco. Escríbale una carta al banquero en la cual Ud. incluye la siguiente información:

1. la razón por la cual necesita un préstamo
2. cómo y cuándo Ud. va a pagarlo
3. tres ejemplos de lo responsable que es Ud.

MINIDRAMA

Con un(a) compañero(a), representen una entrevista entre un(a) estudiante y un(a) funcionario(a) del banco. El (La) estudiante quiere conseguir un préstamo y le presenta al (a la) banquero(a) una lista de los gastos en los que va a incurrir en los cuatro años universitarios. El (La) banquero(a) va a mostrarle maneras de cómo disminuir[1] estos gastos.

DEBATE

En grupos, defiendan o refuten el siguiente punto de vista: La matrícula universitaria debe ser gratuita —pagada por el estado o por el gobierno federal.

_____

1. to decrease

II. ¿TENGO UNA BUENA MEMORIA? NO RECUERDO.

ANTES DE LEER...

¿Tiene Ud. una buena capacidad para recordar las cosas? Describa Ud. con detalles la ropa que llevó su profesor(a) de español en la última clase. ¿y la persona sentada a su derecha? ¿a su izquierda?

_____

1. errors   2. thread

¿Tienes una memoria superior a lo normal?

Sí, la memoria no nace... ¡se hace! Y Ud. también puedes mejorar la suya si se lo propones. Todo es cuestión de analizarse y saber dónde están los fallos[1]. Sométete a este test y descubre por qué siempre pierdes el hilo[2] de la conversación y por qué necesitas anotarlo todo para que no se le olviden las cosas.

1. ¿Recuerda la fecha de nacimiento de cada miembro de su familia?
   a. Sí.
   b. En general, sí.
   c. No.

2. Al final de la tarde, ¿puede recordar el número de vasos de agua que ha tomado durante todo el día?
   a. Sí.
   b. Sólo puedo hacer un cálculo aproximado.
   c. Después del tercer vaso que tomo, es imposible seguir contándolos.

3. Si tiene una duda ortográfica, ¿escribe la palabra varias veces hasta reconocer la forma correcta?
   a. Sí.
   b. Algunas veces.
   c. No, porque prefiero buscarla en un diccionario.

4. ¿Recuerda con precisión algún suceso[1] mundial que haya sido comentado durante mucho tiempo?
   a. Sí.
   b. Sí, pero no con detalles.
   c. No.

5. ¿Conoce todos los códigos postales de la región donde Ud. vive?
   a. Sí.
   b. Sólo recuerdo algunos.
   c. Ni siquiera me importa aprendérmelos.

6. ¿Recuerda sus sueños?
   a. Sí.
   b. Algunos.
   c. No.

7. ¿Recuerda las tramas[2] y los protagonistas de las películas que ha visto?
   a. Sí.
   b. A veces los confundo.
   c. No.

8. ¿Recuerda los chistes que le cuentan?
   a. Sí.
   b. Algunas veces.
   c. No.

Dése tres puntos por cada respuesta A, un punto por cada respuesta B y ningún punto por cada respuesta C.

Si Ud. ha sacado:

18—24 puntos

Estupendo. Ud. se acuerda de todos los detalles. El recordar no es un problema para Ud.

9—17 puntos

Tiene una memoria buena. No podrá aprender de memoria el diccionario, pero tampoco tendrá problemas en recordar las cosas diarias.

0—8 puntos

Ud. siempre debe llevar papel y lápiz para poder apuntar todo. Va a tener problemas en recordar su dirección y su propio número de teléfono.

---

1. event   2. plots

CONVERSEMOS

A. **Ahora, ejemplos.** Si Ud. ha contestado «sí» a algunas de las preguntas anteriores, conteste las siguientes preguntas.

1. ¿Cuál es la fecha de nacimiento de sus padres? ¿de sus abuelos? ¿de sus tíos?
2. Cuente Ud. algún suceso mundial de los últimos cinco años.
3. Nombre Ud. el código postal de su pueblo. Nombre el código postal de un(a) amigo(a) a quien Ud. le escribe con frecuencia.
4. Cuente un sueño que tuvo anoche.
5. Cuente la trama de la última película que ha visto.
6. Cuente su chiste favorito.

B. **Otras pruebas.** En grupos, inventen tres ejemplos más de cómo saber si se tiene una buena memoria. Pueden ser cómicos.

MODELO **Al llegar a clase, me doy cuenta de que no llevo zapatos.**

C. **Reacciones.** ¿Cómo reacciona Ud. frente a las siguientes situaciones «inolvidables»?

1. Su mamá se olvida de preparar la cena.
2. Su padre se olvida de darle su dinero semanal.
3. Su novio(a) se olvida de invitarla(lo) al baile de fin de año.
4. Su profesor(a) se olvida de darle tarea para el próximo día.

D. **En orden, por favor.** Arregle Ud. las siguientes frases en orden de dificultad de recordar.

1. los nombres de los meses del año
2. los nombres de sus compañeros de clase
3. los nombres de sus hermanos
4. los nombres de todos los presidentes de los Estados Unidos
5. los nombres de seis marcas de jabón[1]

E. **Opiniones.** Conteste Ud. las siguientes preguntas.

1. ¿Cuáles son las cosas que Ud. suele recordar con facilidad? ¿y las que Ud. olvida frecuentemente? ¿Cómo se explica esto?
2. ¿Cuáles son algunos trucos[2] para no olvidar lo que se tiene que hacer?

---

1. soap   2. tricks

III. MIENTRAS DUERMO

ESTUDIE INGLES!

MIENTRAS DUERME, CON NUESTRO FAMOSO SISTEMA DE CASSETTES Y DISCOS

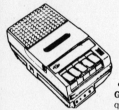

California Instituto de Idiomas es la única escuela que le ofrece el curso de Inglés Mientras Duerme, con las siguientes ventajas que están a su alcance[1], sin costo adicional ● **Lujosa grabadora**[2] con enchufe[3] para corriente de su hogar y baterias para llevarla consigo ● **Bello álbum** con 4 cassettes grabados y un cassette en blanco para sus prácticas ● Si prefiere, **Album con 12 ediciones** grabadas en discos de larga duración ● **Diccionario Visual** ● **Bocina de Almohada** ● **Reloj Electrónico** ● **Guía Rotativa** para conjugar verbos irregulares y muchos accesorios que le ayudarán en el aprendizaje del idioma Inglés.

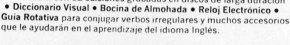

---

1. within your reach   2. tape recorder   3. plug

EN OTRAS PALABRAS...

A. **¿Verdad o mentira?**   Si la frase es falsa, corríjala.

1. Hay que pagar más dinero para recibir la grabadora y el diccionario.
2. Este programa se ofrece en muchos lugares de los Estados Unidos.
3. Se puede escuchar el programa sólo en disco.
4. La grabadora sólo se puede usar dentro de su hogar.
5. Este programa incluye cinco cassettes.
6. La Guía Rotativa sirve para practicar la pronunciación.

B. **Durmiendo.**   Ud. se da cuenta de que puede estudiar todas sus materias a través de estos cassettes mientras duerme. Explique cómo este método va a afectar su vida.

COMPOSICION

Escoja Ud. uno de los temas siguientes.

1. Escriba un anuncio original para otro curso que emplea este método.
2. Después de escuchar tanto estos discos mientras duerme, Ud. empieza a tener sueños muy raros. Cuente uno.

IV. ¿QUE NOTA SACO UD.?

Papeleta n.º ....
....
...... OFICIAL

UNIVERSIDAD DE VALENCIA
ESCUELA UNIVERSITARIA DE
ESTUDIOS EMPRESARIALES
————

Convocatoria de...

ASIGNATURA: F R A N C E S 1.º

D. ....
queda matriculado en esta Escuela de la asignatura y convocatoria
arriba expresadas, pudiendo con este documento presentarse a examen
de la mencionada asignatura.

Valencia, ...
El Secretario,

En los exámenes de la convocatoria ordinaria ha obtenido
la calificación de [   ]
Valencia,..

En los exámenes de la convocatoria extraordinaria ha obte-
nido la calificación de [   ]
Valencia,..
El Secretario del Tribunal,

CONVERSEMOS

La pura verdad. Refiriéndose al resumen de notas, dígale a la clase cuáles van a ser sus notas
en todas sus clases este semestre y por qué Ud.
las merece o no las merece.

MINIDRAMA

En grupos, representen los papeles[1] de:

1. el (la) profesor(a) que va a llenar este documento
2. el (la) estudiante que va a cuestionar la calificación
3. el (la) decano(a)[2] de la universidad que va a escuchar el caso y tomar una decisión
4. los padres del (de la) estudiante que contribuyen
   mucho dinero a la universidad

————
1. roles   2. dean

V. EN LA BIBLIOTECA

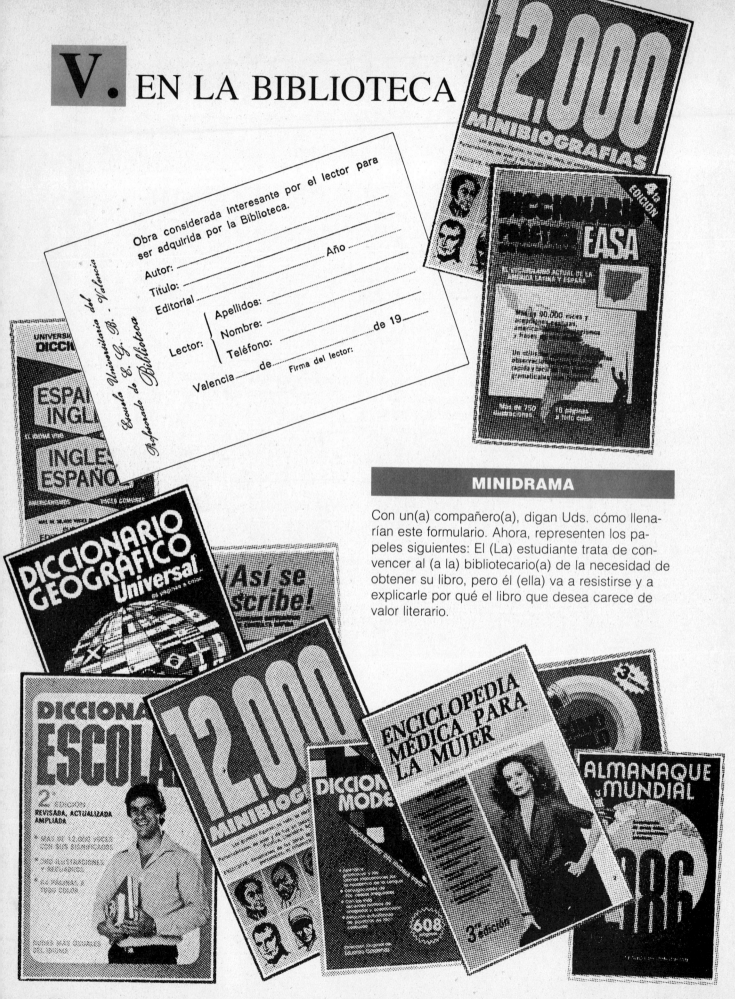

Obra considerada interesante por el lector para ser adquirida por la Biblioteca.

Autor: _____ Año _____

Título: _____

Editorial _____

Lector: ⎰ Apellidos: _____
        ⎱ Nombre: _____
          Teléfono: _____de 19_____

Valencia_____de_____ Firma del lector:

Escuela Universitaria del Valencia
Escuela E. G. B.
Profesorado de Biblioteca

MINIDRAMA

Con un(a) compañero(a), digan Uds. cómo llenarían este formulario. Ahora, representen los papeles siguientes: El (La) estudiante trata de convencer al (a la) bibliotecario(a) de la necesidad de obtener su libro, pero él (ella) va a resistirse y a explicarle por qué el libro que desea carece de valor literario.

ADEMAS

A. **Por correo.**

1. ¿Por qué cree Ud. que los cursos que se pueden estudiar por correo son populares? ¿Cuáles son las ventajas de estudiar en casa? ¿y las desventajas?
2. Ud. va a elegir uno de los cursos mencionados en el anuncio. Explique por qué le conviene a Ud. estudiar de esa manera en vez de asistir a una escuela tradicional. Ahora explique por qué quiere estudiar tal curso.

3. Divida Ud. los cursos en las siguientes categorías y explique por qué los divide así:

   a. los que tratan con la gente
   b. los que requieren mucha actividad física
   c. los más emocionantes
   d. los más interesantes
   e. los que pagan bien
   f. los que tratan muy poco con la gente

B. **¿Libertad o control?** Lea Ud. el siguiente titular y conteste las preguntas.

1. ¿Quién controla las universidades en este país?
2. ¿Cómo puede el gobierno afectar a las universidades? ¿Puede ser una influencia positiva? Explique.

Todos los partidos[1] quieren controlar las universidades

1. political parties

C. **Realicemos las metas.[2]** Ud. va a dar el discurso de despedida de su escuela o universidad en la ceremonia de graduación. Escriba Ud. el discurso, empleando como tema central la frase siguiente: «Usted tiene lo necesario para que sus sueños se hagan realidad[3].»

2. goals   3. dreams come true

SECCION

ELIGIENDO UNA CARRERA

¿No puede escoger una carrera en particular? Tal vez se deba a que Ud. desconoce las posibilidades. Si está en ese dilema, lea esta sección y decida su futuro.

PARA COMENZAR...

Arregle[1] Ud. los siguientes aspectos de un trabajo en orden de importancia para Ud. Compare su lista con la de un(a) compañero(a). ¿Qué trabajo le sugiere el (la) compañero(a) a base de sus requisitos?

1. buen sueldo
2. viajes frecuentes
3. muchas vacaciones
4. mucha responsabilidad
5. gente simpática con quien trabajar
6. contacto con el público
7. ser su propio(a) jefe(a)
8. buena comida en la cafetería
9. trabajo muy variado
10. muebles cómodos en su oficina

¿Cuáles son algunas otras consideraciones no mencionadas aquí?

1. Arrange

I. SOLICITUD DE EMPLEO

1. DATOS PERSONALES Rellene este impreso a maquina o con carateres de imprenta, dejando en blanco los especios recuadrado en rojo		
1. Primer apellido	2. Segundo apellido	3. Nombre
4. Fecha de nacimiento	5. Lugar de nacimiento: Municipio	6. Idam: Provincia
7. Domicillo	8. Lugar de domicilio: Municipio	9 Idam: Provincia

10. Sexo Varón ☐ Mujer ☐	11: Estado civil Soltero ☐ Casado ☐ Viudo ☐	12. Doc. Nal. Identidad Num.	13. Teléfono Num.
14. Nombre de la madre	15. Nombre del padre	16. Profesión del padre	

17. Caso de ser funcionario público, indicar: 17.1 Denominación del cuerpo: a piara	17.2 Fecha ingreso	17.3 Situación actual

Reservado para codificación	

11. FORMACION

18. Títulos académicos que posea	19. Centro que los expidió	19.1 Localidad

20. Idiomas	Traduce			Habla			Escribe			21. Otros conocimientos especiales
	Muy Bien	Bien	Básico	Muy Bien	Bien	Básico	Muy Bien	Bien	Básico	

CONVERSEMOS

A. **Buscando trabajo.**   Diga Ud. cómo llenaría esta solicitud de las siguientes tres maneras.

1. según el empleo que Ud. quiere solicitar
2. fingiendo ser una persona imaginaria, histórica o famosa
3. según las calificaciones que Ud. espera tener en diez años

B. **Opiniones.**   Conteste Ud. las siguientes preguntas.

1. ¿Por qué son importantes las solicitudes de empleo?
2. ¿Es más importante la entrevista o la solicitud? Explique.
3. ¿Qué otras preguntas se deben incluir en una solicitud?

COMPOSICION

Escríbale un párrafo al jefe de una compañía, en el que Ud. describe su experiencia laboral anterior. También explique por qué Ud. está capacitado(a) para realizar el trabajo que busca.

II. UNA ALTERNATIVA

PARRAFO 1

> # "En el Army Reserve, no solo aprendí un trabajo, encontré una profesión."
>
> *PVT Martín Durán, Mecánico de Vehículos de Peso Ligero*

> "Yo reparo todo desde un jeep hasta camionetas de cinco toneladas. Cuando un vehículo se rompe, dependen de mí para que esté listo al día siguiente. Es mucha responsabilidad, pero el Army Reserve me ha dado todo el entrenamiento necesario para hacer el trabajo."

PARRAFO 2

En la segunda columna busque Ud. la terminación de las frases en la primera columna. Estas frases forman el segundo párrafo del anuncio.

1. Antes de entrar a la Reserva...
2. No sabía...
3. Ahora tengo...
4. Siempre se necesitan...
5. Yo sé que ahora estoy haciendo algo...
6. Cuando me pongo el uniforme de la Reserva...

a. mecánicos con experiencia.
b. bueno para mí mismo y para mi familia.
c. me siento muy orgulloso.
d. cuáles eran mis ambiciones verdaderas.
e. tenía una actitud negativa.
f. una actitud más positiva y una destreza para toda la vida.

EN OTRAS PALABRAS...

Refiriéndose al anuncio, haga las siguientes actividades.

1. Identifique el trabajo de este señor.
2. Describa sus responsabilidades.
3. Nombre un beneficio económico.
4. Describa un resultado psicológico/emocional.

CONVERSEMOS

A. **También vale la experiencia.** Para tener éxito en la vida, es importante tener un título universitario, pero al mismo tiempo es necesario tener experiencia. Cite Ud. algunos casos en que el título no basta. ¿Qué puede hacer una persona para obtener experiencia de trabajo mientras estudia?

B. **Al ejército.**[1] ¿Cuáles son algunas de las ventajas de alistarse[2] en las fuerzas armadas? ¿Hay desventajas? ¿Cuáles son? ¿A qué tipo de persona le interesa la vida del ejército? ¿A Ud. le interesa? ¿Por qué sí o por qué no?

---

1. army   2. enlisting

 III. CARRERAS CON FUTURO

ANTES DE LEER...

No es fácil elegir una carrera o profesión. Antes de decidirse hay que tener un buen conocimiento de los trabajos que existen. Nombre Ud.:

1. cinco carreras que son populares hoy día
2. tres carreras que ya son anticuadas
3. dos carreras que van a ser populares en diez años

1 ARQUITECTURA

La estudian un 89% de hombres y un 11% de mujeres. Para matricularse en esta carrera, se requiere que la persona sea sumamente creativa, y graduada de bachillerato.[1]

2 AVIACION

Un 98% de sus estudiantes son hombres (porque exige pasar mucho tiempo volando), pero ahora las mujeres se están interesando más en esta carrera. Requiere bachillerato o entrenamiento militar.

3 COMPRAS

Una carrera super-moderna, en la cual aprendes a comprar todos los productos para un negocio específico... desde champús hasta pieles. La estudian un 76% de hombres y un 24% de mujeres. Como vivimos en una sociedad de consumo, tiene un estupendo campo de trabajo.

4 COMPUTACION

La estudian un 70% de hombres y un 30% de mujeres. Tiene un amplio campo de trabajo, ya que las computadoras han invadido los negocios.

5 INGENIERIA

La estudian un 94% de hombres y un 6% de mujeres. Tiene buen campo de trabajo, ya que muchos ingenieros de todos tipos (hombres y mujeres) serán necesitados en los próximos quince años. Se requiere bachillerato.

6 DERECHO

Hay un 84% de abogados hombres y un 16% de mujeres. Se requiere bachillerato. Para tu información, la rama de mayor futuro es la relacionada con el campo de las computadoras y del espacio.

7 DIPLOMACIA

La estudian un 82% de hombres y un 18% de mujeres. Tiene muchas ramas interesantes y ofrece un amplio campo de trabajo, ya sea en asuntos políticos, cuerpo consular, economía, etc. Ideal para las personas que tienen facilidad para hablar varios idiomas y les gusta viajar.

8 FARMACIA

Hoy, la mitad de los estudiantes de farmacia son mujeres. Tiene buen campo de trabajo. Necesita bachillerato, y requiere alrededor de 2 cinco años de estudio.

9 MEDICINA

Es una de las carreras que percibe un sueldo mayor. La estudian un 84% hombres y un 16% de mujeres. El campo de trabajo es muy extenso, pero requiere aproximadamente siete años de estudios, dependiendo del país.

10 FOTOGRAFIA

La estudian un 80% de hombres y un 20% de mujeres. Tiene buen campo, pues a pesar de que la mayoría de la gente piensa que el fotógrafo es un 'free-lancer', (es decir, que trabaja temporalmente y por su cuenta), seis de cada diez, tienen trabajos permanentes.

1. baccalaureate   2. around

EN OTRAS PALABRAS...

¿Qué carrera...

1. tiene el porcentaje más alto de mujeres?
2. tiene el porcentaje más bajo de mujeres?
3. requiere más de cinco años de estudios?
4. se recomienda para las personas multilingües?
5. ofrece oportunidades de viajar?
6. requiere experiencia militar?

CONVERSEMOS

En su opinión. ¿En qué carrera(s) se necesita(n)...

1. mucha flexibilidad?
2. una inclinación para las matemáticas?
3. una personalidad extrovertida?
4. mucha disciplina personal?

5. algún interés en la política?
6. la creatividad y la imaginación?

Explique sus respuestas.

MINIDRAMA

Al escoger una carrera es recomendable consultar con las personas que lo (la) conocen bien (sus padres, sus maestros o sus amigos más íntimos). En grupos, representen una de las escenas siguientes.

1. Convenza a sus padres que ellos deben dejarle a Ud. estudiar para ser maestro(a) de yoga. Ellos quieren que Ud. estudie derecho.
2. En su escuela hay una «feria de carreras». Tres de los profesionales van a explicarle a un(a) estudiante las ventajas de escoger una carrera.
3. Ud. es dentista pero no le gusta su profesión. Un(a) consejero(a) intenta ayudarlo(la) a cambiar de profesión.

IV. SIEMPRE QUERIA SER...

No todas las personas tienen problemas en escoger una carrera. Lea Ud. el caso de Nicolás Lambert.

nicolás lambert

Un juez[1] de sólo 13 años, el más joven en la historia del tenis francés y quizá lo llegue a ser del tenis mundial, Nicolás Lambert, hizo su debut en la categoría junior del Torneo de Tenis Francés "Roland Garros". Lambert pasó exitosamente sus pruebas escrita y oral y obtuvo su título. El "Roland Garros" es un torneo donde han medido[2] sus fuerzas tenistas de la categoría de Chris Evert y Martina Navratilova.

---

1. judge   2. have measured

El niño de 13 años ya en funciones.

EN OTRAS PALABRAS...

En una sola frase, resuma este artículo.

CONVERSEMOS

Las cosas cambian. Termine Ud. las siguientes frases.

A los trece años...

1. quería ser _____ porque _____.
2. me interesaba(n) _____ porque _____.
3. después de las clases yo iba a _____ con _____ para _____.
4. los fines de semana me gustaba _____ porque _____.

Ahora...

1. quiero ser _____ porque _____.
2. me interesa(n) _____ porque _____.
3. después de las clases yo voy a _____ con _____ para _____.
4. los fines de semana me gusta _____ porque _____.

V. BUENAS IMPRESIONES

ANTES DE LEER...

Aquí se ofrecen algunas recomendaciones referentes al comportamiento apropiado en una entrevista para solicitar trabajo. Arréglelas en orden de importancia y explique por qué.

1. Preséntese bien vestido y arreglado.
2. Muestre confianza en sí mismo.
3. Sea positivo... sonría.
4. Hable claramente y exprésese bien.
5. Muestre que tiene interés en la empresa y que sabe cómo funciona en general.

En su opinión, ¿cuál es el secreto del éxito en una entrevista?

Cómo impresionar «superbien» en una entrevista para solicitar empleo

Aunque parezca injusto, está comprobado[1] que la manera en que Ud. se comporta en la entrevista para solicitar empleo es más importante que lo capacitado que esté para realizar el trabajo.

Hay ciertas preguntas de «doble filo»[2] que, según la contestación que Ud. les dé, pueden determinar el éxito en la entrevista. Según el informe Endicott, existen aproximadamente setenta preguntas básicas que hacen los entrevistadores de la mayoría de las compañías.

Vamos a analizar algunas de las preguntas y cómo debe contestarlas.

- *¿Qué puede ofrecerle a la empresa?* (Significa: ¿Por qué debemos contratarlo a Ud. y no a otra persona?) Aquí es importante mencionar alguna habilidad suya que pueda traerle beneficios a la compañía.

- *¿Cómo se describe a sí mismo?* (Significa: ¿Es flexible, equilibrado; se lleva bien[3] con los demás; podrá adaptarse al ambiente de trabajo de esta compañía?)

- *¿Cuáles son sus puntos débiles?* (Significa: ¿Es capaz de ser objetivo en sus juicios?[4] ¿Tiene una actitud saludable[5] hacia sí mismo?) Nunca diga que no tiene debilidades, pues parecerá una persona muy poco sensible.

- *¿Por qué dejó su empleo anterior?* (Significa: ¿Qué clase de empleado es Ud.?) Sea sincero pero sin ofrecer detalles que puedan perjudicarlo.

- *¿Cuánto aspira a ganar?* (Significa: ¿Cuánto valora su trabajo?) Nunca le pregunte sobre el sueldo, pues así parece desesperado.

1. proven   2. double-edged
3. get along well   4. judgments
5. healthy

A. La respuesta más apropiada. Siguen algunas posibles respuestas a las preguntas anteriores. Indique la que mejor corresponde a cada pregunta.

1. Soy muy organizado; trabajo bien bajo presión; me gusta tratar con la gente.
2. Mis numerosos contactos pueden proporcionar nueva clientela para la empresa.

3. Me gustaría saber más sobre en qué consiste mi trabajo antes de hablar de dinero.
4. No había oportunidades de avanzar y decidí buscar un trabajo con más estímulos.
5. A veces paso demasiadas horas en la oficina y dedico demasiado tiempo a mi trabajo.

B. Para perder el empleo. Para cada pregunta escriba una respuesta que va a impresionar a un(a) jefe(a), pero de una forma negativa.

ADEMAS

A. **Una entrevista memorable.** ¿Está Ud. de acuerdo con las frases siguientes? ¿Por qué sí o por qué no?

1. Nunca debe preguntarle al entrevistador cuándo va a saber los resultados de la entrevista.
2. En general, la mujer muestra menos confianza en sí misma que el hombre.
3. Jamás debe preguntar sobre el sueldo, los beneficios o las vacaciones.
4. El secreto del éxito en una entrevista es impresionar al entrevistador con sus habilidades.

5. En una entrevista es mejor vestirse a la última moda en vez de una forma tradicional.
6. Es recomendable enviarle al entrevistador una nota agradeciéndole la oportunidad de hablar con él.
7. La mujer tiene más dificultad que el hombre en expresarse claramente.
8. Es permisible en una entrevista decir una pequeña mentira si Ud. cree que lo puede ayudar.

B. **Impresiones.** Describa Ud. una entrevista en la cual Ud...

1. causó una impresión muy positiva.
2. causó una impresión muy negativa.
3. se sintió muy incómodo(a).
4. hizo el papel del (de la) entrevistador(a).

C. **El aburrimiento.** No todos los trabajos son fascinantes; sin embargo, son necesarios. Complete Ud. las frases siguientes con una descripción de un trabajo muy pesado.

1. La persona que abre...
2. La persona que corta...
3. La persona que anuncia...
4. La persona que cambia...
5. La persona que limpia...
6. La persona que lleva...

SECCION

EL DIA LABORAL

¿Cómo bregar[1] con el trabajo diario y avanzar?

Aquí le ofrecemos algunas ideas.

PARA COMENZAR...

¿Qué hace Ud. cuando...

1. no está en el aula su maestro(a)?
2. no están en casa sus padres?
3. no está en la oficina su jefe(a)?

1. to cope

I. LOS DIEZ MANDAMIENTOS DEL TRABAJO

No es aconsejable privarse del descanso del fin de semana o de las vacaciones, que se han inventado, no para los ociosos, que no las necesitan, sino para que los activos lo sigan siendo

1. Trabaje duro. Haga el trabajo más difícil al comenzar el día.

2. Estudie mucho. Mientras más sepa, más fácil y efectivo será su trabajo.

3. Tome iniciativas. La rutina podría hundirla.

4. Ame su trabajo. Sienta la satisfacción de hacer las cosas bien.

5. Esmérese.[1] La precisión es mejor que la prisa.

6. Tenga coraje. Un corazón valiente lo ayudará a sortear las dificultades.

7. Sea amistosa. Sólo la gente cordial llega a con vertirse en líderes que triunfan.

8. Cultive una personali dad inter-esante. La personalidad es a los huma-nos como el perfume a la flor.

9. Sonría. Una sonrisa abre la puerta a los rayos del sol.

10. Haga lo mejor. Si usted le da al mundo lo mejor que tiene, lo mejor del mundo le será devuelto.

CONVERSEMOS

A. **Opiniones.** Conteste Ud. las siguientes preguntas.

1. ¿Está Ud. de acuerdo con todos los mandamientos? ¿Cuál es el más importante? ¿el menos importante?
2. ¿Trabaja Ud. mejor al comienzo del día o al final? ¿A qué se debe esto?
3. ¿Es Ud. una persona amistosa? ¿Sonríe fácilmente? ¿Habla Ud. fácilmente con gente que acaba de conocer?
4. ¿Qué se puede hacer para tomar iniciativas? ¿para cultivar una personalidad interesante? ¿para ser amistoso(a)?

B. **Los diez mandamientos de la escuela.** Nombre Ud. los diez mandamientos de la escuela o de la universidad.

---

1. Do your best.

II. UNA ADICCION AL TRABAJO

Los psicólogos han estudiado recientemente una nueva enfermedad, el "WARKAOLISMO", es decir la adicción al trabajo. Ese fenómeno que padecen[1] cada vez con más intensidad, políticos, dirigentes, grandes empresarios y - en definitiva - un grupo de personas imprescindibles[2] en la sociedad pero que corren el riesgo[3] de convertirse en auténticos drogadictos.

LAS PREGUNTAS

1. ¿Trabaja Ud, secretamente, por ejemplo, en el tiempo libre o en sus vacaciones?

2. ¿Piensa a menudo en su trabajo, por ejemplo, cuando no puede conciliar el sueño?[4]

3. ¿Trabaja Ud. ansiosamente?

4. ¿Tiene sentimientos de culpabilidad a cuenta de su trabajo?

5. ¿Evita en las conversaciones alusiones indirectas a su exceso de trabajo?

6. ¿Cuando termina el trabajo, tiene Ud. una necesidad incontrolable de seguir trabajando?

7. ¿Necesita convencer a los demás del motivo por el que trabaja?

8. ¿Trabaja regularmente por las noches?

9. ¿Enfoca Ud. su completo estilo de vida según el trabajo?

10. ¿Ha tenido Ud. la impresión, que con excepción del trabajo, no siente interés por ninguna otra cosa?

CLAVE

5 respuestas afirmativas: Debe cambiar de conducta.

7 respuestas afirmativas: Visite Ud. a un psicologó.

8-10 respuestas afirmativas: Ud. es adicto(a) al trabajo.

1. they suffer   2. indispensable
3. run the risk   4. induce sleep

CONVERSEMOS

A. **Opiniones.** Conteste Ud. las siguientes preguntas.

   1. ¿En qué constituye una adicción?
   2. ¿A qué otras actividades puede una persona tener una adicción?
   3. ¿Puede una adicción ser positiva en algunos casos? Explique.

B. **Necesito trabajar.** Cite Ud. algunas posibles razones por las cuales una persona se vuelve adicta al trabajo.

MINIDRAMA

En grupos, representen una de las siguientes escenas.

1. Una persona adicta al trabajo o a los estudios consulta con un(a) psicólogo(a). ¿Qué le sugiere para mejorar su situación?

2. Acaban de ofrecerle a Ud. un trabajo maravilloso con un sueldo excelente. Lo malo es que Ud. va a tener que trabajar los fines de semana y también varias noches durante la semana. Explíquele la situación a su familia.

III. MAS DINERO, POR FAVOR

Cómo solicitar un aumento de sueldo

Según aumenta el costo de la vida sentimos la necesidad de ganar más y más dinero, pero siempre nos preguntamos cómo podemos obtenerlo, cómo podemos hacer saber a nuestro jefe acerca de nuestra necesidad. Pues bien, a continuación le sugerimos algunos consejos muy útiles para estos casos. Veamos:

- Espere el momento oportuno en que su jefe esté de buen humor; las horas de la mañana y el primer día de la semana son más favorables.
- Pídale a uno de sus superiores que hable con su jefe sobre usted y le dé informaciones positivas acerca de su trabajo.
- Al solicitar un aumento, tome una actitud natural y moderada sin actuar de una manera débil.
- Demuestre que toma su trabajo muy en serio.
- No lo amenace.[1] Si su jefe pierde la confianza en Ud., va a buscar a alguien que lo sustituya.
- Destaque[2] el tiempo que lleva trabajando con su jefe, su responsabilidad en el trabajo y su récord como trabajador dentro de la empresa.

---

1. threaten   2. Bring out

CONVERSEMOS

A. **Los méritos.**   Aquí se ofrecen las razones por las cuales un jefe suele aumentarle el sueldo a un empleado. Según el criterio, ¿merece Ud. un aumento? Dé Ud. ejemplos específicos.

1. Es puntual.
2. Es eficiente y diligente.
3. Se lleva bien con sus colegas.
4. Es honesto y el jefe puede depender de él.
5. Es curioso y tiene interés en la compañía.

¿Cuáles son algunas otras razones para merecer un aumento de sueldo?

B. **Necesito saber.**   Antes de aumentarle el sueldo, su jefe le pregunta algunas cosas personales. Llene Ud. los espacios con la información correcta.

1. Mi familia es _____.
2. Antes de vivir aquí, vivía en _____.
3. Normalmente los fines de semana yo _____.
4. Tengo _____ pasatiempos. Me gusta mucho _____.
5. Para mantener el buen estado físico yo _____.
6. No _____. Creo que es malo para la salud.
7. Mi partido político es _____. Yo voté por _____.
8. Mi _____ favorito(a) es _____ porque _____.

En una entrevista, ¿tiene un jefe el derecho de preguntar cosas personales? Explique. ¿Tiene el empleado que contestar?

MINIDRAMA

Con un(a) compañero(a), representen la siguiente escena: Ud. quiere pedirle al (a la) jefe(a) un aumento de sueldo, pero al llegar a su oficina todo le sale mal.

IV. PARA QUE NO SE OLVIDE DE MI

Las frases siguientes forman un párrafo sobre el uso de las tarjetas de presentación. Arréglelas en el orden apropiado para que tengan sentido.

1. El sistema ya es más simple. ¿Cómo? Mediante la tarjeta de presentación.
2. Cuando tenemos que ir a visitar a un cliente, asistir a una conferencia o asistir a un congreso, no es necesario esperar a que otra persona nos presente.
3. En el mundo de negocios es imprescindible que posea su propio medio de identificación.
4. Ese pequeño pedazo de papel ofrece una sensación de estabilidad para la persona que la posee.

LAS TARJETAS DE PRESENTACION[1]

CONVERSEMOS

A. **Mi propia tarjeta.** Ud. va a pedir su propia tarjeta de presentación. Descríbala. ¿Qué información incluye? ¿Cuándo y a quién(es) se las da?

B. **Opiniones.** Conteste Ud. las siguientes preguntas.

1. ¿Son realmente importantes las tarjetas? ¿Por qué?
2. ¿Cuál será la diferencia entre la tarjeta de un artista y la de un programador de computadoras? Describa las dos tarjetas, incluyendo el color, el diseño[2] y el tamaño de cada una.

---

1. calling cards (business cards)
2. design

A. **Los títulos engañan.** No todas las actividades relacionadas con una profesión son fascinantes. Hasta las profesiones más interesantes tienen sus aspectos aburridos. Haga Ud. una lista de las actividades diarias de las siguientes personas.

1. un médico
2. una astronauta
3. un aeromozo
4. una abogada
5. un gobernador
6. una diplomática

B. **¿Y a los sesenta y cinco?** Lea Ud. el siguiente anuncio y conteste las preguntas.

1. ¿Piensa Ud. retirarse a los sesenta y cinco años? ¿Se aburrirá? Si decide retirarse, ¿cómo pasará los días?
2. ¿Cree Ud. que el trabajo conserva la juventud? Explique.
3. ¿Es SCORE un buen programa? ¿Quién va a beneficiarse más del programa? Explique.

1. sponsored

C. **Su estilo ejecutivo.** Lea Ud. el siguiente párrafo y haga la actividad.

¿Cuál es su estilo ejecutivo?

¡Lo logró! Finalmente le dieron el ascenso con el que soñaba. Pero el triunfo en su nueva posición depende del enfoque que dé a la organización y dirección del trabajo de los demás. ¿Qué tal lo hará usted?

En grupos, representen las escenas siguientes.

1. Clara, una de sus mejores empleadas, ha empezado a llegar unos quince minutos tarde todas las mañanas. ¿Qué debe hacer?

2. Usted ha decidido despedir a Berta, una secretaria que siempre ha sido poco eficiente. Y últimamente sus cartas han estado llenas de errores.

3. Dos de sus mejores empleados se han peleado. No sólo se cruzan sin mirarse ni dirigirse la palabra, sino que están dividiendo la oficina en dos campos enemigos. ¿Qué debe hacer?

¿Sabe Ud. expresarse bien? ¿Siempre sabe Ud. decir la cosa más apropiada en el momento más apropiado? En respuesta a las muchas cartas que hemos recibido de nuestros lectores, *Revista* presenta Don Rafael, a sus órdenes.

Experto en la sicología y los modales sociales y dominador del idioma español, don Rafi ayudará a todos con el «qué decir y cuándo decirlo», para quedar bien y dejar una impresión inolvidable. En esta sección don Rafi les enseñará las expresiones más correctas y comunes relacionadas con el trabajo, la diversión, el viaje, el amor y la salud.

Don Rafael a sus órdenes

¡A TRABAJAR!

¿Busca Ud. trabajo? ¿Quiere Ud. quedar bien con el (la) jefe(a)? ¿Necesita Ud. más dinero? Sírvase de estas expresiones para tener éxito.

1. Le preguntan por qué no tiene trabajo. Ud. puede contestar de muchas formas.

estar desempleado(a)	to be out of work (unemployed)
medir las calles	to be unemployed (*literally,* to measure the streets)
Ando muy escaso de dinero.	I have very little money.
Estoy sin blanca.	I haven't got a cent.
Fue despedido(a).	He (She) was fired.
Ya no puedo más con...	I've had it with . . .

2. Y, ¿cómo conseguir el trabajo ideal?

Se solicita _____.	_____ wanted.
solicitar un empleo	to apply for a job
conseguir un empleo	to get a job
Es muy capaz.	He's (She's) very capable.
Es muy fuera de serie.	He's (She's) one in a million.
Tiene un currículum sobresaliente.	He (She) has an outstanding résumé.
Debe tener cabida con alguien.	He (She) must have an in.
Tiene enchufe.	He (She) has connections.
Trabaja por su cuenta.	He (She) works for himself (herself) (freelance).

3. Una vez conseguido el trabajo, debe tener presentes las siguientes expresiones.

No lleve la contraria a su jefe(a).	Don't contradict your boss.
Me llevo bien con mis colegas.	I get along well with my colleagues.
Algunos no me caen bien.	I don't care for some of them.
Siempre cumple con su deber.	He (She) always does his (her) duty.
¿Está Ud. al día?	Are you up to date with your work?
Estoy adelantado(a).	I'm ahead.
Estoy muy atrasado(a).	I'm very behind.
Trabaja como un burro.	You (He, She) work(s) like a dog.
Trabaja doble jornada.	You (He, She) work(s) a double shift (two jobs).
Trabaja a no más poder.	You (He, She) work(s) as hard as you (he, she) can.
Trabaja horas extraordinarias.	You (He, She) work(s) overtime.

4. Y tenga cuidado al bregar con su jefe(a). Quizás estas frases le puedan ser útiles.

Mi jefe(a) suele ser muy exigente (injusto[a], comprensivo[a]).	My boss is usually very demanding (unfair, understanding).
¡Es un(a) sinvergüenza!	He (She) is a scoundrel!
Ese(a) _____ me trae frito(a).	That _____ drives me up a wall.
Tiene toda la razón.	He (She) is (You are) completely right.

Voy, señor(a) Machado.	I'm coming, Mr. (Mrs.) Machado.
No lo tome a mal.	Don't take this the wrong way.
lisonjear	to flatter
dar coba (jabón) a	to softsoap

5. Los resultados pueden ser maravillosos o desastrosos, según cuál de estas expresiones Ud. vaya a emplear.

Cueste lo que cueste.	Whatever it takes.
Trato hecho.	It's a deal.
Felicitaciones.	Congratulations.
Bien hecho.	Well done.
Fracasé completamente.	I failed completely.
¡Qué fracaso!	What a failure!
La empresa se va a pique.	The company's going downhill.
Me doy por vencido(a).	I give up.
Me marcho.	I quit. (I'm leaving.)

USTED TIENE LA PALABRA

A. **Minidrama.**   Haga el papel de las siguientes personas. Explíquele a su esposo(a) por qué fue dado(a) de baja[1] (o por qué dejó el trabajo).

1. un soldado en el ejército
2. un dependiente en el almacén
3. una profesora en la universidad
4. una consejera del presidente
5. un director de una empresa multinacional
6. un actor en una película de Hollywood
7. una astronauta en el programa espacial

B. **Una entrevista.**   Ud. solicita empleo. Explíquele a su posible futuro(a) jefe(a) por qué debe contratarlo(la) a Ud. Ahora, explíquele a su amigo(a) las posibles razones por las cuales su colega consiguió el trabajo en vez de Ud.

C. **Composición.**   Escriba Ud. un diálogo de cuatro a ocho líneas entre jefe(a) y empleado(a) en las siguientes situaciones.

1. Ud. trabajó tres días en un informe y ahora el (la) jefe(a) quiere cambiarlo todo.
2. El (La) jefe(a) piensa que Ud. gasta demasiado dinero cuando viaja por parte de la empresa.
3. El (La) jefe(a) quiere nombrarlo(la) empleado(a) ejemplar después de sólo un año con la organización.

---

1. dismissed

VOCABULARIO

Sustantivos

el **ambiente**	atmosphere, environment
la **asignatura**	subject
el **aula** *(f)*	classroom
el **aumento**	increase
el **beneficio**	benefit
el (la) **bibliotecario(a)**	librarian
la **calificación** (la **nota**)	grade
el **comportamiento**	behavior
el **consejo**	advice
la **destreza**	skill
el **discurso**	speech
la **empresa**	company
el (la) **enemigo(a)**	enemy
el **entrenamiento**	training
la **entrevista**	interview
el **gasto**	expense
la **habilidad**	ability
el (la) **lector(a)**	reader
la **lectura**	reading
la **matrícula**	tuition, enrollment
la **mentira**	lie
el **nivel**	level
la **obra**	*(literary)* work
el **pasatiempo**	hobby, pastime
el **premio**	prize
la **presión**	pressure
el **profesorado**	faculty
la **solicitud**	application
el **sueldo** (el **salario**)	salary
la **sugerencia**	suggestion
el **televisor**	television set

Adjetivos

actual	present
amistoso	friendly
ansioso	anxious
capacitado	capable
creativo	creative
desesperado	desperate
equilibrado	balanced
gratuito	free of charge
(in)cómodo	(un)comfortable
ocioso	lazy
orgulloso	proud
pesado	boring

Verbos

aburrirse	to become bored
agradecer	to thank
agregar	to add
despedir (i)	to fire
disfrutar (de)	to enjoy
dormirse (ue)	to fall asleep
encabezar	to lead, head up
enterarse (de)	to find out (about)
entrevistar	to interview
exigir	to require, demand
guardar	to keep
impresionar	to impress
lograr	to achieve
matricularse	to enroll
mentir (ie)	to lie
merecer	to deserve
pelearse	to fight
realizar	to achieve, accomplish
salvar	to save
solicitar	to apply for, ask for
sugerir (ie)	to suggest

Adverbios

adelante	forward, ahead
atrás	backward, behind

Expresiones

a través de	through, by means of
bregar con	to cope with, contend with
depender de	to depend on
estar al tanto	to be informed
estar encargado	to be in charge
por medio de	by means of
servir (i) de	to serve as
tomar una decisión	to make a decision
tratar con	to deal with

REPASEMOS EL VOCABULARIO

A. Relaciones.   Escoja la palabra de la segunda columna que más corresponda a la palabra de la primera columna. Luego explique la relación.

> **MODELO**   limonada: beber
> **Se bebe la limonada.**

1. sueldo	a. leer
2. mentira	b. sentir
3. lectura	c. pagar
4. consejo	d. llenar
5. solicitud	e. decir
6. presión	f. seguir

B. Ejemplos.   Termine Ud. la frase de una forma original.

1. Estoy orgulloso(a) de...
2. Me siento incómodo(a) cuando...
3. Una cosa pesada...
4. Estoy capacitado(a) para...
5. Una cosa gratuita...
6. Me siento ansioso(a) cuando...

C. Antónimos.   Busque Ud. el antónimo de las palabras siguientes.

1. ocioso	a. avergonzado
2. ansioso	b. incapaz
3. pesado	c. antipático
4. creativo	d. relajado
5. capacitado	e. trabajador
6. orgulloso	f. fascinante
7. amistoso	g. destructivo

D. Formando otras palabras.   Forme Ud. otra palabra según los modelos.

VERBO	SUSTANTIVO
1. estudiar	**estudiante**
2. participar	_____
3. aspirar	_____
4. solicitar	_____
5. dibujar	_____
6. fabricar	_____
7. comerciar	_____

SUSTANTIVO	ADJETIVO
1. orgullo	**orgulloso**
2. estudio	_____
3. ocio	_____
4. costo	_____
5. ruido	_____
6. miedo	_____
7. enojo	_____

POR ULTIMO

A.

Mejorando[1] el sistema. Haga Ud. las siguientes actividades.

1. Ud. encabeza un comité que está encargado de hacer reformas en los programas de su escuela. ¿Qué cambios va a hacer en...
   a. el plan de estudios?
   b. el profesorado?
   c. las actividades extraescolares?
   d. la administración de la escuela?
2. ¿Por qué es su escuela o universidad diferente o única? ¿Hay escuelas que son más tradicionales que otras? Explique. ¿Prefiere Ud. estudiar en una escuela tradicional o en una que tiene programas innovadores? Dé Ud. ejemplos.

B.

Es un honor. Lea Ud. el siguiente párrafo y conteste las preguntas.

> ### Iniciación el viernes
>
> SAN JUAN — La Escuela Superior University Gardens anuncia su segunda iniciación de la Sociedad Nacional de Honor que se celebrará el viernes próximo a las 12:30 P.M. en nuestra escuela. Es un orgullo para nuestra escuela honrar a tan valiosos estudiantes. Queremos invitar a los padres, a la comunidad y a la Prensa del país para que compartan con nosotros esta magna actividad.

1. Nombre tres honores o premios que se conceden en esta escuela. ¿Qué cualidades se requieren para lograrlos? ¿Cuál es el honor más prestigioso?
2. ¿Qué ventajas hay en recibir muchos honores durante los años escolares?
3. ¿Con qué fin se dan estos premios? ¿Qué opina Ud. de esta costumbre?
4. Según el artículo, es un orgullo para los padres, la escuela y la comunidad honrar a los estudiantes. Explique cómo los logros del estudiante afectan a los demás.

C.

¿Jugar o estudiar? Lea Ud. el siguiente chiste y conteste las preguntas.

1. ¿Se ha encontrado Ud. en esta situación alguna vez? Explique.
2. En su opinión, ¿por qué hay tantos estudiantes que no tienen interés en sus estudios?
3. ¿Qué papel deben tener los deportes en la escuela?

> —¿CÓMO TE va en la escuela?
>   —pregunta un padre a su hijo.
> —Muy bien —contesta el muchacho—.
> En futbol voy adelante, y en los estudios atrás.

D.

¿Es Ud. un(a) buen(a) empleado(a) interino(a)?[2]

Esto significa tener capacidad para adaptarse bien a todo nuevo trabajo, integrarse rápidamente a un equipo: en otras palabras, poseer las cualidades exigidas por la sociedad moderna. Si posees estas cualidades seguramente tendrás éxito. Para saberlo, responde a las preguntas siguientes:

1. Estudia el dibujo[3] de arriba:
   a) ¿te gusta?; b) no te gusta; c) te deja indiferente.

Responde SI o NO al siguiente cuestionario:

2. Trato de comprender lo que tengo que hacer antes de pedir ayuda_____
3. Creo en el principio de: "Uno para todos, todos para uno"_____
4. Trato de ser lo más agradable posible a mis compañeros para crear un buen clima de trabajo_____
5. Me gusta compartir[4] mis secretos y los de los demás _____

---

1. Improving   2. temporary   3. drawing
4. share   5. I try   6. judging them

6. Siempre procuro[5] conocer bien a los demás antes de juzgarlos[6]_____

7. Siempre encuentro tiempo para escuchar los problemas de los demás _____

8. Trato de dar a cada uno el trabajo que mejor le conviene_____

9. Procuro hacer sentir a los demás que existen y que se los necesita_____

10. Cuando un trabajo no es satisfactorio, trato de hacer sugerencias constructivas más bien que reproches_____

RESPUESTAS:

1. A) 10 puntos; B) 0 puntos; C) 5 puntos.
2. SI: 10 puntos; NO: 0 puntos
3. SI: 10 puntos; NO: 0 puntos
4. SI: 10 puntos; NO: 0 puntos
5. SI: 0 puntos; NO:10 puntos
6. SI: 10 puntos; NO: 0 puntos
7. SI: 10 puntos; NO: 0 puntos
8. SI: 10 puntos; NO: 0 puntos
9. SI: 10 puntos; NO: 0 puntos
10. SI: 10 puntos; NO: 0 puntos

Entre 80 y 100 puntos

Tiene espíritu de equipo y debe ser agradable trabajar con Ud.

Entre 35 y 75 puntos

Quizás tiene tendencia a juzgar a los demás un poco de prisa; no critique tan fácilmente.

Entre 0 y 30 puntos

El trabajo en equipo no le interesa. Es una persona solitaria y encerrada en sí misma.[1]

¿Son correctos los resultados? ¿Es Ud. la persona que han descrito aquí? Explique.

E. Los clasificados. — Lea Ud. el anuncio. Después, escoja una de las siguientes profesiones y escriba un anuncio clasificado para el puesto. Siga el formato ofrecido aquí e incluya toda la información necesaria.

1. asistente administrativo bilingüe
2. vendedor
3. maestro de primaria
4. locutor de televisión
5. bibliotecario
6. guía turístico

COORDINADOR / MAESTRO
Salario: $16,000 anual
REQUISITOS: Se necesita un Coordinador/Maestro para un programa de cuidado de niños[2] después de la escuela/campamento de verano en una agencia hispana de servicios múltiples en Roxbury. Se requiere ser bilingüe/bicultural (Inglés/Español), Maestria en el área de educación o experiencia equivalente, muy buenas destrezas de redacción y supervisión, ser creativo y flexible al igual que tener conocimeinto de manejo de clases y habilidad para trabajar con familias y niños hispanos.

---

1. withdrawn
2. child-care

La vida de los ricos y los famosos

- ■ LOS RICOS
- ■ LOS FAMOSOS
- ■ LOS RICOS Y LOS FAMOSOS

ENTRE NOSOTROS...

1. Todos los personajes más importantes en las películas hechas en Hollywood con temas hispanos han sido representados por actores no hispanos: Marlon Brando fue la estrella de *Viva Zapata* y Natalie Wood personificó a María en *West Side Story*. Hace unos años Al Pacino desempeñó el papel principal en *Scarface*, una película que se criticó mucho por su descripción injusta de los refugiados cubanos en el sur de la Florida. Las grandes estrellas hispanas han tenido éxito en papeles no hispanos: José Ferrer en *Cyrano de Bergerac*, Anthony Quinn en *Zorba the Greek*, Rita Moreno en *9 to 5* y Emilio Estévez en *The Repo Man* y *The Breakfast Club*.

2. Pintor, escultor, diseñador y artista gráfico, Pablo Ruiz Picasso (1891–1973) fue el máximo representante del «cubismo» y el artista más influyente del siglo XX. En la pintura utilizó las técnicas del «collage» y en la escultura empleó la fantasía para transformar objetos reales en nuevas estructuras. Su obra se agrupa en períodos: «Azul», «Rosa», «cubista», «clasicista», «surrealista», etcétera. Una de sus obras más conocidas es *La destrucción de Guernica*, cuadro que representa el horror de la Guerra Civil Española.

Surrealistas por excelencia son Joan Miró (1893–1983) y Salvador Dalí (1904–   ). Sus obras muestran el estado de subconsciencia, fantasía y sueño tan característico de este movimiento artístico. Uno de los cuadros más renombrados de Miró es *La Ma-*

sía. Dalí alcanzó fama mundial con su cuadro raro *La persistencia de la memoria*.

Tanto en temperamento como en estilo de vida, estos dos artistas son muy diferentes. Miró era convencional y práctico y llevaba una vida relativamente simple. En cambio, a Dalí se le conoce por su manera llamativa y a veces escandalosa. Vive en una extraordinaria casa con animales disecados y objetos extraños. El ambiente es de melancolía y horror.

3. La esmeralda es la joya segunda en valor después del rubí y es mucho más cara por quilate[1] que el diamante y el zafiro. Hoy día, Colombia es la fuente más importante de esmeraldas de todo el mundo.

---

1. carat

CONTEXTOS CULTURALES

1. ¿Cuál es la imagen del hispano que retratan en la televisión y en las películas? ¿A qué se debe esto? ¿Es justificada esta imagen? ¿A cuántos hispanos conoce Ud. que son famosos por ser actores, cantantes o músicos?

2. ¿A Ud. le gusta la obra de los artistas cubistas y surrealistas? ¿Por qué sí o por qué no? ¿Por qué cree Ud. que esta forma de arte es tan popular? ¿Qué tipo de pintura prefiere? ¿Conoce Ud. a otros pintores o escultores hispanos?

3. ¿Son populares las esmeraldas en este país? ¿Tiene Ud. alguna esmeralda? ¿Le gustaría tener una algún día o preferiría tener otra piedra preciosa? ¿Cuáles son algunos usos de piedras y metales preciosos aparte de llevarlos como joyas?

SECCION

LOS RICOS

Con grandes cantidades

de dinero se pueden

comprar grandes canti-

dades de cosas.

PARA COMENZAR...

A. ¿Qué quiere Ud. comprar con su fortuna? Arregle las cosas siguientes en el orden de la importancia que tienen para Ud. y explique su selección.

1. un coche lujoso
2. una casa en el campo
3. joyas

4. viajes exóticos
5. ropa de la última moda
6. otras

B. ¿Qué cosas no se pueden comprar? ¿Por qué no? Indique Ud. si está de acuerdo con las frases siguientes y explique.

1. Si se tiene mucho dinero, no se puede estar triste.
2. El dinero puede resolver muchos problemas.
3. El dinero corrompe.

I. FILOSOFIA FINANCIERA

CONVERSEMOS

Opiniones. Conteste Ud. las siguientes preguntas.

1. ¿Tiene Ud. alguna filosofía referente al dinero? ¿Cuál va a ser su «epitafio financiero»? ¿Qué opina Ud. de las ideas mencionadas aquí?
2. ¿Es verdad que no se puede llevar el dinero a la tumba? Explique.
3. Hay personas que le han dejado toda su fortuna a su gato o a su perro. ¿Qué piensa Ud. de esa idea? ¿Cuál es el caso más extraño que Ud. conoce? ¿Por qué les dejan las personas su dinero a los animales?
4. ¿A quién le va a dejar Ud. su «fortuna»? ¿Por qué?

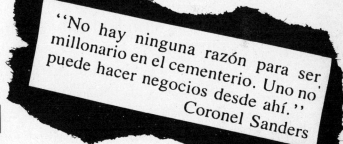

"No hay ninguna razón para ser millonario en el cementerio. Uno no puede hacer negocios desde ahí."
Coronel Sanders

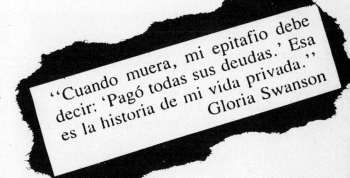

"Cuando muera, mi epitafio debe decir: 'Pagó todas sus deudas.' Esa es la historia de mi vida privada."
Gloria Swanson

II. LO QUE BRILLA[1]

ANTES DE LEER...

¿Qué significa la frase «Los diamantes son para siempre»? ¿Es verdad? ¿Por qué? ¿Qué otros dichos sabe Ud. referente a los diamantes o los metales preciosos?

joyas

LOS DIAMANTES AHORA SON MAS ECONOMICOS

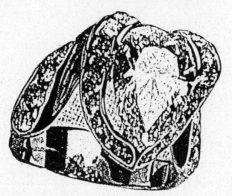

"Los diamantes son para siempre", escribió Ian Flemming, lo que explica por qué son tan populares. Su dureza, belleza y escasez los hacen valiosos y eternos, pero lo que debe saber es que uno de esos ingredientes —la escasez— ocurre deliberadamente. Es manejada y controlada por una organización mundial.

El mercado de los diamantes es como un reloj de arena,[2] con los países productores permanentemente en la mitad superior.[3] Los mayores productores son Sudáfrica, Rusia y Botswana. El último miembro de este *club* internacional es Australia.

La producción mundial, en dólares, es alrededor de tres mil millones.

Cuando los brillantes acaban de ser extraídos de las minas, se ven sencillamente horribles y uno se pregunta por qué hacen tanto alboroto[4] por ellos. Sólo el 20 por ciento son diamantes finos, el resto son diamantes baratos e industriales.

Los precios varían de 1 a 10.000 dólares por quilate. El quilate de diamante se suele confundir con el del oro, pero no son iguales. El oro se mide[5] a partir de 24 quilates puro pero un quilate de diamante es en realidad 0.2 g del peso.[6] Mucha gente piensa que esta medida se originó del peso de un grano de semilla en la India.

Además de los quilates, hay que tener en consideración el color. Es graduado desde la letra D hacia abajo o, si lo prefiere, hacia los más oscuros. Junto con el color está la claridad, que es clasificada en términos aun más difíciles de entender.

Un diamante que antes costaba US $60.000 se puede conseguir hoy en día por US $10.000. Esto se debe al colapso que sufrió el mercado en 1979-1980.

Este es el mejor momento para comprar un diamante, bien sea como una inversión, o por darse un gusto.

---

1. glitters   2. hourglass
3. upper half   4. commotion
5. is measured   6. weight

EN OTRAS PALABRAS...

Termine Ud. las siguientes frases según el artículo.

1. Los diamantes son populares porque...
2. Rusia, Sudáfrica y Botswana...
3. El 80 por ciento de los diamantes extraídos de las minas...
4. Se mide el valor de un diamante por tres cosas...
5. Ahora es el mejor momento...

CONVERSEMOS

Opiniones. Conteste Ud. las siguientes preguntas.

1. ¿Prefiere Ud. zafiros, esmeraldas o rubíes? ¿Por qué? ¿Cuáles son más costosos?
2. ¿Le gustan a Ud. las joyas? ¿Prefiere Ud. el oro o la plata? ¿Lleva Ud. muchas joyas? ¿Por qué sí o por qué no? ¿Por qué lleva la gente joyas? Si Ud. lleva joyas, ¿las lleva porque le gustan o

porque quiere impresionar a los demás? Explique.

3. ¿Es una muestra de ser rico el llevar muchas joyas? Explique. ¿Es importante dar la impresión de ser rico? ¿Por qué?

4. ¿Deben los hombres llevar muchas joyas? Explique.

5. ¿Cuántos diamantes tiene Ud.? ¿Cuánto valen los diamantes? ¿Es verdad que «los diamantes son los mejores amigos de la mujer»? ¿Por qué dicen eso? ¿Es despectiva[1] esta idea? Si los mejores amigos de la mujer son los diamantes, ¿cuál es el mejor amigo del hombre? Explique.

6. **Para las mujeres:** ¿Quiere Ud. recibir un diamante al comprometerse?[2] ¿Es importante para Ud. recibir un diamante de su novio? ¿Por qué?

¿Cree Ud. que es una muestra de amor? ¿Hay otras piedras preciosas que Ud. prefiere? ¿Cuáles son?

Para los hombres: ¿Piensa Ud. comprarle un diamante a su novia al comprometerse? ¿Por qué? ¿Cree Ud. que las mujeres deben regalarles algo a los hombres también? ¿Qué debe ser?

Para los dos: ¿Sabe Ud. el origen de la costumbre de regalarle un diamante a la novia? Invente Ud. una posible historia referente a esta costumbre.

---

1. derogatory   2. upon becoming engaged

III. COMO GASTAR SU DINERO EN UN SOLO DIA

la "limousine" más grande del mundo

Construida por "Ultra-Limousine de Palma", en California, tiene 15 metros de largo y está equipada[1] con toda clase de comodidades. Entre ellas, una piscina, 5 televisores, (uno grande y 4 pequeños), 4 teléfonos, bar, horno microonda, refrigerador, fregadero,[2] procesador de alimentos[3] y hasta un acuario. Esta "limousine" es una de las grandes atracciones de la Feria Mundial de Vancouver (Canadá), para la que ha sido alquilada por US$1.000 diarios durante seis meses, de mayo a octubre. Su alquiler por día es de US$5.000. Y su costo de fabricación fue de US$250.000.

---

1. equipped   2. sink   3. food processor

CONVERSEMOS

A. **Opiniones.** Conteste Ud. las siguientes preguntas.

1. ¿Quiere Ud. alquilar este coche? ¿Es justo el precio? ¿Por qué sí o por qué no?
2. Imagínese que va a alquilar el coche para este fin de semana. Describa la ocasión. ¿Adónde va? ¿Con quién(es)? ¿Por qué? ¿Cuáles de las comodidades va Ud. a usar en el coche? ¿Por qué?

B. **Aun mejor.** En grupos, inventen Uds. un coche que ofrezca aun más comodidades y que sea aun más lujoso. Escriban un anuncio comercial que describa todos los servicios ofrecidos. Incluyan el precio del alquiler. ¿Quién va a usar este coche?

C. **Perspectivas.** ¿Cree Ud. que este coche es un ejemplo de una exageración materialista? ¿Es de mal gusto un coche así? Explique. ¿Cuáles son algunas cosas que se pueden comprar o alquilar que son ejemplos de una exageración materialista?

IV. CON PLASTICO

Para sus compras en el día del padre solicite el Crédito Diferido[1] Diners en los establecimientos afiliados al sistema y decida usted mismo el plazo que más le convenga, 3, 6, 9 ó 12 meses. Es otra buena razón para tener Diners.

CONVERSEMOS

A. **Déme plástico, por favor.** ¿Es fácil conseguir una tarjeta de crédito? ¿Son unas mejores que otras? En su opinión, ¿cuál es la tarjeta más prestigiosa? ¿Por qué? Describa Ud. el proceso para conseguir una tarjeta de crédito. Si no lo sabe, invente un proceso.

B. **Opiniones.** Conteste Ud. las siguientes preguntas.

1. ¿Son las tarjetas de crédito sólo para los ricos? ¿Tiene Ud. una tarjeta de crédito? Si no, ¿le gustaría tener una? ¿Qué compra o qué compraría Ud. con ella?

2. ¿Le debe Ud. mucho dinero al banco? ¿Qué pasa si una persona no paga sus deudas? ¿Prefiere Ud. pagar a plazos[2] o usar una tarjeta de crédito? ¿Por qué?

3. ¿Cuáles son tres ventajas y tres desventajas de pagar con una tarjeta de crédito?

MINIDRAMA

En grupos, representen la siguiente escena: En un restaurante (u hotel o tienda), Ud. quiere pagar con su tarjeta de crédito pero le dicen que ya ha excedido su límite.

---

1. Deferred Credit   2. in installments

A. Mitos y más mitos.
Lea Ud. el siguiente artículo y haga las actividades.

Como "LEER" un diamante

Tamaños hay muchos, pero sólo hay seis cortes básicos para un diamante.[1] Tal como su color favorito revela mucho sobre su personalidad, su forma de diamante preferida habla de su carácter, sus necesidades, sus aspiraciones y qué tipo de compañera será. Paul Spero, gemólogo y escritor con más de tres décadas de experiencia, basa su teoría en estudios informales hechos a lo largo de 25 años, con con unas 50.000 personas.

- **Redondo:** Su familia y su marido ocupan el primer lugar en su vida. Muy estable. Una excelente ama de casa.[2] Resulta fácil llevarse con[3] ella.
- **Pera:** Ama su hogar, pero le atraen las experiencias fuera del círculo doméstico. Desea mejorar su *status*. Estimula a su compañero a superarse.[4]
- **Marquise:** Agresiva. Ambiciosa. Su carrera es lo más importante del mundo. Sexy. Impulsiva. Creativa. Para ser feliz tiene que lograr todas sus metas. Necesita un compañero tan dinámico como ella.
- **Corte esmeralda:** Disciplinada y organizada. Tiene cualidades de líder. Puede ser rígida en su estilo de vida. Conservadora. Excelente maestra. Piensa antes de actuar. Honesta y abierta. No tolera los hombres machistas.
- **Ovalado:** Altamente individualista. Organizada. Disciplinada, pero no rígida. Independiente. Buena ejecutiva y, a la vez, amante de su hogar.
- **Corazón:** Original. Sensitiva a las críticas. Temperamental. Llora con facilidad. Femenina. Vive en las nubes. Necesita un hombre romántico, que la mime.[5] Muy leal. Es una actriz nata.[6] Su ego requiere masaje constante.

 Redondo

 Corte esmeralda

 Pera

 Ovalado

 Marquise

 Corazón

1. Refiriéndose al artículo, nombre Ud.:
   a. seis cortes básicos para un diamante
   b. cinco características de la persona que tiene un diamante «corazón»
   c. cuatro características de la persona que tiene un diamante ovalado
   d. tres adjetivos que describen a la persona que tiene un diamante «marquise»
   e. dos profesiones de Paul Spero
   f. una razón para creer lo que dice el autor de este artículo

2. **Para las mujeres:** ¿Qué tipo de diamante debe comprar Ud.? Explique.

   Para los hombres: ¿Qué tipo de diamante debe comprarle a su novia? Explique.

---

1. cuts   2. housewife   3. to get along   4. excel
5. spoils her   6. supreme

B. ¿Me conocen?
Ud. es millonario(a), pero es bastante desconocido(a). Quiere ser una famosa figura pública, y con ese motivo Ud. decide pagarle una gran cantidad de dinero a una revista para que publiquen un artículo exclusivo sobre su vida. Escriba el artículo que va a salir el mes próximo.

C. Queremos saberlo todo.
Ud. es anfitrión (anfitriona)[1] de un programa de televisión que investiga la vida de la gente más rica. En grupos, representen un segmento del programa que muestra alguna de las escenas de una familia riquísima.

1. la boda de la hija mayor
2. la familia en su lujosa casa de verano en Marbella, España
3. a bordo de su propio avión «767» destino a Nueva York en un viaje de negocios
4. un viaje de compras para los hijos
5. otra

1. host(ess)

LOS FAMOSOS

¿Quiénes son los más

famosos del mundo?

¿Cómo afecta la fama la

vida de una persona?

¿Cómo hacerse famoso?

Revista investiga...

PARA COMENZAR...

A. ¿Quiénes son estas personas famosísimas? ¿Por qué son tan famosas? Busque Ud. el nombre y la descripción de las caras siguientes.

Andrés Segovia
Pilar Miró
Felipe González
Salvador Dalí
Bianca Jagger
Felipe de Borbón

1. guitarrista español de fama mundial
2. príncipe de Asturias, España
3. célebre pintor español
4. directora general de cinematografía
5. presidente del gobierno español
6. actriz nicaragüense

B. Conteste Ud. las siguientes preguntas.

1. ¿Cuántas personas conoce Ud. que *no* son de los EEUU? ¿Quiénes son algunos famosos norteamericanos que probablemente son desconocidos en España y Sudamérica? ¿Por qué son desconocidos?
2. En su opinión, ¿quiénes son las cinco personas más famosas del mundo? Arregle Ud. los nombres en orden de importancia y explique su respuesta.
3. Por lo general, ¿son más famosos mundialmente los políticos, los artistas o los actores? ¿Por qué?
4. ¿Qué otro tipo de gente es conocida por todo el mundo? ¿Cómo se explica esto?

I. LA CELEBRIDAD

COMO PERSEGUIR A UNA ESTRELLA SIN HACERSE ODIAR[1]

En efecto, los perseguidores de estrellas deben desarrollar nuevas estrategias para perseguir a sus ídolos, porque, recuerde, esa celebridad ya lo ha oído *todo*. Incluyendo: "¡Firme aquí!", "¿Tiene un lápiz?", "No es para mí es para mi sobrina"[2], "A mí no me importa mucho, pero mi esposa, mi madre y mi hija me matarían si no consiguiera su autógrafo", "Usted se ve mucho mejor en persona", "Usted parece más gordo en persona que en escena"... Lo peor de todo, sin embargo, la metida de pata que no tiene perdón, es confundir a una celebridad con otra.

A los perseguidores de celebridades no se les debe olvidar que la mayoría de las estrellas de hoy son tímidas, que tienen excelentes motivos para serlo, y que los *flashes* de las cámaras fotográficas les hacen el efecto de explosivos.

El perseguidor de estrellas debe aprender a *no tocar* a la estrella, a llevar encima su propio lápiz y papel, a decir unas cuantas —muy pocas— palabras amables e irse, a evitar[3] el ser repetitivo y a no cansar[4] a su ídolo. Nunca debe detener a la estrella que está tratando de alcanzar un vuelo[5], ir al baño o llegar hasta el lecho de enferma[6] de su madre. Ni nunca hablar con una persona famosa que esté llorando, que acabe de salir del consultorio del dentista, ni tampoco que se halle enfrascada[7] en una conversación.

---

1. being hated   2. niece   3. to avoid   4. to tire   5. flight   6. sickbed   7. engrossed

EN OTRAS PALABRAS...

Conteste Ud. las siguientes preguntas.

1. ¿Cuáles son cinco buenas maneras de perseguir a una estrella?
2. ¿Cuándo no se debe molestar[1] a una estrella? ¿Por qué?
3. ¿Cuál es el problema principal de los perseguidores de estrellas?

CONVERSEMOS

A. **Opiniones.**   Conteste Ud. las siguientes preguntas.

1. ¿Cuáles son algunas otras maneras buenas de perseguir a una estrella que el artículo no menciona?
2. ¿Persigue Ud. a las estrellas? ¿A cuáles? ¿Cuál es su técnica personal?

B. **Ud. y la fama.**   Imagínese que Ud. es una persona famosa, pero muy tímida. No le gusta hablar con el público. ¿Qué va a hacer Ud. en las siguientes situaciones?

1. Ud. llega tarde al aeropuerto para un vuelo cuando un(a) perseguidor(a) lo (la) descubre.
2. Ud. se encuentra en el centro de una ciudad grande en un embotellamiento de tráfico.[2]
3. Ud. cena en un restaurante con sus padres.

Ahora, nombre Ud. otra situación difícil y un(a) compañero(a) va a darle una solución.

C. **El encuentro.**   Ud. es perseguidor(a) de estrellas y ve a su ídolo en una discoteca. Llene Ud. los espacios de una forma original.

«Perdón, pero Ud. es _____, ¿verdad? ¿Cómo está _____? Me gustó muchísimo _____. Ud. _____ en persona que _____. No quiero molestarlo(la), pero ¿_____? No es para mí, es _____. ¿Con quién _____ ahora? ¿Es Ud. realmente _____? ¿Cuándo va a _____? Pues, gracias, y _____.»

D. **La situación al revés.**   Imagínese Ud. que es actor (actriz) aspirante y todavía no lo (la) reconocen por la calle. ¿Qué métodos puede usar para llamar la atención de su público?

---

1. bother   2. traffic jam

II. EL PRINCIPITO

El Príncipe Felipe de España ya ha pasado la prueba más difícil de su primer año en la Academia Militar de Zaragoza. No ha sido la de probar la nueva cocina cuartelera.[1] Ni la de desplomarse[2] cansadísimo en su cama espartana.[3] Ha sido la de enfrentarse al interrogatorio de su madre la Reina cuando fue a visitarlo la semana pasada. No es difícil imaginar las preguntas. Ni las respuestas. «Que sí, mamá. Que estoy bien, mamá. No seas pesada,[4] mamá.»

---

1. barracks cuisine   2. collapse
3. Spartan   4. Don't be a drag

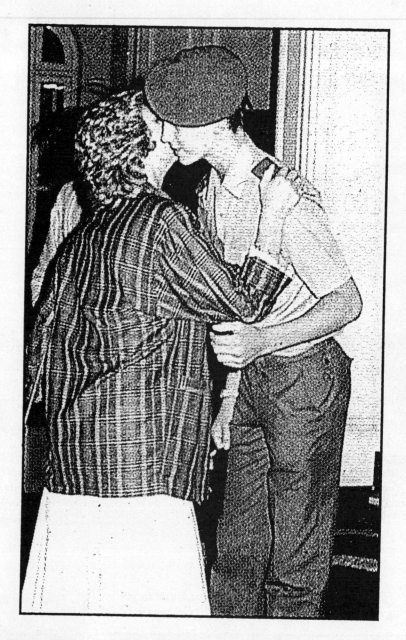

CONVERSEMOS

Comparaciones. Compare Ud. su vida con la de una persona de padres famosos. ¿Cuáles son las ventajas y desventajas de ser parte de una familia célebre?

COMPOSICION

Algunas revistas mencionan hasta los detalles más mundanos de la vida diaria de los famosos. Escriba Ud. un artículo sobre una persona muy conocida en una de las «aburridas» situaciones siguientes.

1. comprando en el supermercado
2. esperando en la oficina del dentista
3. paseándose por la calle
4. sacando la basura[1]
5. otra

MINIDRAMA

Con un(a) compañero(a), representen un diálogo entre la Reina y el Príncipe. ¿Qué preguntas le hace ella a él? ¿Qué le contesta él?

---

1. taking out the garbage

III. LOS HONORES ILUSTRES

Sello¹ a sello

Antonio Pardos tendrá que pegar cerca de doce mil sellos de correos, todos ellos con la imagen del Rey Don Juan Carlos, para terminar un retrato del Monarca español de 2,64 metros por 1,80. Después de llevar cuatro meses trabajando, ocho horas diarias, el paciente ilustrador comenta que ya está «un poco cansado, y a la hora de acostarme sigo viendo sellos».

1. Stamp

Rocío Jurado tiene su calle

Rocío Jurado, una famosa cantante española, ahora tiene su calle. En el pueblo de Benalmádena, la avenida Rocío Jurado despliega¹ su nombre sobre un enorme cartel² de mosaico. Ella proclamó, «Esto es lo más grande del mundo. Poner mi nombre a una calle no significa sólo un reconocimiento a la artista, sino también a la persona y a la mujer andaluza.»³

AVENIDA CIO JURADO

CONVERSEMOS

Opiniones. Conteste Ud. las siguientes preguntas.

1. ¿Qué honor prefiere Ud., un retrato de sellos o una calle con su nombre? ¿Por qué? ¿Cuáles son otras formas de homenajear⁴ a la gente?
2. ¿Cuáles son ejemplos de monumentos o edificios en los EEUU que han sido dedicados a personas famosas? ¿Qué han hecho estas personas para merecer tales honores?
3. Ud. va a construir un monumento en el centro de su pueblo. ¿A quién lo va a dedicar y por qué?

1. displays   2. poster   3. from southern Spain

4. to honor

IV. CORRUPCION EN MIAMI

Arriba, uno de los trajes de Adolfo Domínguez, que, como vemos a la derecha, es llevado en la serie por su protagonista, Don Johnson

El modista
ADOLFO DOMINGUEZ
Hace los trajes para los protagonistas de la serie "CORRUPCION EN MIAMI"

La serie americana "Corrupción en Miami", que se emite los lunes en la noche por el Primer Canal de Televisión, reúne una serie de características que la han hecho desbancar[1] en audiencia, en los Estados Unidos, a series tan consolidadas como "Dallas" o "Dinastía" y obtener dieciséis premios Emmy de televisión, galardón[2] similar a los Oscar cinematográficos, en sólo dos años.

Las camisas de seda, los zapatos de cocodrilo, los cinturones de piel de serpiente[3] o los pantalones más caros que ha conocido el cine son habituales en el guardarropa[4] de estos agentes de la ley, Don Johnson y Philip Michael Thomas, que más parecen modelos de moda. También es frecuente verles luciendo diseños de Adolfo Domínguez, el modista español reputado internacionalmente y que en su día acuñó[5] aquello de "la arruga[6] es bella".

—La productora —nos dice Adolfo Domínguez— se interesó por nuestros modelos a raíz de un desfile[7] que hicimos en París. Nos encargaron[8] trajes, jerseys, pantalones... Lo colores que más les han gustado han sido el rosa, el durazno[9], el fucsia y el verde. En la pantalla podremos ver cómo los personajes, según avanza la serie, cambian su vestuario, adaptándose a las últimas tendencias estilísticas. Próximamente aparecerán con la colección de otoño.

—¿En qué modo sirve la serie a la moda?

—Sí, la serie ha creado en el público estadounidense una nueva forma de vestir, incluso de hablar, y ha dado a conocer al gran público de la televisión el trabajo de un buen número de diseñadores de moda.

SAPHAN PRESS

EN OTRAS PALABRAS...

Aquí se ofrecen las respuestas. Forme Ud. las preguntas apropiadas, según el artículo.

1. El verde, el durazno, el fuscia y el rosa.
2. «Dallas» y «Dinastía».
3. Dieciséis.
4. Una nueva forma de vestir y de hablar.
5. Los lunes en la noche.
6. Adolfo Domínguez.
7. Camisas de seda y zapatos de cocodrilo.

CONVERSEMOS

A. **Opiniones.** Conteste Ud. las siguientes preguntas.

1. ¿Mira Ud. «Corrupción en Miami»? ¿Le gusta? ¿Por qué sí o por qué no?
2. En su opinión, ¿por qué es la serie tan popular? ¿Merece su popularidad? Explique.
3. ¿Cree Ud. que este programa y los actores representan auténticamente la vida en los EEUU? Explique. ¿Cuáles son algunos otros programas que quizás mejor representan la vida diaria en los EEUU? Después de mirar «Corrupción en Miami», ¿qué van a pensar los extranjeros de los estadounidenses?

B. **La moda.** ¿Qué otros programas de televisión o películas han influido en nuestra forma de vestir? ¿Cómo han influido? Además de la forma de vestir, ¿qué otras cosas son afectadas por la televisión y el cine? ¿Se viste Ud. de una forma particular a causa de algún programa de televisión? ¿Qué es lo que más influye en su propia forma de vestir y de hablar?

MINIDRAMA

En grupos, representen una escena breve de un episodio de «Corrupción en Miami».

---

1. to supplant   2. prize   3. snakeskin   4. closet
5. coined   6. wrinkle   7. fashion show   8. ordered
9. peach

A. **La Dama de la Libertad.** Esta dama es quizás una de las más famosas del mundo. ¿Cuánto sabe Ud. de ella?

1. ¿Quién se la regaló a los EEUU? ¿Por qué? ¿Cuándo?
2. ¿Qué es lo que acaba de celebrarse en julio de 1986? Describa Ud. la celebración.
3. ¿Qué representa esta estatua para muchos inmigrantes? ¿Qué representa para Ud.? ¿Qué es lo que Ud. siente al verla? ¿La ha visto Ud. alguna vez de cerca? Describa las circunstancias.

La Estatua de la Libertad

B. **Los deberes de los famosos.** Hay ciertas obligaciones que acompañan a la fama. Lea Ud. sobre el Príncipe Carlos.

1. ¿Qué es lo que hace el Príncipe Carlos en la foto? ¿Tienen los famosos más obligación de hacer actos caritativos que las demás[1] personas? ¿Por qué?
3. ¿Cuáles son otros deberes que tienen los famosos?
4. Nombre Ud. algunas personas famosas que son conocidas por sus actos de benevolencia.
5. Imagínese que Ud. es famoso(a). ¿Cuál es su causa caritativa favorita? ¿Qué hace Ud. para ayudarla?

EL PRINCIPE CARLOS DE INGLATERRA, DONANTE DE SANGRE.—El príncipe Carlos de Inglaterra escucha atentamente las explicaciones que le da la doctora Marcella Contreras, directora del Centro de Transfusiones del Norte de Londres, en el momento en que, como un donante más, acaba de serle extraída sangre. Se trata de la primera vez que el príncipe de Gales acude a uno de estos centros a donar sangre

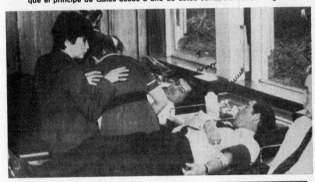

1. the rest

C. **La lucha por ser famoso.** Después de leer este artículo sobre Burt Reynolds, Ud. se interesó en él y decidió entrevistarlo. Escriba un artículo sobre él e incluya la información siguiente.

Una estrella en apuros
BURT REYNOLDS

1. cómo alcanzó la fama
2. los problemas de su futuro
3. su vida privada

SU FAMILIA, SUS AMIGOS Y SU LUCHA POR LA FAMA

Reynolds es uno de los hombres más apreciados por la comunidad hollywoodiense. Su popularidad permanece intocable, aunque su futuro ya no se presenta tan prometedor, a pesar de que sus filmes han recaudado[1] más de quinientos millones de dólares en los últimos años. No parece que a estas alturas pueda librarse de la etiqueta[2] de "supermacho" que le fue colocada[3] en sus comienzos, y que es a la vez un título que nadie le podrá nunca arrebatar.[4] Muchos sacrificios y luchas le costó llegar al lugar que ocupa en la industria. Y como lo sabe, Reynolds trata de hacer el camino más fácil a las nuevas generaciones.

1. collected 2. label 3. placed 4. take away

LOS RICOS Y LOS FAMOSOS

¿Es la vida una constante fiesta para los ricos y los famosos? ¿Es algo para envidiar? Decida Ud.

PARA COMENZAR...

Describa lo que significa «ser famoso». ¿Cuáles son las consecuencias negativas y positivas de tener «fama y fortuna»? ¿Cree Ud. que es justo que haya gente con más dinero del que necesita y gente que ni tiene lo suficiente para comer? ¿Debe el gobierno intervenir para solucionar el problema? Explique.

I. EL «SNOBISMO»

VALENTINO CONTRA LA HAMBURGUESA

En la vía Condotti de Roma, donde están las tiendas más elegantes, empezó a oler a hamburguesas y a papas fritas. ¡Qué indignación! El primer indignado fue el famoso diseñador Valentino, quien ni siquiera se detuvo a hablar con el dueño de la hamburguesería, sino que se fue a la corte con su abogado. Los vecinos de Valentino lo apoyaron.

CONVERSEMOS

A. **Opiniones.** Conteste Ud. las siguientes preguntas.

1. ¿Está Ud. de acuerdo con la indignación de Valentino? ¿Por qué sí o por qué no? ¿Es Valentino un «snob»? Explique.
2. ¿En qué forma puede la gente considerarlo(la) a Ud. un(a) «snob»?
3. ¿Son todos los ricos unos «snobs»?
4. ¿Qué otros lugares o vecindarios[1] se opondrían[2] a la instalación de una hamburguesería? ¿Qué pueden hacer estos restaurantes para atraer a los millonarios?

B. **¿Es Ud. muy «snob»?** ¿Está Ud. de acuerdo con las siguientes ideas? Explique sus respuestas.

1. La página social del periódico es la que Ud. lee primero.
2. A Ud. le gusta hablar de sus antepasados famosos al conocer a una persona por primera vez.
3. Ud. sólo compra marcas famosas de todo... incluso la ropa interior.
4. Prefiere beber agua de botella.
5. El color de su traje de esquí debe hacer juego[3] con el color de su yogurt.
6. Nunca conduciría un Plymouth del año 1967.

Ahora, invente Ud. más maneras de determinar si es «snob».

MINIDRAMA

En grupos, representen una escena en la corte con Valentino y un(a) representante de la hamburguesería.

---

1. neighborhoods 2. would oppose 3. to match

II. CHISMES[1]

Llene Ud. el espacio con la palabra apropiada.

dólares viviendo surrealista mansión
casarse delicado satisfecha muerte
mal feliz cumplir estrella fama
eposa numerosos ex-marido millón
interesada económica

Es verdad que el tenor español Plácido Domingo tiene _____ compromisos profesionales y está obligado a viajar constantemente, pero cuando no le acompaña su _____ Marta, ninguna otra mujer ocupa su lugar. El matrimonio está _____ y disfruta de una sólida posición _____, pues Domingo acaba de pagar un _____ de dólares por dos parcelas de terreno en Sharon, Connecticut. Aunque en la propiedad hay dos casas, el artista tiene intención de derribarlas[2] y hacerse construir una bella _____ a su gusto...

Ursula Andress, la artista suiza que acaba de _____ cincuenta años, ha publicado sus *Memorias,* en las que explica que ha recorrido[3] el mundo entero y que ha vivido por vivir, nunca por la _____ o el dinero. Hoy ella se siente una mujer muy _____...

Hablando de *Memorias,* es interesante notar que la artista Jane Wyman de «Falcon Crest» no está _____ en escribir las suyas aunque le han ofrecido más de un millón de _____. Wyman dice que no desea hablar _____ de nadie y mucho menos de su _____ el Presidente Ronald Reagan...

Sylvester Stallone, _____ de «Rocky» y «Rambo», consiguió a fuerza de millones el divorcio de su esposa para _____ con su novia Brigitte Nielson...

El alcalde de Madrid visitó al famoso pintor _____ Salvador Dalí, quien tiene ochenta y un años y está _____ de salud y recluido[4] en su torre, casi incomunicado del mundo exterior. Desde la _____ de su esposa, Dalí perdió el interés por seguir _____.

---

1. Gossip 2. to tear them down 3. traveled
4. secluded

III. LOS SEGUROS MAS SEGUROS

Christopher Reeve tenía un seguro de US$20 millones cuando filmó Superman.

LOS INSOLITOS[1] SEGUROS DEL Lloyd's de Londres

● Un grano de arroz con los retratos grabados[2] de la Reina y del Duque de Edinburgo fue asegurado en $20,000 dolares.

● El compositor Richard Stokler se aseguró los oídos; y tanto un fabricante de whiskey, como un perfumista frances, la nariz.

● Cuando el robot R2D2, estrella de "La Guerra de las Galaxias", apareció en una exhibición, estaba asegurado en ₣200,000.

● Las compañías que fabricaron "souvenirs" de la boda de Lady Diana y el Príncipe Carlos se aseguraron contra la cancelación de la ceremonia. Lo mismo ocurrió con la visita del Papa a Inglaterra.

CONVERSEMOS

A. **Opiniones.**   Conteste Ud. las siguientes preguntas.

1. ¿Cuál de estos clientes de Lloyd's es el más ridículo en su opinión? ¿Por qué?
2. De todas sus posesiones personales, ¿qué es la que Ud. más necesita asegurar? ¿Contra qué? ¿Por cuánto dinero?

B. **Otros posibles clientes.**   ¿Qué es lo que las siguientes personas quieren asegurar con Lloyd's de Londres y contra qué?

1. Michael Jackson
2. Mikhail Baryshnikov
3. Martina Navratilova
4. Howard Cosell
5. Dorotea de *El mago de Oz*
6. el Ratón Mickey

Ahora, nombre Ud. algunas personas que quizás quieren asegurar las siguientes cosas y explique por qué.

1. los dedos
2. las joyas
3. las gafas
4. la barba
5. el perro
6. la máquina de escribir

C. **Demasiado riesgo.[3]**   Lloyd's no asegura a todos. Aquí se ofrecen algunos de los «rechazados».[4] ¿Sabe Ud. contra qué sucesos o cosas buscaban los seguros?

1. Gerald Ford
2. Elizabeth Taylor
3. Las Vegas
4. la ciudad de Atlantis

a. las pérdidas de dinero
b. las inundaciones[5]
c. el divorcio
d. el quebrantamiento[6] de cristal

---

1. unusual   2. carved   3. risk   4. rejected   5. floods
6. breakage

IV. NO ES FACIL AL PRINCIPIO

"MI PRIMER SUELDO…"

ANTES DE LEER…

Las próximas cuatro frases forman un párrafo. Arréglelas en el orden apropiado.

1. Yo nunca había estudiado nada relacionado con la música.
2. Nunca hice otra cosa.
3. Y confieso que en aquellos tiempos lo hacía muy mal.
4. Mi primer sueldo fue de quince dólares a la semana… y siempre cantando.

ANTONIO VODANOVIC

Cuando estuvimos en Chile recientemente, tuvimos la oportunidad de saludar a Antonio Vodanovic, el más popular y apuesto[12] de los presentadores y animadores[13] chilenos. Con su mejor sonrisa no vaciló en darnos, sin demorar[14] ni un minuto, la respuesta: "Mi primer sueldo fueron trescientos escudos, que era la moneda que entonces teníamos en Chile. No lo olvidaré nunca. No porque fuese una fortuna… sino porque a mí me lo parecía, porque era el primer dinero que ganaba yo, directamente, sin que mis padres hubieran participado en ello para nada.

ROCIO JURADO

SEAN CONNERY

"Dicen que soy tacaño[1] y quizás sea verdad", nos confiesa muy espontáneamente Sean Connery. "Y el motivo de mi tacañería es la importancia que ahora le doy al dinero, recordando lo difícil y angustioso[2] que me resultó ganar mi primer sueldo. Primero, a los nueve años de edad, como repartidor de[3] leche a domicilio y después a los diez y ocho cuando salí del ejército[4] y ya, como hombre, al tener que enfrentarme con la vida. Había un gran desempleo[5] en Inglaterra y lo único que encontré para ganar *algo* fue como pulidor de ataúdes[6] en una funeraria.

"¡Mi *arma*![10] —exclama Rocío con su marcado acento andaluz—. *Er*[11] primer sueldo fue el equivalente a tres dólares. Tres dólares por noche cantando en tres *shows*.

EN OTRAS PALABRAS…

En una frase, resuma los comienzos de las carreras de:

1. Cary Grant
2. Antonio Vodanovic
3. Andrés García
4. Sean Connery

ANDRES GARCIA

Andrés García, el ídolo latino nos dice: "Y lo más grave no es el dinero, sino la adaptación", dice. "Nosótros tuvimos que huir de España cuando la guerra civil. Nos refugiamos primero en Santo Domingo y después en México (Acapulco). Y todo lo que yo tenía para ayudar a mis padres era mi fuerza[16] física. Mi primer dinero lo gané jugando *a las vencidas*.[17]

CONVERSEMOS

Opiniones. Conteste Ud. las siguientes preguntas.

1. ¿Gana la mayoría de las personas muy poco dinero al principio? ¿Por qué? ¿Cuáles son ejemplos de profesiones que pagan mucho dinero desde el principio? ¿Ganaban sus padres menos dinero hace veinte años del que ganan ahora? ¿A qué se debe esto?
2. ¿Cómo ganó Ud. su primer sueldo? ¿Cuánto fue? ¿Era difícil el trabajo? ¿Cuánto dinero puede Ud. ganar ahora? ¿y en veinte años?

CARY GRANT

"No es que fuera un mal estudiante, es que los problemas económicos de mi casa me obligaban a trabajar. Mi madre estaba recluida en un instituto siquiátrico y mi padre ganaba poquísimo como planchador[7] en una sastrería[8] masculina. El primer trabajo que logré fue como ayudante de electricista en un teatro de Bristol (Inglaterra)… y montando cables y enchufes[9] dentro de un escenario, empezó a gustarme el mundo del espectáculo".

1. stingy   2. full of anguish   3. distributor   4. army
5. unemployment   6. coffin polisher   7. presser
8. tailor shop   9. plugs   10. **alma**   11. **el**
12. elegant   13. announcers   14. delaying   15. to flee
16. strength   17. arm wrestling

V. SI, VALE LA PENA

Christie Brinkley

Christie Brinkley es la modelo mejor pagada de América... ¡y con esto te lo decimos todo! La super-altísima maniquí[1] gana 5,000 dólares diarios por modelar solamente. Además, ella tiene su propia línea de trajes de baño, que le hace ganar millones. Como si con esto no bastara... Christie está casada con el multimillonario rockero Billy Joel. Según dicen los allegados a la pareja, ellos han unido sus enormes cuentas bancarias y han formado algo así como la industria de dólares Brinkley-Joel.

Steven Spielberg, el genio de las películas de ciencia ficción y de misterio, gana 980,000 dólares DIARIOS. Sus films *E.T., El Extraterrestre, Gremlins, En busca del arca perdida* y sus recientes series de televisión, le han hecho ganar cientos de millones más. La lluvia de dólares de Steven es algo así como un diluvio[7] universal.

El ex-Beatle Paul McCartney gana dinero hasta cuando duerme. Paul recibe 4,200 dólares por hora por derechos de autor. Además, ganó una fortuna cuando era miembro del grupo inglés los *Beatles*. En fin, se calcula que tiene 500 millones de dólares.

PRINCIPE ANDRES

El Príncipe Andrés de Inglaterra sólo recibe un salario de 20,000 libras esterlinas[3] al año (alrededor de 28,500 dólares). Y esto parece muy poco, pero en realidad no lo es si se toma en cuenta[4] que al igual que el resto de la Familia Real, tiene acceso a todos los lujos que le dejaron sus multimillonarios antepasados. Andy viaja el mundo entero sin que le cueste de su bolsillo[5] y se pasea con las mujeres más bellas, a quienes les da regalos que cuestan fortunas. ¿Qué más puede pedir...?

La Reina Isabel II

¿La Reina Isabel II de Inglaterra? Recibe un salario de 3.976,200 libras esterlinas (unos 5.700,000 dólares)... ¡por sus deberes de reina! Pero cuentan que ella utiliza parte de ese dinero para pagar los salarios de duques y duquesas[6] de su reino, que de no tener la ayuda de la reina, se morirían de hambre. ¿Es generosa o es que su fortuna es mucho más kilométrica de lo que se dice?

CONVERSEMOS

El valor de su trabajo. De todas estas personas, ¿quién...

1. trabaja más duro?
2. merece el sueldo más alto?
3. hace el trabajo más importante?
4. merece el sueldo más bajo?
5. hace el trabajo más trivial?

Justifique sus respuestas.

MINIDRAMA

El programa de televisión «Esta noche» es muy parecido al programa estadounidense «The Tonight Show». En grupos, representen una escena con el anfitrión Rafael (la anfitriona Rafaela) y sus famosos invitados.

---

1. model   2. rights   3. pounds sterling   4. one takes into account   5. pocket   6. dukes and duchesses   7. flood

A.

Tentaciones[1]

Las divinas tentaciones de la publicidad y sus dólares

Raquel Welch voló a España desde su apartamento neoyorkino y filmó un comercial para un vino español, por el que me cuentan le pagaron nada menos que 400 mil dólares... ¿De dónde han sacado tantos dólares en España para pagarle esto a la Welch..? Como ustedes saben, en España se vuelven locos[2] por tener "estrellas" internacionales anunciando sus productos; y las superestrellas americanas no pueden pasar por alto los muchos dólares que les ofrecen para atraerlos. Plácido Domingo y Julio Iglesias ya hicieron sus respectivos comerciales de "champagne" español; mientras que Gina Lollobrígida ya es casi "de la familia" en el mundo de la publicidad española. Aquí, en Estados Unidos tenemos a José-José como parte de los anuncios de los relojes suizos[3] "Juvenia"; y personajes como Cher, Heather Locklear y Brooke Shields anunciando *spas* y clubs atléticos donde hacer ejercicios... ¡Ah, las divinas tentacione$$$ del Mundo de la Publicidad..! ¡Es imposible pasarlas por alto..![4] ¿No lo creen así? ¡Yo sí!

Refiriéndose a la lectura anterior, escoja la terminación apropiada para cada frase en la primera columna.

1. Gina Lollobrígida
2. Para atraer a las estrellas
3. En los EEUU
4. A los epañoles les encantan
5. Raquel voló a España

a. es también frecuente ver a personajes famosos vendiendo productos.
b. para filmar un anuncio comercial.
c. las compañías les ofrecen grandes cantidades de dinero.
d. es una figura ya muy conocida en España.
e. las celebridades internacionales.

1. Temptations overlook them   2. go crazy   3. Swiss watches   4. to

B.

Mucha influencia. ¿Deben las estrellas vender productos? En su opinión, ¿debe la estrella realmente creer en el producto? ¿Por qué? ¿Por qué emplean las compañías a estrellas famosas para representar su producto? ¿Compra Ud. los productos porque su estrella favorita los promueve? Explique.

C.

Las relaciones públicas. Ud. trabaja para una compañía de relaciones públicas. Tiene que promover los siguientes productos y necesita escoger a una estrella para representar cada uno. ¿A quiénes va a escoger y por qué?

1. una nueva línea de perfume
2. pasta dentífrica
3. salsa de tomate
4. pantalones vaqueros
5. chicle
6. zapatos deportivos

Escoja Ud. uno de los productos de la lista y escriba un anuncio.

D.

Opiniones. Conteste Ud. las siguientes preguntas.

1. Todos quieren saber de la vida diaria de sus ídolos. ¿Quién es su ídolo? ¿Por qué lo (la) admira tanto? ¿Qué es lo que Ud. quiere saber sobre su vida privada?
2. Nombre Ud. algunas personas famosas que no merecen serlo. ¿Quiénes son algunas personas que realmente merecen su fama? ¿Por qué?
3. ¿Pueden la fama y la riqueza corromper a la gente? ¿En qué sentido? ¿Por qué pueden corromper? ¿Cómo se puede prevenir que esto pase? Dé ejemplos de personas famosas que se han corrompido por su fama o su fortuna.

VOCABULARIO

Sustantivos

la **belleza**	beauty
el **brillante (diamante)**	diamond
la **celebridad**	celebrity
la **cifra**	number
la **claridad**	clarity
la **comodidad**	comfort
el **compromiso**	commitment
la **crítica**	criticism
los **chismes**	gossip
el **deber**	duty
la **deuda**	debt
el (la) **diseñador(a)**	designer
el (la) **donante**	donor
la **dureza**	durability
la **escasez**	scarcity
la **estrella**	star
la **inversión**	investment
el **lujo**	luxury
la **marca**	brand
la **piscina**	swimming pool
el **reconocimiento**	recognition
el **retrato**	portrait
la **seda**	silk
el **seguro**	insurance
el **tamaño**	size
el **titular**	headline
el **vestuario**	wardrobe
el **zafiro**	sapphire

Verbos

acudir	to go
alcanzar	to reach, attain
alquilar	to rent
apoyar	to support
asegurar	to ensure, assure
corromper	to corrupt
desarrollar	to develop
enfrentarse	to face
firmar	to sign
lucir	to show off, display; to shine
mejorar	to improve
perseguir (i)	to pursue, follow
pertenecer	to belong
utilizar	to use

Adjetivos

célebre	famous
(des)conocido	(un)known
eterno	eternal
lujoso	luxurious
mundano	mundane
mundial	worldwide
oscuro	dark
prometedor	promising
redondo	round
seguro	safe

Expresiones

al igual que	in the same way as
lograr metas	to achieve goals
meter la pata	to put one's foot in one's mouth

REPASEMOS EL VOCABULARIO

A. **Relaciones.** ¿Cuál de las palabras no está relacionada con la primera y por qué?

1. mundial: universal   mundano   internacional
2. célebre: famoso   reconocido   desconocido
3. redondo: circular   ovalado   esferal
4. utilizar: dejar   emplear   usar
5. el zafiro: la perla   el brillante   el rubí

B. **El trabajo.** ¿Qué hacen las siguientes personas?

1. el diseñador
2. el donante
3. la estrella

C. **Sus metas.** Nombre Ud. tres cosas que Ud. quiere...

1. mejorar.   2. alcanzar.   3. perseguir.

D. **Formando otras palabras.** Forme Ud. otra palabra, según los modelos.

VERBO	SUSTANTIVO
1. desarrollar	**desarrollo**
2. lograr	_____
3. sellar	_____
4. pagar	_____
5. apoyar	_____

ADJETIVO	SUSTANTIVO
1. seguro	**seguridad**
2. eterno	_____
3. generoso	_____
4. claro	_____

A.

¡Qué coche! Lea Ud. el siguiente artículo y haga las actividades.

Este es el modelo «Fiat 2800 Sport» que perteneció a Franco y que ha sido vendido en Londres.

1. ¿Verdad o mentira? Si la frase es falsa, corríjala.
   a. Hoy día muchos europeos ricos tienen un «Fiat 2800 Sport».
   b. Este coche fue un regalo de cumpleaños.
   c. Franco le regaló el coche a Mussolini.
2. Opiniones. Conteste Ud. las siguientes preguntas.
   a. ¿Por qué cree Ud. que Mussolini escogió este regalo para Franco?
   b. Hoy día, ¿qué regalo que no existía en 1941 se puede comprar para una persona riquísima?
   c. Es su cumpleaños y un millonario le va a dar un regalo. ¿Qué quiere Ud. que le compre y por qué?
   d. Es el cumpleaños de las siguientes personas famosas. ¿Qué les va a regalar?

      1. Julio Iglesias   2. Fidel Castro   3. la Reina Sofía de España

   e. En general, ¿qué diferencia hay entre los regalos que se dan a los ricos y los que se dan a los demás (además del precio)?

B.

¿Conoce Ud. a las estrellas? Busque Ud. el nombre de la persona famosa descrita en cada frase.

Paul Newman   los chicos de Menudo
la Princesa Estefanía   Liberace
Geraldo Rivera   Woody Allen
Eddie Olmos   Barbra Streisand

POR ULTIMO

1. Está aburrido de oír referencias a sus ojos azules.
2. Le encanta Nueva York y espera vivir allí para siempre, porque allí vive su psiquiatra.
3. No pueden seguir cantando con el grupo al cumplir dieciséis años.
4. Goza de la fama del papel del jefe de policía en la serie «Corrupción en Miami».
5. Ha dejado de cantar en público.
6. Dibujaba pianos y candelabros cuando firmaba su autógrafo.
7. Por su reportaje sobre Marilyn Monroe, ABC lo despidió.
8. Prefiere ser cantante y modista a vivir encerrada[1] en su palacio.

C.

¿Mitos o realidades? ¿Está Ud. de acuerdo? Explique por qué.

1. Es imposible ser una famosa figura pública y mantener una vida privada.
2. Ser estrella requiere tanto el talento como la buena suerte.
3. A algunas celebridades les molesta su popularidad.
4. Todo el mundo desea ser famoso.
5. Todas las estrellas merecen salarios muy altos.
6. Todas las estrellas son egoístas.

D.

Exageraciones. Ud. trabaja para una revista que siempre exagera los hechos referentes a la vida de las estrellas. Escoja Ud. uno de los titulares siguientes y escriba un artículo exagerado.

> Elizabeth Taylor es la nueva "acompañante" de Michael Jackson
>
> MARIA FELIX QUIERE VOLVER AL CINE MEXICANO
>
> DON JOHNSON ERA UN DON NADIE

1. enclosed

¡Que se diviertan!

- EN CASA
- LOS DEPORTES
- LA VIDA NOCTURNA

ENTRE NOSOTROS...

1. ¿Sabe Ud. cuántas películas hispanas se estrenan en los Estados Unidos cada mes? Un promedio de ocho, que incluyen producciones de México y algunas veces de Venezuela. Estas películas tienen mayor aceptación en Los Angeles y Nueva York.

2. Se dice que mirar la televisión es el pasatiempo preferido de España. El 90 por ciento de la población mira la tele de una forma regular.

Televisión Española, TVE, tiene dos cadenas. Uno de los programas que más les gusta a los televidentes españoles es la «zarzuela», una ligera ópera cómica con música y danza vivas. España también tiene sus telenovelas, pero las que se producen en México y Venezuela son más populares.

3. En los países de habla española, el deporte que se practica con más entusiasmo es el fútbol.[1] En España es una verdadera pasión y se considera el deporte nacional. El fútbol se juega todos los domingos de septiembre a junio. Hay tres ligas.

El jai alai y la «pelota vasca» son dos juegos que se originaron en el País Vasco de España y que se están popularizando en otras partes del mundo hispánico. La pasión por el tenis se ha extendido a todos los países hispánicos y jugadores como Manuel Orantes de España, Guillermo Vilas de la Argentina y Raúl Ramírez de México figuran entre los mejores tenistas del mundo. Estos países no disponen de muchas canchas de tenis públicas. Por eso, el tenis sigue siendo mayormente para los de alto nivel económico, a diferencia de los deportes como el fútbol, que no requieren instalaciones costosas.

4. El español es un ser gregario y le gusta la compañía de sus amigos. Un aspecto de esta sociabilidad es la «tertulia», costumbre de origen extremadamente español. La tertulia es una reunión habitual de amigos cuyo propósito es distraerse y charlar sobre cualquier cosa: los deportes, la política, la familia, los toros, etcétera. También es para compartir ideas y opiniones, a veces con mucho calor. Generalmente los participantes se reúnen en el mismo bar o café.

Muchos de los grandes intelectuales y críticos españoles han participado en las famosas tertulias de Madrid. Unamuno, escritor y filósofo español, dijo que «la verdadera universidad popular ha sido el café y la plaza pública». Hay los que dicen que la costumbre se está perdiendo. Hay otros que siguen considerando la tertulia como una parte integral de la cultura española.

1. soccer

CONTEXTOS CULTURALES

1. ¿Ha visto Ud. una película hispana alguna vez? ¿Había subtítulos? ¿Por qué serán populares las películas hispanas en Los Angeles y Nueva York? ¿Y lo son en Iowa? Explique.

2. En su opinión, ¿cuál es el pasatiempo preferido de los EEUU? ¿A Ud. le gustan las telenovelas? Explique por qué son tan populares.

3. ¿Tienen los EEUU un deporte nacional? ¿Qué deporte es más interesante? ¿más difícil? ¿más peligroso? ¿Hay deportes en este país que practican sólo los de alto nivel económico? Explique. Describa Ud. los beneficios de practicar un deporte de una forma regular. ¿Puede haber desventajas?

4. ¿Es el estadounidense un «ser gregario»? Explique. ¿A Ud. le gustaría que se iniciaran las tertulias en su escuela o universidad? ¿Participaría Ud.? ¿Por qué sí o por qué no? ¿Qué temas le interesarían a Ud. discutir?

EN CASA

Una encuesta realizada por *Revista* revela que cada vez hay más gente que se queda en casa los fines de semana buscando maneras de entretenerse.

PARA COMENZAR...

1. Prepare Ud. una lista de los factores que contribuyeron a esta tendencia casera.
2. Prepare Ud. una lista de varias actividades que se pueden hacer en casa como forma de diversión.

I. PARA COMBATIR EL ABURRIMIENTO

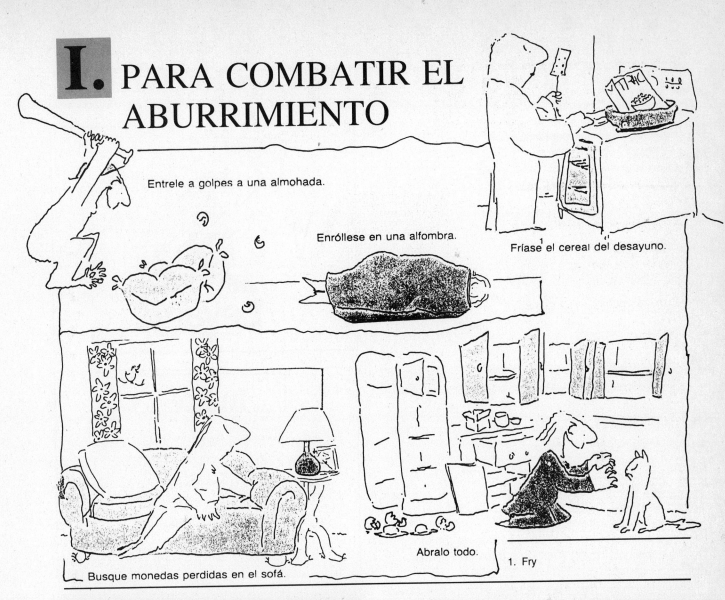

Entrele a golpes a una almohada.

Enróllese en una alfombra.

Fríase[1] el cereal del desayuno.

Busque monedas perdidas en el sofá.

Abralo todo.

1. Fry

CONVERSEMOS

A. **Para ser más útil.**   Si a Ud. le parecen ridículas las soluciones mencionadas en el artículo, piense en situaciones en las cuales estas actividades serían útiles.

> MODELO   **Le entro golpes a una almohada cuando me siento tenso(a), irritado(a) o nervioso(a).**

B. **Hay que ser creativo.**   ¿Cuáles son otras actividades originales e innovadoras para combatir el aburrimiento? Incluya los objetos siguientes.

1. una lámpara
2. una cuchara
3. una bañera[1]
4. unos calcetines
5. un cepillo de dientes
6. otro

C. **No hay más remedio.**   ¿Qué hace Ud. cuando está en casa y...

1. hay un apagón[2] y no habrá electricidad por mucho tiempo?
2. tiene que cuidar a tres niños, todos menores de cinco años?
3. hay una nevada[3] y no puede salir de la casa por tres días seguidos?

D. **¡Qué aburrido!**   Llene Ud. los espacios con palabras o frases originales para que el párrafo tenga sentido.

Ayer regresé de _____ y me empecé a aburrir porque _____. Muy desanimado(a) me senté _____. De pronto se me ocurrió _____. Llamé por teléfono a _____. Luego, saqué mi _____ y _____ a _____. Cuando llegué a _____, vi que _____. ¡Qué desilusión! Tuve que _____ y otra vez... ¡aburrido(a)!

---

1. bathtub   2. blackout   3. snowstorm

II. SENTADITO CON EL PERIODICO

ANTES DE LEER...

¿Lee Ud. el periódico? ¿todos los días? ¿sólo los domingos? ¿Por qué? ¿Qué sección suele Ud. leer primero? ¿y último? Explique el orden.

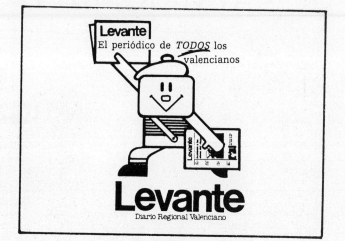

Levante
El periódico de *TODOS* los valencianos

Levante
Diario Regional Valenciano

EN OTRAS PALABRAS...

Refiriéndose al índice, diga en qué sección encontrará Ud. la información siguiente y en qué página está. Ud. quiere...

1. comprar una casa.
2. preparar una comida exótica.
3. vender su guitarra.
4. saber cómo murió el vecino.
5. saber quién ganó el campeonato de fútbol.
6. saber si el ratón Mickey se casa con Minnie.

Indice

CONVERSEMOS

A. **Un poco de todo.** Nombre las secciones del periódico dirigidas a las siguientes personas y explique por qué se les interesarían.

1. dos secciones para niños
2. tres secciones para un embajador[2]
3. dos secciones para una anciana rica
4. tres secciones para un ama de casa[3]
5. dos secciones para un agente de policía

B. **Los titulares.** Según el modelo, invente Ud. dos titulares que encontrará en las secciones siguientes.

> **MODELO** cocina
> **«Nuestro amigo el ajo[4]»**
> **«El misterio de la cebolla[5]»**

1. deportes
2. sociales
3. editorial
4. defunciones
5. noticias locales
6. noticias de Centroamérica

COMPOSICION

1. Escoja uno de los titulares anteriores y escriba un breve artículo.
2. Escriba un editorial o un comentario sobre un artículo que Ud. ha leído en el periódico.

MINIDRAMA

En grupos, representen una de las siguientes escenas.

1. Hubo un robo. El (La) periodista llega para entrevistar a los testigos y a las víctimas.
2. Es domingo y ha llegado el periódico. Toda la familia está riñendo sobre las varias secciones del periódico que todos quieren leer.

---

1. Real Estate
2. ambassador   3. housewife   4. garlic   5. onion

III. LA RADIO... ¿UNA SOLA DIMENSION?

ANTES DE LEER...

Hoy día, ¿tiene la radio tanta importancia como la televisión? ¿Cuál es su papel? ¿Cuándo escucha Ud. la radio? ¿Cuándo mira la tele?

La fuerza de la radio es la fuerza de la SER.
El mayor medio informativo después de televisión. La primera cadena de emisoras con alcance[1] nacional completo. Y, sobre todo, la radio de los grandes programas que a usted le gusta oír: Hora 25, Los 40 Principales, Matinal SER, Carrusel Deportivo, Onda Media. Aquí la SER, El Loco de la Colina, Pido la Palabra...
Esta es nuestra fuerza, la que usted nos da con su preferencia.
¡Que la fuerza le acompañe!

A partir de[2] las siete en punto de la mañana, Manuel Antonio Rico le pone al día para todo el día, en "Primera Hora". Un desayuno informativo, con las noticias aún calientes. Como el primer pan de la mañana. Noticias que Manuel Antonio Rico le sirve intactas, con imparcialidad e independencia.
Desde "Primera Hora" la COPE le pone al día.

LA COPE A TOPE
COPE
RADIO POPULAR
DE 7 A 9 H.
EN BARCELONA RADIO MIRAMAR.

A. **SER... la fuerza me acompaña.** Refiriéndose a la lista de programas que ofrece SER, ¿qué tipo de programas serán los siguientes?

1. Hora 25
2. Los 40 Principales
3. El Loco de la Colina
4. Matinal SER
5. Carrusel Deportivo

a. radionovela
b. entrevistas con los atletas
c. las últimas noticias
d. consejos para el ama de casa
e. las canciones más populares

B. **Opiniones.** Conteste Ud. las siguientes preguntas.

1. ¿Cuál de estas dos emisoras escucharía Ud.? ¿Por qué? ¿Cuál es la imagen que in-

tenta proyectar la COPE? ¿y la SER? ¿A qué tipo de persona atrae la COPE? ¿y la SER? Explique. ¿Cuál de las dos emisoras ofrece la mayor variedad?

2. ¿Cuál es su emisora de radio favorita? ¿y su disquero(a) favorito(a)? ¿Por qué le gusta tanto?

MINIDRAMA

En grupos, representen una escena familiar en casa «antes de la tele». ¿Cómo era la vida antes de la llegada de la televisión? ¿Qué cree Ud. que la gente hacía en sus ratos libres?

---

1. reach   2. After

IV. LA CAJA MAGICA

ANTES DE LEER...

Entreviste Ud. a un(a) compañero(a) para saber en orden de preferencia el tipo de programa de tele que le gusta y por qué le gusta. Pídale ejemplos de cada categoría.

1. las telecomedias
2. los concursos
3. las telenovelas
4. los programas educativos
5. los programas deportivos
6. las películas
7. los documentales
8. las noticias
9. los programas de entrevistas
10. los programas de música y variedades

CINEVISION		
la telenovela es LOCO AMOR	11:30 a.m. Cadena 1	
la receta es Saúl en la Olla [1]	12:00 m. Cadena 1	
la emoción está en PROFESION PELIGRO [2]	8:00 p.m. Cadena 1	

el concurso es ☆ GUERRA ☆ DE ESTRELLAS ☆	9:00 p.m. Cadena 1	
la variedad del espectáculo está en TELE-SEMANA	2:00 p.m. Cadena 1	
el programa infantil es El mundo de Mickey	8:00 a.m. Cadena 1	
el fin de semana y festivos la noticia está en NOTICIERO CINEVISION	8:00 p.m. Cadena 2	

EN OTRAS PALABRAS...

Refiriéndose a la lista anterior de programas ofrecidos en Cinevisión, ¿qué foto representa qué programa? Explique sus selecciones.

1. Pot 2. Danger

A. **Las funciones.** ¿Cuáles deben ser las funciones de la televisión? Escoja Ud. dos de las funciones mencionadas aquí y defiéndalas.

1. enseñar
2. entretener
3. darles empleo a los actores
4. vender productos
5. asustar a ladrones
6. acompañar a la gente solitaria

¿Cuáles son dos funciones no mencionadas aquí?

B. **La programación.** El comité de programación va a reunirse hoy para escoger los programas para la nueva temporada otoñal. En grupos, inventen cinco programas nuevos y descríbanlos brevemente. Las horas posibles para los programas nocturnos son:

1. 7:00–8:00
2. 8:00–8:30
3. 8:30–9:00
4. 9:00–10:00
5. 10:00–11:00

C. **Opiniones.** Conteste Ud. las siguientes preguntas.

1. ¿En qué consiste un programa de televisión educativo? ¿Cuáles son cinco características de ello?
2. Nombre Ud. cinco programas de televisión que Ud. cree que son educativos y explique lo que Ud. aprende de ellos.
3. De los programas que Cinevisión va a ofrecer, ¿cuáles son educativos? ¿Cuál parece ser el más valioso? ¿Por qué?

En grupos, escojan uno de los programas de Cinevisión y representen una escena.

En grupos, escojan uno de los siguientes puntos de vista y defiéndanlo.

1. No debe haber censura en la televisión. La gente puede optar por no mirar lo que le ofenda.
2. Debe haber censura en la televisión porque la televisión es para todo el público y por eso debe ser regulada por el gobierno.

V. VIDEO: ¿EL UNICO CAMINO?

ANTES DE LEER...

¿Tiene Ud. un magnetoscopio[1] en casa? ¿Para qué lo usa? ¿Cuántos programas graba Ud. cada semana? Para los que no lo tienen: ¿Piensa Ud. comprar un magnetoscopio en el futuro? ¿Cuáles son las ventajas de tener uno?

La revolución del vídeo: Ver lo que uno quiere cuando uno quiere

El vídeo ha supuesto una revolución en los hábitos de los españoles. Más del 20 por ciento de las familias ocupan su tiempo libre en «sentar a su mesa» a sus actores favoritos. El vídeo, en combinación con la televisión privada, representa la frontera del ocio.

DOS millones de vídeos vendidos en poco más de cinco años. Seis mil películas grabadas para elegir y cuatro mil quinientos videoclubs hacen que la infraestructura del vídeo sea en España lo suficientemente fuerte como para revolucionar los hábitos de la gente y convertir la sala de estar en una permanente sala de cine.

El 20 por ciento de los hogares españoles cuenta con un magnetoscopio, el rápido incremento de las ventas se produjo por la escasa oferta televisiva. Para *Mario Zotola,* director de *Vídeo-TV-Film,* la principal revista del sector, el vídeo es un fenómeno marcado por la climatología: en los meses de frío, el consumo aumenta[3] y en verano disminuye, porque las opciones de entretenimiento se amplían con el buen tiempo. Las costumbres de los adictos parecen ir cambiando. La gente comienza a llevarse los equipos en sus vacaciones o a la casa de fin de semana.

Durante los primeros años de la revolución del vídeo, a comienzos de los ochenta, los usuarios sólo utilizaban su aparato para ver películas pregrabadas. Los videoclubs crecieron como hongos[4] y parecía el negocio del siglo[5]; había que

1. VCR

alimentar[6] la videomanía y dos millones de aparatos requerían mucho combustible.

* * *

Robert Chartoff, productor de la película «Rocky III», estaba trabajando con la banda sonora de la película cuando un amigo lo llamó para felicitarle. Había visto un videocassette mudo de la inacabada tercera parte de Rocky. Chartoff se quedó helado. Los piratas del vídeo atacaban de nuevo. En España hoy funcionan copias piratas de películas aún no autorizadas para ser comercializadas en vídeo: El secreto de la pirámide, última producción de Steven Spielberg;

Manhatan Sur, de Michael Cimino; Mad Max, de Mel Gibson, con la cantante Tina Turner; Regreso al futuro, también de Spielberg, y, por su puesto, Rocky IV.

Cada película pirateada[7] supone unas pérdidas enormes para el negocio legal.

Por otra parte, el mercado infantil está relativamente poco trabajado por las distribuidoras. Los padres prefieren grabar los programas infantiles de la semana y que sus hijos los vean en sábados y domingos, con lo que consiguen ahorrar[8] algo del ya abultado presupuesto[9] de alquiler de películas. Ana Suárez, treinta y siete años, ama de casa con dos hijos, camina por la galería de alimentación de

Alameda de Osuna con la bolsa de la compra y un videocassette de Walt Disney bajo el brazo. Para Ana, alquilar películas infantiles es una forma de controlar que sus hijos no vean porquerías[10] en la tele. «Prefiero que vean "Un astronauta en la corte del rey Arturo", a que pierdan el tiempo con programas más violentos», aclara.

1. increase	2. weather
3. increases	4. mushrooms
5. century	6. to feed
7. losses	8. to save
9. enlarged budget	10. junk

EN OTRAS PALABRAS...

Refiriéndose a la lectura anterior, llene Ud. el espacio y termine la frase de acuerdo con la información presentada.

1. El _____ por ciento de los hogares españoles usan vídeo porque la televisión española...
2. El consumo de vídeo disminuye en _____ porque...
3. A comienzos de los ochenta, la gente usaba el aparato para _____ pero ahora...
4. Un problema muy grave para los productores de las películas es el de las copias _____, que son...
5. En cuanto al mercado infantil, los padres prefieren _____ porque de esta manera ellos pueden...

CONVERSEMOS

A. **¿Es Ud. vidiota?** Aquí se ofrecen algunos de los síntomas del vidiota. ¿Es Ud. uno(a)?

1. Graba todo lo que sale por la televisión hasta los anuncios comerciales.
2. Ha visto la película «Lo que el viento se llevó»[1] tantas veces que puede recitar de memoria el diálogo.
3. Cuando está en la cocina, intenta cambiar el canal del horno.[2]

En grupos, escriban cinco síntomas más del vidiota.

B. **Los vídeos más populares.** Lea Ud. la siguiente lista y conteste las preguntas.

Las películas más alquiladas de España (mayo 1986)
1. Rambo.
2. Tras el Corazón Verde.
3. Gremlins.
4. Terminator.
5. Loca Academia de Policía.
6. Superdetective en Hollywood.
7. El retorno del Jedi.
8. Karate Kid.
9. La vaquilla.
10. La mujer de rojo.

(Fuente: revista «Vídeo, TV y Film».)

Las películas más vendidas en Estados Unidos
1. El retorno del Jedi.
2. Rambo.
3. El honor de los Prizzi.
4. Máscara.
5. St. Elmós fire.

(Fuente: «Video Business».)

1. ¿Cuáles de estas películas ha visto Ud.? ¿Cree Ud. que merecen ser las más alquiladas?
2. Arregle Ud. estas películas en orden de su preferencia.
3. Haga su propia lista de las películas que en su opinión deben ser las más alquiladas.

C. **El cuidado de las cintas.** Lea Ud. las siguientes sugerencias.

1. Guardar la cassette dentro de su estuche.
2. No dejar nunca la cinta en el interior del magnetoscopio.
3. Evitar los cambios climáticos bruscos.
4. Evitar utilizar la cinta en ambientes muy húmedos o muy secos.
5. Archivar la cassette verticalmente.
6. No utilizar por más de tres minutos la función pausa o congelación de la imagen.

1. ¿Cuáles son otras sugerencias de cómo cuidar de las cintas?
2. Hay otros objetos que se deben cuidar también. ¿Cómo se debe cuidar de...
   a. unos zapatos de cuero?
   b. un libro muy viejo?
   c. un collar de diamantes?

1. Gone with the Wind   2. oven

3. rented   4. case   5. File   6. freeze-frame

A. **¿Ningún pasatiempo?** Aquí se ofrecen ideas para ayudarlo(la) a encontrar uno. Relacione Ud. los verbos en la primera columna con las actividades en la segunda. Hay varias combinaciones posibles. Siga el modelo.

MODELO **Colecciono afiches[1] de Don Johnson porque me gusta el programa «Corrupción en Miami».**

leer
intercambiar
coleccionar
escribir
practicar
hacer
escuchar

música de toda clase
amistades
afiches
cartas
revistas
gimnasia
fotografías
novelas
comidas exóticas
sellos
poemas románticos
fiestas
deportes
tarjetas postales

1. posters

B. **La receta para el éxito.** Lea Ud. el siguiente anuncio y conteste las preguntas.

1. Adivine Ud. quiénes son los dueños del poder. Identifique a los personajes de la telenovela. ¿Cuál es su trabajo? ¿Cuál es su relación?

¿Por qué dice el anuncio que los odiará o deseará imitarlos?
2. ¿Es este programa parecido a uno de los EEUU? ¿En qué sentido?
3. ¿Por qué son tan universales y populares los programas como éste? ¿Es un comentario sobre nuestra sociedad? Explique.

los dueños del Poder
...la serie

Lo atraparán! Porque usted los odiará o deseará imitarlos.

Los Dueños del Poder es la nueva superproducción de RCN TELEVISION que reúne, como nunca antes en la historia de las producciones nacionales, un elenco[1] de tan espectaculares proporciones.

● Dirección: David Stível ●

Lo quiera o no... usted quedará atrapado por Los Dueños del Poder!
Martes, Miércoles y Jueves, 10:30 p.m., Cadena Uno.

C. **En las revistas.** Hay muchas revistas que se ocupan únicamente de artículos sobre las estrellas de la radio y de la televisión. Escoja uno de los titulares siguientes y escriba un breve artículo.

REVISTA ESTRELLA NOTICIAS

Los artistas de la televisión mexicana saludan a la población hispana de los Estados Unidos.

Chismes de las estrellas de la T.V. y del mundo

Jorge Rivero contesta 18 preguntas muy indiscretas...

Los nuevos valores infantiles de la T.V.

LOS ARTISTAS TAMBIEN TIENEN SUS IDOLOS. CONOZCALOS

D. **El videoclub.** Ud. acaba de hacerse socio(a) de este club. Llene Ud. el formulario siguiente. Use su imaginación para contestar las preguntas.

1. ¿Cuánto cuesta ser socio de este club?
2. ¿Cuáles son los beneficios de ser socio?

3. ¿Cuáles son las reglas para ser socio?
4. ¿Cuál es el procedimiento[1] por alquilar un vídeo?

---

1. procedure

Nº 00277

CINE CLUB ✶✶
CEM ✶✶✶

Solicitud de Inscripción como Socio
(Se ruega escribir con letra clara)

D..
　　　Nombre y apellidos

con domicilio en...............................
　　　　　　　Calle o plaza

Distrito postal

....
　　Población

E. **¿Cuál alquilamos y cómo?** En grupos, representen la escena siguiente en una tienda de vídeos: Ud. intenta alquilar una película pero el proceso es más difícil de lo que Ud. creía.

SECCION
LOS DEPORTES

Para las personas que no quieren quedarse en casa, *Revista* sugiere una variedad de diversiones más activas... ¡y peligrosas!

¡AH... NO HAY COMO EL DEPORTE PARA MANTENERSE EN FORMA...

PARA COMENZAR...

1. ¿Qué deporte practica este hombre? Describa las heridas[1] que ha sufrido. ¿Es éste un deporte peligroso de veras? Explique.
2. En su opinión, ¿cuál es la mejor actividad física para desarrollar el cuerpo? ¿Participa Ud. en ella? ¿Por qué sí o por qué no? ¿Es una actividad que se considera peligrosa? Explique.

1. injuries

I. EN EL INVIERNO

—Yo estoy equipado para los deportes de invierno.

CONVERSEMOS

Opiniones. Conteste Ud. las siguientes preguntas.

1. ¿Cómo pueden ayudarlo a este señor la almohada y el patín de ruedas?[1]
2. ¿Cuál es su deporte de invierno favorito?
3. ¿Qué hace Ud. para estar equipado(a)?
4. ¿Qué deportes le gustan más a Ud., los de invierno o de verano? ¿Por qué?

1. roller skate

Según el artículo, ¿cuál es la herida más común entre los esquiadores? ¿Cómo se puede prevenir ésta?

PELIGROS DEL ESQUÍ

AHORA que el verano ha terminado y se acerca la temporada de frío y nieve, con la posibilidad de practicar deportes de invierno tan populares como el esquí, es conveniente recordar los riesgos y peligros que tienen los esquiadores.

Recientes estudios realizados por especialistas norteamericanos estiman que se producen entre tres y medio y siete lesiones por cada 1.000 días de esquí practicados, con una cifra media de cinco.

Los mecanismos de seguridad, en cuanto a la mejor conservación de las pistas, los mejores métodos de enseñanza, el uso de calzado más alto y más rígido, ha hecho disminuir el número de esguinces y de fracturas de tobillo[3] pero han dado lugar a un aumento de las lesiones de la parte media y superior de la pierna y sobre todo de la rodilla.[4] La mejor profilaxis de estos accidentes es la prudencia y el entrenamiento.

CONVERSEMOS

A. **Opiniones.** Conteste Ud. las siguientes preguntas.

1. Nombre Ud. otros peligros relacionados con el esquiar que no están mencionados en el artículo.
2. ¿Ha esquiado Ud. alguna vez? ¿Es Ud. un(a) esquiador(a) principiador(a), intermedio(a) o avanzado(a)? ¿Qué es lo que más le gusta del deporte? ¿y lo que menos le gusta? ¿Prefiere Ud. el esquí de alta montaña o de fondo?[5] ¿Por qué? Si nunca ha esquiado, ¿quiere intentarlo? Explique.

B. **Todo equipado.** Ud. va a aprender a esquiar y necesita equiparse. Arregle Ud. los siguientes artículos en orden de su importancia para Ud.

1. los guantes
2. los palos
3. la bufanda[6]
4. las botas
5. la chaqueta
6. los esquís
7. los pantalones impermeables[7]

¿Qué otras cosas necesita Ud. para poder esquiar?

C. **Las condiciones ideales.** Ud. va a esquiar con su familia o con sus amigos. Describa el viaje perfecto según los criterios siguientes.

1. alojamiento[8]
2. comida y bebida
3. ropa
4. actividades sociales
5. condiciones de la pista
6. clima

Cuando Ud. piensa en esquiar, ¿en qué países piensa? ¿Cuándo empieza la temporada de esquí en esos países? ¿Cuándo termina?

MINIDRAMA

En grupos, representen la escena siguiente: Sus amigos son muy aficionados al esquí y Ud. los acompaña en uno de sus viajes. Lo que a Ud. más le gusta es el ambiente... el observarlo todo. Sus amigos intentan convencerlo(la) de participar pero Ud. tiene mil pretextos.

1. footwear   2. sprains   3. ankle   4. knee
5. cross-country   6. scarf   7. waterproof   8. lodging

II. PAPA, COMPRAME CACAHUETES[1]

Llevan Willie McCovey Salón Fama de Béisbol

NUEVA YORK, 8 de enero (AP).— Willie McCovey, el jonronero zurdo[2] más productivo en la historia de la Liga Nacional, fue electo hoy para el Salón de la Fama de las grandes ligas, anunció la Asociación de Cronistas de Béisbol.

McCovey se transformó así en el 16to jugador elegido para el salón en la primera oportunidad en que se consideró su candidatura.

El zurdo McCovey, que pegó 521 jonrones en una carrera de 22 años, la mayor parte de los cuales con los Gigantes de San Francisco, fue mencionado en 346 de los 425 votos emitidos. Para ser elegido, un jugador debe recibir por lo menos el 75 por ciento de los votos, en este caso 319.

Busque Ud. la siguiente información:

1. ¿Qué es lo que se necesita para ser elegido al Salón de la Fama?
2. ¿Por qué fue electo Willie McCovey?
3. ¿Cuál es una característica interesante de él?
4. ¿Cuántos años jugó al béisbol?
5. ¿Cuál es el nombre del equipo con el que jugaba?

1. peanuts   2. left-handed

A. **Opiniones.**   Conteste Ud. las siguientes preguntas.

1. ¿Cuáles son los éxitos más grandes que un beisbolista puede lograr?
2. Nombre Ud. otro beisbolista que en su opinión merece estar en el Salón de la Fama. ¿Por qué lo merece?
3. Para muchas personas el béisbol es el deporte nacional de los EEUU. ¿Está Ud. de acuerdo? Explique. ¿Qué otro deporte puede considerarse típico de los EEUU?
4. Nombre Ud. cinco beisbolistas hispanos.

5. Se juega mucho al béisbol en Cuba y en la República Dominicana. ¿Qué deportes se juegan en los EEUU que han sido importados de otros países?

B. **El salón de la fama.**   Imagínese que existen los siguientes salones de la fama. ¿A quiénes va a elegir para cada categoría?

1. El Salón de la Fama de Todos los Deportes
2. El Salón de la Fama de la Política
3. El Salón de la Fama de la Ciencia
4. El Salón de la Fama de las Artes
5. El Salón de la Fama de los Negocios

III. LOS PUEDE PRACTICAR A SOLAS

¿Cuál de estos deportes le gustaría practicar?

Los siguientes deportes pueden ser considerados rutinarios porque excluyen el factor de la competencia, pero tomados en serio, ayudarán a reforzar la siquis[1] y a mejorar la apariencia.

La caminata   Es, posiblemente, el ejercicio más fácil, entretenido y fortificante que hay cuando se planifica con sentido común y se le añade el incentivo de una compañía agradable con la que podamos compartir una conversación interesante. Si Ud. no está acostumbrado a caminar grandes distancias, comience con una hora de marcha. Progresivamente aumente el tiempo e incremente el ritmo de su velocidad. A ratos, respire y exhale profundamente; mantenga la cabeza erguida,[2] el abdomen contraído y mueva los brazos con soltura.[3] Es vital que su ropa sea cómoda y que sus zapatos no le molesten.

La natación   Si Ud. sabe nadar, éste es el deporte ideal para poner en funcionamiento todos los músculos vitales del cuerpo. Cuando se practica constantemente por largos períodos de tiempo, proporciona un extraordinario vigor atlético. Sus efectos son igualmente positivos sobre la salud en general, y además amplía la capacidad de los pulmones.

El ciclismo   Este ejercicio es muy recomendable para fortalecer y tonificar las caderas[4] y piernas. Sin embargo, trate de practicarlo en las horas menos calurosas del día. Sin duda, éste es un medio económico y eficaz para quemar calorías sin necesidad de recurrir a dietas rigurosas.

---

1. psyche   2. erect   3. loosely
4. hips

Según el artículo, ¿a qué deporte se refieren las siguientes frases?

1. Esta actividad utiliza todos los músculos importantes del cuerpo.
2. Es un deporte que no se debe practicar cuando hace mucho calor.
3. Una buena conversación hace que esta actividad sea aún más agradable.
4. Este deporte requiere ropa y zapatos cómodos.
5. Se recomienda esta actividad para desarrollar las piernas y hacerlas más atractivas.
6. Si este deporte se practica continuamente, se pueden mejorar todos los aspectos de la salud.

CONVERSEMOS

A. **¿Qué opina Ud.?**   ¿Está Ud. de acuerdo con las siguientes frases? Defienda sus respuestas.

1. Los deportes que enfatizan la competencia son más interesantes que los que la excluyen.
2. La competencia es un factor importante en el desarrollo del carácter de un individuo.
3. Las personas a quienes les gusta la competencia en los deportes son las que van a tener éxito en la vida.

B. **Mis gustos deportivos.**   Termine Ud. las frases siguientes de una forma original.

1. (No) Me gusta la natación porque...
2. Me aburre... porque...
3. Me gustaría participar en... porque...

MINIDRAMA

En grupos, representen la escena siguiente: Ud. y sus amigos hacen los preparativos para viajar por Europa en bicicleta. No pueden ponerse de acuerdo sobre qué cosas llevar en el viaje.

IV. LA OBSESION

CURIOSIDAD: Me gustaría saber, papá, de qué se hablaba antes cuando no existía el fútbol.

CONVERSEMOS

A. **Opiniones.**   Conteste Ud. las siguientes preguntas.

1. Describa Ud. a un(a) fanático(a) de los deportes. Describa la vida de la esposa o del esposo de esta persona.
2. ¿Sería diferente la vida sin los deportes? Describa los efectos.
3. ¿Qué deporte atrae a los aficionados más fanáticos? ¿Cómo se explica?

B. **Otras obsesiones.**   Vuelva Ud. a leer este chiste, sustituyendo las palabras *papá* y *fútbol* por las personas siguientes y sus obsesiones.

1. su profesor(a)
2. su madre
3. su novio(a)
4. el presidente

MINIDRAMA

En grupos, representen una de las siguientes escenas.

1. Un hombre (Una mujer) quiere mirar un partido de fútbol muy importante. Su pareja[1] quiere mirar otro programa.
2. Los padres, que son muy aficionados a los deportes, intentan convencer a su hijo(a) para que participe en algunos deportes en el colegio o en la universidad. El hijo (La hija) no tiene el menor interés.

---

1. partner

V. LOS JUEGOS OLIMPICOS

Al saber que su ciudad iba a ser la sede de los Juegos Olímpicos, un señor exclamó, —Esto de los Juegos Olímpicos en Barcelona me parece maravilloso. No quepo en mí[1] de orgullo, de satisfacción, de alegría.— Explique Ud. sus emociones. ¿Qué es lo que Ud. sentiría si su ciudad fuera escogida por el Comité Olímpico Internacional?

POR fin Barcelona ha alcanzado un sueño histórico: En 1992 será sede de los Juegos Olímpicos.

1. I'm beside myself

AS instalaciones deportivas preparadas para los Juegos de la XXV Olimpiada están repartidas en cuatro grandes áreas, establecidas según criterios funcionales y estratégicos. Todas están comunicadas con todas por vías urbanas preferenciales y enlazadas[1] por líneas de Metro.

El conjunto, cercano al centro de la ciudad, se incluye en una circunferencia de cinco kilómetros de radio y coincide con la mayoría de grandes instalaciones presentes ya en la urbe.[2]

Cada una de estas áreas tiende a una especialización. A grandes rasgos:

La del Parc de Mar alojará a los atletas.

La del Vall d'Hebron acogerá al Ciclismo en pista, algún deporte más y al alojamiento de árbitros y jueces.

La de Diagonal será reservada a diversas eliminatorias y finales.

La de Montjuic reunirá a la mayoría de finales y constituirá el núcleo de actividades de los medios de comunicación.

Barcelona será en 1992 un inmenso estadio

La candidatura de Barcelona para albergar[3] los Juegos Olímpicos iba acompañada por un ambicioso plan de instalaciones cuidadosamente planeado. En 1992 la ciudad entera estará preparada, como si de un inmenso estadio se tratara, para recibir a los deportistas y ser marco de las competiciones. Las instalaciones deportivas están ya construidas en un 80 por ciento.

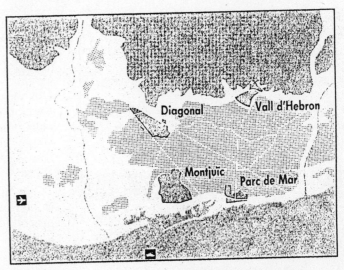

EL MAPA. *La ciudad de Barcelona quedará dividida, según el mapa adjunto, en cuatro grandes áreas.*

El coste de los Juegos

A cerca de 400.000 millones de pesetas se elevan las inversiones que habrá que realizar en Barcelona con motivo de las Olimpiadas de 1992. La obra civil privada más importante será la construcción de un centro comercial y de oficinas, con una inversión prevista de 80.000 millones.

La mayor parte de la inversión en la organización de las Olimpiadas se hará en tecnología, fundamentalmente en equipos y *software* (programación) informáticos y telecomunicaciones. En actos culturales y ceremonias se gastarán unos cinco mil millones.

1. connected   2. city   3. to host

EN OTRAS PALABRAS...

¿Verdad o mentira?   Si la frase es falsa, corríjala.

1. Todavía no han empezado a construir las instalaciones para los atletas.
2. El conjunto de las instalaciones está en las afueras de la ciudad.
3. Se puede llegar a todas las áreas del conjunto por transporte público.
4. Los árbitros y los jueces se alojarán en el mismo lugar que los atletas.
5. La televisión, la radio y la prensa se concentran en el área de Montjuic.
6. Todas las instalaciones van a servir de alojamiento para los atletas.
7. En la organización de los Juegos Olímpicos, la inversión mayor se hace en el área de los actos culturales.

CONVERSEMOS

A. **La historia del COI.**   Para saber más sobre esta organización, llene Ud. los espacios con las palabras apropiadas.

estructura	función	está
francés	organizar	fundado
miembros	vicepresidentes	igual

El Comité Olímpico Internacional fue _____ en 1884 por el barón _____ Pierre de Corbetin. La _____ del COI es _____ cada cuatro años los Juegos Olímpicos de Verano e Invierno. Su _____ interna es prácticamente _____ a la del Sacro Colegio Cardenalicio de Roma. El COI tiene un presidente, tres _____ y una ejecutiva de siete _____. Su sede _____ en Lausana.

B. **¿Cómo vota el COI?**   Llene Ud. los espacios con las palabras apropiadas.

votación	ultrasecretas	aislados	resultados
periodistas	viven	puerta	invierno
prensa	eliminada	Juegos	votos

Las sesiones son _____ y a _____ cerrada. Los miembros del COI _____ durante ellas prácticamente _____ del mundo, mientras cientos de _____ tratan de entrar en contacto con algunos a fin de sacarles algo. Cuando se inicia la _____ para los _____ de verano, el COI ignora quién ha ganado los del _____. La ciudad con menos _____ es _____ y se procede a una segunda vuelta, hasta que sólo quedan dos. Los otros miembros del COI sólo sabrán los _____ del último recuento[1] cuando se anuncie a la _____.

1. account

C. **Opiniones.** Conteste Ud. las siguientes preguntas.

1. ¿Qué opina Ud. del método de votación del COI? ¿Hay un mejor sistema? ¿Cuál?
2. ¿Qué opina Ud. de los Juegos Olímpicos en general? ¿Tienen importancia mundial? ¿Debemos seguir gastando mucho dinero en ellos? Explique.
3. ¿En qué deporte olímpico se interesa Ud. más? ¿Por qué? ¿En cuál se interesa menos?
4. ¿Qué sucesos políticos relacionados con los Juegos Olímpicos recuerda Ud.? Cuente algunos. Si no recuerda ninguno, invéntelo.
5. ¿Por qué cree Ud. que España es un buen sitio para los Juegos '92? Explique por qué el pueblo o la ciudad donde Ud. vive sería un sitio ideal.

D. **¿Cuánto sabe Ud. sobre los deportes?**
Conteste las preguntas en la primera columna utilizando las palabras de la segunda columna. Puede haber muchas combinaciones.

1. ¿Qué deportes se realizan...
   a. en una pista?
   b. en un campo?
   c. en una piscina?
   d. en un lago o río?
   e. en un gimnasio?
2. ¿Qué deportes utilizan...
   a. una pelota?
   b. una cesta?
   c. una espada?
   d. unos guantes?
   e. un caballo?
   f. una red?

la esgrima
el baloncesto
la natación
el ciclismo
el remo
la equitación
el boxeo
el polo
la vela
el fútbol
los saltos
el tenis de mesa

E. **También es un negocio.** Además de ser un espectáculo deportivo y cultural, los Juegos Olímpicos afectan a todos los sectores económicos de una ciudad. Explique Ud. cómo afectan los Juegos a las siguientes empresas.

EL SUPERNEGOCIO '92 SE PONE EN MARCHA

1. las líneas aéreas y las agencias de viajes
2. los grandes almacenes
3. los medios de transporte
4. los fabricantes[1] de calzado
5. los hoteleros

¿A qué otras empresas van a afectar los Juegos?

COMPOSICION

Ud. acaba de ganar la medalla de oro para su país. Escriba un artículo periodístico que describa su vida, sus intereses y su talento deportivo.

MINIDRAMA

En grupos, diseñen un nuevo producto inspirado por los Juegos Olímpicos que quieren vender a todos los espectadores. Luego, escriban un anuncio comercial para vender su producto y represéntenlo delante de la clase.

1. manufacturers

ADEMAS

A. ¿Para qué sirve?
Lea Ud. la siguiente caricatura y conteste las preguntas.

1. ¿Cuáles son los deportes que utilizan mucho equipo? ¿y los que utilizan muy poco? ¿Cuáles no utilizan ningún equipo aparte del cuerpo humano?
2. En grupos, piensen en tres usos para el equipo siguiente.
   a. un palo de esquí
   b. un remo
   c. un bate
   d. una red
   e. un balón

-Les he encontrado otra utilidad a los esquís...

B. Se necesita un «manager».
Lea la siguiente tira cómica y conteste las preguntas.

1. ¿Qué tipo de «manager» es Carlitos? ¿Qué cualidades son necesarias para ser un buen «manager»?
2. ¿Ha sentido Ud. alguna vez la necesidad de descansar por una temporada entera? ¿Cuándo?
3. ¿Se frustra Ud. con facilidad?
4. ¿Por qué es tan importante tener un buen entrenador?
5. Vuelva Ud. a contar la historia de esta tira cómica en forma narrativa.

---

1. rest   2. season

C. Bajo ciertas condiciones.

Escoja Ud. una estación, un estado climático y un deporte y termine la frase de una forma original.

MODELO **En el invierno cuando nieva me gusta esquiar porque me encanta subir y bajar montañas.**

LAS ESTACIONES	EL TIEMPO	LOS DEPORTES
el invierno	hace frío	el fútbol
la primavera	hace sol	el tenis
el verano	hace viento	el patinaje
el otoño	nieva	el esquí de fondo
	llueve	el baloncesto
	hace fresco	la vela
	hay hielo	el esquí acuático
		el polo
		la natación
		el ciclismo

D. Opiniones.

Conteste Ud. las siguientes preguntas.

1. ¿Cuáles son algunos deportes no incluidos en los Juegos Olímpicos que se deben incluir? ¿Por qué?
2. ¿Cuáles son los países que por lo general ganan más medallas olímpicas? ¿En qué categorías? ¿Por qué será?
3. ¿Cómo será un día típico en la vida de un(a) atleta olímpico(a)?

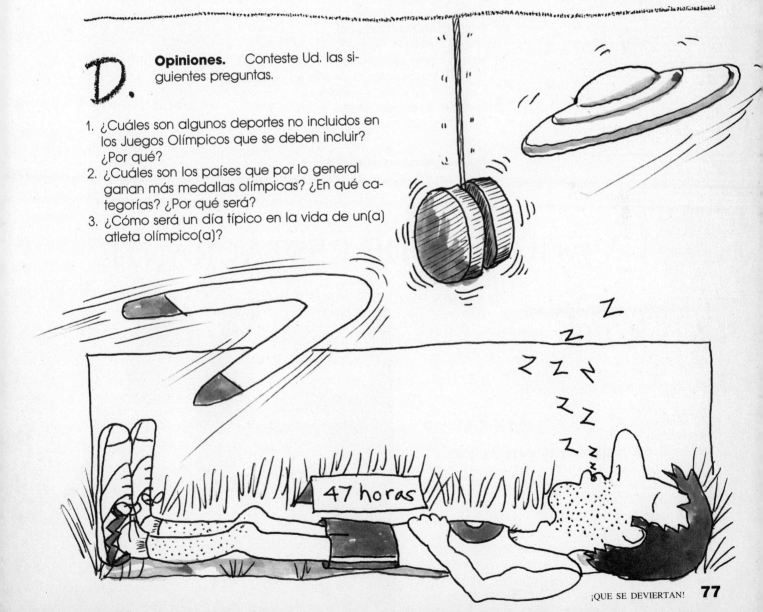

47 horas

SECCION

LA VIDA NOCTURNA

Y cuando anochece,

¿adónde ir? Son muchas

las posibilidades... pero

todo tiene su precio.

PARA COMENZAR...

¿Qué suele Ud. hacer los viernes por la noche? ¿y los sábados por la noche? ¿Suele Ud. salir durante la semana? Arregle Ud. las siguientes actividades nocturnas en orden de su preferencia y explique sus respuestas.

1. bailar en las discotecas
2. ir al teatro
3. ir al cine o al autocine
4. ver las exposiciones de arte en una galería
5. ir a ver un ballet o una ópera
6. cenar en un restaurante
7. reunirse con los amigos en un café

I. LA ETIQUETA DE RESTAURANTE

ANTES DE LEER...

¿Cómo se comporta Ud. en un restaurante? Conteste Ud. las siguientes preguntas.

1. ¿Cuál es la diferencia entre un maitre d' y un camarero?
2. ¿Es de mal gusto compartir su postre con su compañero(a)?
3. ¿Cuáles son algunos de los deberes de un asistente del camarero?
4. ¿Qué significa «a la carte»?
5. Cuando Ud. está listo(a) para pedir la comida, ¿qué debe hacer para llamar la atención del camarero?

Etiqueta de restaurante

El maitre d' es el camarero principal. En los restaurantes de lujo, suele vestir de etiqueta.[1] El supervisa a los demás camareros y se encarga de acomodar a los clientes.

El camarero o la camarera le sirve la comida. Ellos llevan identificaciones o se presentan por su nombre. Pero Ud. debe llamar a la camarera «señorita» o «camarera», y a él debe decirle «camarero», nunca «señor».

El asistente de los camareros recoge la mesa, trae agua y pone el pan. La propina debe ser dividida entre el camarero y su asistente.

¿Listo para pedir?

¿No está seguro de cuál es la diferencia entre «a la carte» y «table d'hote»? Cuando pide «a la carte», paga un precio por el «entrée» (el plato principal) y le cobran aparte por cualquier comida adicional, como el postre, por ejemplo. Cuando pide «table d'hote», todo está incluido en el precio.

En un restaurante chino el grupo se pone de acuerdo a la hora de pedir la comida. Por regla general se pide un aperitivo por cada dos personas y un plato principal por persona. El camarero trae la comida y la pone en el centro de la mesa; cada cual se sirve a sí mismo.

Está listo para poner la orden pero el camarero desapareció. Cierre el menú. Póngalo en el borde de la mesa. Mientras lo esté leyendo, el camarero pensará que no está listo para pedir lo que desee. Mírelo cuando pase. ¿Es invisible para él? Alce el dedo índice[2] en el aire y mírelo. Si aun así no viene, llámelo en voz baja o pídale a otro camarero que lo llame. No silbe, ni dé palmadas, ni grite.

Mi amigo siempre quiere probar mi comida. ¿Es esto de mal gusto?

Hacerlo en forma discreta *no* es de mal gusto. Corte una pequeña sección de su comida y pásela con un tenedor al plato de su amigo.

¿Es correcto compartir el postre?

Esto ya es una tradición. Pídale al camarero que le traiga otro plato y un tenedor o, mejor aún, que corte el postre en dos partes.

Lo que debe y no debe hacer.

Señoras y señoritas, no se maquillen[3] en la mesa; vayan al cuarto de señoras.

Pida que le envuelvan lo que no ha comido. Esto es una costumbre muy aceptada... excepto en los restaurantes de lujo. No trate de llevarse la comida sin la ayuda del camarero.

Propinas y asuntos de dinero.

A la hora de pagar, en muchos restaurantes se paga la cuenta en la caja.[4] En los restaurantes de lujo, el camarero le trae la cuenta en una bandeja[5] pequeña. Ponga el dinero encima de la cuenta. El camarero le va a traer el cambio; entonces puede dejar la propina en la bandejita.

La propina es una recompensa voluntaria por buen servicio. ¿Debe dejar propina cuando el servicio es malo? No. Pero no olvide que muchos camareros dependen de las propinas; por otra parte, quizás recibió un buen servicio de su asistente, quien entonces también es castigado.

---

1. tuxedo   2. Raise your index finger
3. put on makeup   4. cash register
5. tray

EN OTRAS PALABRAS...

¿Cuál *no* es verdad, según el artículo?

1. En un restaurante de lujo...
   a. el maitre d' le sirve la comida.
   b. el cliente recibe la cuenta en una bandejita.
   c. el maitre d' viste de etiqueta.
2. El camarero...
   a. suele identificarse.
   b. muchas veces depende de su propina.
   c. trae agua a la mesa.
3. Es de mal gusto...
   a. probar la comida de su compañero.
   b. ponerse maquillaje en la mesa.
   c. silbar o gritar para llamar al camarero.
4. Hoy día es aceptado...
   a. llevarse la comida que sobra.
   b. decirle «señor» al camarero.
   c. compartir el postre con su amigo.
5. El asistente de los camareros...
   a. no recibe ninguna propina.
   b. pone el pan en la mesa.
   c. limpia la mesa.

A. **La propina.** Indique si Ud. está de acuerdo con las siguientes ideas. Defienda sus respuestas.

1. En un restaurante de lujo en los EEUU la propina mínima debe ser 20 por ciento.
2. El camarero suele esperar recibir una propina más alta de un hombre que de una mujer.
3. Si la propina está incluida en la cuenta, es de buen gusto dejar algo más.
4. Si la cuenta es menos de un dólar, no se tiene que dejar una propina.
5. Si el servicio es malo, no se debe dejar una propina.

6. El dependiente que recibe los abrigos en el vestíbulo de un restaurante debe recibir veinticinco centavos por abrigo.

B. **Opiniones.** Conteste Ud. las siguientes preguntas.

1. ¿Cuáles son algunas otras reglas no mencionadas en el artículo relacionadas con la forma de comportarse en un restaurante? ¿Por qué existen estas reglas?
2. ¿Qué es lo que más le molesta a Ud. cuando cena en un restaurante?
3. Describa el momento más vergonzoso, real o imaginario, que le ha pasado a Ud. en un restaurante.

II. SIEMPRE HAY QUIEN CRITICA

LA POSADA
MEXICAN RESTAURANT

¿Quién tuvo el placer de atenderle?

(Nombre)

¿Fue usted atendido amistosamente y con orgullo?

(Sí)　　(No)　　(Fecha)　　(Hora)

¿Esta usted satisfecho de nuestro servicio, prontitud y presentación?

Excelente　　Bueno　　Regular　　Malo

Sus comentarios serán muy apreciados:

¿Recomendaría usted "LA POSADA" a su familia y a sus amigos?

"Nuestra meta es la excelencia"
"LE ESPERAMOS PRONTO"

(Nombre)

(Dirección y Tel.)

A. **¿Le gustó el servicio?** Pues, hay que comunicárselo al gerente. Diga Ud. cómo llenaría este cuestionario.

B. **Hay cuestionarios para muchas ocasiones.** ¿En qué otras situaciones debe haber cuestionarios como éste? Invente Ud. un cuestionario relacionado con algunos de los servicios siguientes.

1. la peluquería o la barbería
2. el aeropuerto
3. el almacén

MINIDRAMA

En grupos, representen la siguiente escena: Un(a) cliente se queja al (a la) gerente del servicio que recibió. El (La) camarero(a) le echa la culpa al (a la) cliente. También hay testigos.

III. ¿CUAL, CUANDO Y DONDE?

GUIA DE Espectáculos

AMBASSADOR Lavalle 777. Tel. 392-9700. A las 13.40, 16, 18.20, 20.40 y 23, Genne Hackman, ann Margret y Ellen Brustyn en:

Dos veces en la vida
P/13. Excepcional comedia dramática. Direc. Bud Yorkin. A las 13.20, 15.40, 18, 20.20 y 22.40, not. Sáb. trasn. a la 1.20.

Rambito y Rambón
"La primera misión'". A las 15, 18.10 y 21.20 hs. Las colimbas se divierten, acción, suspenso en una descabellada película de locos, para deleitarse a lo grande. Continuado. S/R.

CINEMA UNO. Suipacha 460. Tel. 392-1112. 13, 15, 17, 19.5, 21.10 y 23.15 hs.

Estamos todos locos
Prot.: Graham Chapman, John Cleese y Terry Jones. P/M/18. A las 14.45, 16.45, 18.45, 20.50 y 22.55 hs. Noticiero Argentino. Sáb. trasn.: 1,10: Noticiero. 1.30: Película.

CONCORDE. Lavalle 925. Teléfono 35-1850. A las 13, 15, 17, 19, 21.5 y 23.10 hs. Alicia Zanca en: ocho formas diferentes de amar:

Los amores de Laurita
(De la novela de Ana María Shúa). Con Víctor Laplace, Gustavo Rey, Daniel Fanego, Horacio Ranieri y gran elenco. A las 14.45, 16.45, 18.45, 20.50 y 22.50 hs. Cortos Public. P/M/18 con reservas. Sáb. trasn.: 1.30 hs.

ADAN 2. Corrientes 959. Teléfono: 393-5034. A las 14.30, 16.45, 19, 21.15 y 23.15:

Macaroni
S/R. Unicamente en sáb. trasn. 1.30: Naranja mecánica. P/18.

ALFA Lavalle 842. Tel. 392-1114. A las 12.50, 14.40, 16.40, 18.50, 21 y 23.10 hs.

Reto a la gloria
(Top-Gun). Donde solo sobrevive el primero. A las 16.30, 18.35, 20.45 y 22.55 hs. Cortos. Sdo. trasn.: 1.15 hs. S/R.

ALFIL. Corrientes 1753. Tel: 40-7575. Estreno 1986!!! Antes Mazinger-Z, ahora llegan las nuevas aventuras del héroe de la TV!! A las 13.40, 15, 16.20, 17.40 y 19:

El gran Mazinger contra los robots
Hablada en Castellano. A las 14.50, 16.10, 17.30 y 18.50, variedades

CONVERSEMOS

A. **El título nos dice todo.** Probablemente Ud. no conoce algunas de estas películas. Después de leer la guía de películas, escoja un título y cuente el argumento.

B. **Estamos todos locos.** Su amigo quiere ver la película titulada «*Estamos todos locos*». Dígale la siguiente información:

1. a qué hora empieza, dónde queda el cine y quiénes son los actores principales
2. el número de teléfono del cine
3. a qué hora sale el noticiero

C. **¿Cuáles ha visto?** ¿Ha visto Ud. algunas de las películas siguientes? Cuente el argumento de su favorita.

1. «*Hannah y sus hermanas*»
2. «*Cazafantasmas*»
3. «*El color púrpura*»
4. «*Arma letal*»
5. «*Hijos de un dios menor*»

D. **Opiniones.** Conteste Ud. las siguientes preguntas.

1. ¿Qué tipo de película le gusta más? ¿Una película...

   a. de horror?
   b. romántica?
   c. de catástrofes?
   d. policíaca?
   e. de contraespionaje?
   f. de aventuras?
   g. del oeste?
   h. de ciencia ficción?

   ¿Por qué? Nombre Ud. algunas de esta categoría que le han gustado mucho y explique por qué.
2. ¿Le gusta ir al cine solo(a)? ¿Por qué sí o por qué no? ¿Come o bebe algo mientras mira la película? ¿Se sienta cerca o lejos de la pantalla?[1] ¿Por qué?
3. ¿Le gustan a Ud. las películas de los años 40 y 50? ¿Cómo se comparan con las películas de hoy?

---

1. screen

IV. EL BALLET

¿Le interesa a Ud. el ballet? ¿Cuál es su favorito(a)...

1. ballet clásico?   2. bailarín?   3. bailarina?
4. coreógrafo?   5. ballet moderno?

Acompáñanos a celebrar la

TEMPORADA 30 ANIVERSARIO DE

Ballets de San Juan

en el Centro de Bellas Artes

MARZO 23, 24 y 25: *A Julia de Burgos* (estreno mundial),
TARDE EN LA SIESTA Y LA BRUJA DE LOIZA — tres ballets que captan toda la magia de las Antillas

MARZO 30 y 31: *Fernando Bujones* en **LA SYLPHIDE**
y el estreno de
DONIZETTI VARIATIONS de George Balanchine

SUMA TU NOMBRE Y APELLIDO A ESTA CELEBRACION.

Llama hoy mismo al 725-2340 para más detalles.

CONVERSEMOS

Opiniones.   Conteste Ud. las siguientes preguntas.

1. ¿Qué otro tipo de baile es popular? ¿Le gusta a Ud. el baile folklórico? ¿Por qué sí o por qué no?
2. ¿Sale Ud. a bailar con frecuencia? Cite algunas razones por las cuales a la gente le gusta bailar.

MINIDRAMA

En grupos, representen la siguiente escena: El entrenador de un equipo de fútbol americano decide que sus jugadores necesitan tomar lecciones de ballet.

A.

¿Qué le apetece? Hoy más que nunca la gente sale a comer en los restaurantes. Cuando Ud. sale a cenar en un restaurante, ¿quiere sentirse como en su casa, cenar como un rey, probar platos internacionales, disfrutar de un «show» o simplemente pasarlo bien? ¿Qué atractivos o cualidades busca Ud. en un restaurante?

Explique. Arregle los criterios siguientes en orden de su preferencia.

1. limpieza
2. precios razonables
3. comida deliciosa
4. buen servicio
5. ambiente agradable
6. buena localidad

B.

¿Cómo decidir? Lea Ud. los siguientes anuncios y conteste las preguntas.

Refiriéndose a los anuncios, diga Ud. a qué restaurante Ud. debe ir si Ud...

1. no come carne.
2. va a cenar después de ir al médico.
3. prefiere platos sencillos y económicos.
4. es alérgico(a) a los mariscos.
5. quiere ir a un restaurante nuevo.
6. tiene ganas de comer algo dulce.
7. piensa compartir su comida con su compañero.
8. está guardando la línea.
9. tiene ganas de comer algo con salsa de tomate.

RESTAURANTE

Rincón del Mar

LE OFRECE UN MENU MUY ESPECIAL

Entrantes ahumados
Canapés de salmón, lubina, esturión, queso con mojama

Endibias con angulas y salmón, almejas de carril y ostras, verdura de la huerta, marisco hervido, brocheta de langostinos, gambas y cigalas plancha

Para terminar puede elegir entre:
Arroz a banda o solomillo al cabralés

De postre... **Centro de frutas de la estación**

Y en nuestro carro de repostería...
Nuestras especialidades para que coma cuanto le apetezca

Crêpes con nata y chocolate, tocino de cielo, puding de frutas, repostería variada, flan antiguo, natillas, tarta capuchina, tarta trufa, tarta requesón, mousses variadas

PRECIO POR PERSONA: 1.900 PESETAS
Avenida Antiguo Reino de Valencia, 80 (junto al Buffet). Tel. 373 16 44

PIZZERIA RISTORANTE
LA FERME
ANGELO

Salón para bodas y bautizos

Especialidades:
Pizzas, lasagna, spaguetti, caneloni

Avenida General Avilés, 50
CAMPANAR (Valencia). Tel. 340 79 30

Restaurante
LA CAIXETA
(recién inaugurado)

Cocina casera. Local climatizado
Menú: 550 pesetas

Aben Al Abbar, 33 (junto clínica La Salud)
Tel. 361 22 55

C.

Opiniones. Conteste Ud. las siguientes preguntas.

1. ¿Es importante el nombre de un restaurante? ¿Qué clase de comida se servirá en los restaurantes siguientes?

   a. «La Pampa»
   b. «Emperador de China»
   c. «El Chile Verde»
   d. «Terraza Romana»
   e. «El Rey de la Gamba[1]»

2. ¿Qué nombre le daría Ud. a un restaurante mexicano? ¿italiano? ¿griego? ¿a una hamburguesería?

---

1. Shrimp

¡Celebraciones! Ud. piensa celebrar las siguientes fiestas en un restaurante. Describa el restaurante que escoge. Incluya la comida, el ambiente, los precios y los invitados.

1. el sexto cumpleaños de su sobrina
2. la victoria de su equipo de fútbol
3. el aniversario de bodas de sus padres
4. el aniversario de su primera cita con su novio(a)

La competencia. Hay mucha competencia entre los dueños de los restaurantes. Vuelva a escribir uno de los anuncios anteriores para que el restaurante sea más atractivo para los clientes.

El restaurante «Don Quijote». Este restaurante acaba de abrirse. Llene Ud. los espacios con las palabras siguientes para saber más sobre el restaurante.

paellas	auténtica	comida	invitar
alegre	disfrutar de	medianoche	guitarristas
traje	platos	tocan	precios
variedad	ayer	taberna	mesas
sangría			

Con la _____ cocina española y su ambiente _____ de una _____ española, «Don Quijote» se complace en _____ a todos a _____ su excelente _____ y su famoso «show» de _____ y acordeonistas españoles que _____ canciones españolas de _____ y de hoy y que cantan alrededor de las _____. Hay una _____ de _____ típicos, especialidad de _____, langostinos y sopa de ajo. Se sirven vinos, cerveza y una buena _____. _____ entre moderados y altos. Abierto desde las once hasta la _____. Se aceptan tarjetas de crédito. Se sugiere usar _____.

A cenar. En grupos, representen una de las siguientes escenas.

1. Ud. seleccionó un restaurante según la descripción que leyó en la guía de restaurantes. Al llegar, encuentra que no es nada como lo describían.

2. Es su primera cita con el hombre (la mujer) de sus sueños. Quiere impresionarlo(la), pero...
   a. el camarero deja caer la comida encima de Ud.
   b. se le olvidó la cartera (billetera) en casa.
   c. otro(a) cliente en el restaurante intenta conquistar a su pareja.

En el teatro. Aquí se ofrecen algunos consejos referentes al comportamiento apropiado en el teatro. Lea los siguientes comentarios y haga las actividades.

● Las novedades del Teatro Victoria, en Barcelona: buffet frío, aparcamiento y monitores para que quien llega tarde siga la obra en el vestíbulo hasta el descanso.

● Llegar tarde al teatro y entrar, con el consentimiento de los acomodadores, estropeando la función a los que tuvieron la delicadeza de llegar a tiempo.

1. ¿Qué es lo que más le molesta a Ud. cuando va al teatro?
2. En grupos, representen una de las siguientes escenas en el teatro.
   a. La persona de al lado de Ud. habla constantemente.
   b. La persona de al lado de Ud. va y viene a cada rato. Ud. no puede ver.
   c. Ud. no puede ver bien porque el chico sentado delante de Ud. se mueve para besar a su novia a cada rato.
3. ¿Qué está de moda ahora? En grupos, preparen una lista de cinco sitios nocturnos en su ciudad que están «in» y cinco que están «out». Explique su popularidad o su falta de popularidad.

¿Sabe Ud. expresarse bien? ¿Siempre sabe Ud. decir la cosa más apropiada en el momento más apropiado? En respuesta a las muchas cartas que hemos recibido de nuestros lectores, *Revista* presenta Don Rafael, a sus órdenes.

Experto en la sicología y los modales sociales y dominador del idioma español, don Rafi ayudará a todos con el «qué decir y cuándo decirlo», para quedar bien y dejar una impresión inolvidable. En esta sección don Rafi les enseñará las expresiones más correctas y comunes relacionadas con el trabajo, la diversión, el viaje, el amor y la salud.

Don Rafael a sus órdenes

¡QUE SE DIVIERTA!

Después de un día largo de trabajo o de estudios hay que saber relajarse y divertirse. Las siguientes frases lo (la) preparan a Ud. para cualquier tipo de recreo.

1. A todo el mundo le gusta pasarlo bien. Algunas frases útiles son las siguientes.

Vamos de fiesta (parranda, farra).	We're going out on the town.
¡Que te diviertas (se divierta[n])!	Have a good time!
¡Que lo pases (pase[n]) bien!	Have a good time!
¿Cómo lo pasaste (pasó, pasaron)?	How was it?
Lo pasé muy bien (mal).	I had a very good (bad) time.
Lo pasé de maravilla (de película).	I had a ball.
Me divertí mucho.	I had a good time.
Bailamos (Cantamos) hasta las tantas de la noche.	We danced (sang) until the wee hours of the night.
Nos reímos a carcajadas (como locos).	We laughed like crazy.
Contó chistes.	He (She, You) told jokes.
Di en el chiste.	I got the joke.

2. A veces es importante saber expresar algunas advertencias.

¡Ojo!	Be careful!
No demore(n) (demores) mucho.	Don't be too long.
Pórte(n)se (Pórtate) bien.	Behave yourself (yourselves).
No se meta(n) (te metas) en líos.	Don't get into trouble.
No se preocupe(n) (te preocupes).	Don't worry.
Pierda(n) (Pierde) cuidado.	Don't worry.

3. Pero los esperados buenos ratos no siempre salen bien.

Me dejó plantado(a).	He (She) stood me up.
¡Qué aguafiestas!	What a party pooper!
No estaba para bromas.	I wasn't in the mood for jokes.
Me dio esquinazo.	He (She) avoided me.
Me dio calabazas.	He (She) jilted me.
¿Quieres irte ya?	Do you want to leave yet?
Me da igual.	I don't care.
No me va ni me viene.	It makes no difference to me.

USTED TIENE LA PALABRA

A. Acciones y reacciones. Cuéntele Ud. a un(a) compañero(a) lo que pasó después en las siguientes situaciones. El (Ella) le dará una reacción.

1. Ud. fue a una fiesta en que tocaron la música muy alta.
2. Ud. fue al cine con el (la) novio(a) de un(a) amigo(a).
3. Ud. fue al bosque a acampar en medio del invierno.
4. Ud. esperaba en un café a una persona que sólo conoció anoche.

B. **Consejos.** Aconséjeles Ud. a las siguientes personas que van a salir. Haga el papel de la segunda persona.

1. un niño va al circo / su papá
2. una mujer va de safari en Kenia / su novio
3. un joven pasa el verano en un campamento lejos de casa / su mamá
4. una niña va a una fiesta de cumpleaños / su hermana mayor

C. **Gustos.** ¿Cuáles son las reacciones diferentes de las personas indicadas a las actividades?

1. unas vacaciones con Club Med en una isla del Caribe (sus abuelos; su compañero[a])
2. una película de Charlie Chaplin (Ud.; su papá)

D. **Composición.** Escriba Ud. un diálogo de seis a ocho líneas en que el hijo trata de convencer a los padres para que le permitan hacer las siguientes actividades.

1. salir con el carro por primera vez
2. pasar un fin de semana en Nueva York
3. hacer un viaje de autostop por todo el país

VOCABULARIO

Sustantivos

el **aburrimiento**	boredom
el (la) **aficionado(a)**	fan
las **afueras**	outskirts
el **aparato**	apparatus, appliance
el (la) **árbitro(a)**	umpire, referee
el **campeonato**	championship
el **campo**	field
el **canal**	channel
la **censura**	censorship
la **cesta**	basket
el **concurso**	race; game show
el (la) **disquero(a)**	disc jockey
el (la) **dueño(a)**	owner
la **emisora**	radio (TV) station
la **encuesta**	survey
el (la) **entrenador(a)**	trainer, coach
el **entretenimiento**	entertainment
el **equipo**	equipment; team
la **esgrima**	fencing
la **espada**	sword
el **estadio**	stadium
el **hogar**	home
el (la) **juez**	judge
el **negocio**	business
las **noticias**	news
el **ocio**	leisure
la **pista**	track, court
la **prensa**	press
la **programación**	programming
la **propina**	tip
la **red**	net
la **regla**	rule
el **remo**	rowing; oar
el **riesgo**	risk
los **saltos**	high jump
la **telenovela**	soap opera
la **temporada**	season
el (la) **testigo**	witness
la **vela**	sailing

Verbos

ampliar	to enlarge, extend
aprovecharse de	to take advantage of
asustarse	to become frightened
divertirse (ie) (entretenerse)	to have a good time
equiparse	to equip oneself
fortalecer	to strengthen
gastar	to spend; to waste
grabar	to tape
optar	to choose
prevenir	to prevent
recurrir a	to resort to
reñir (i)	to argue, fight
sacar	to take out
silbar	to whistle
suponer	to suppose

Adjetivos

aficionado a	fond of
caluroso	hot
casero	pertaining to the home
escaso	scarce
helado	frozen
innovador	innovative
principiador	beginner
rutinario	routine
seco	dry
seguido	in a row
solitario	lonely

Expresiones

dar palmadas	to clap
el **esquí de alta montaña**	downhill skiing
ponerse al día	to be informed (up-to-date)
el **sentido común**	common sense
volverse (ue) loco	to go crazy

A. Relaciones. Escoja la palabra que no está relacionada con las otras y explique por qué.

1. campo   pista   estadio   testigo
2. espada   remo   regla   red
3. cesta   noticias telenovela concurso
4. juez   testigo árbitro   equipo
5. remo   esgrima encuesta   vela

B. Antónimos. Busque Ud. el antónimo de las palabras siguientes.

1. fortalecer   a. disminuir
2. entretener   b. helado
3. solitario   c. avanzado
4. principiador   d. mojado
5. seco   e. debilitar
6. caluroso   f. acompañado
7. ampliar   g. aburrir

C. La razón por mis acciones. Termine Ud. las frases siguientes.
1. Yo silbo cuando...
2. De vez en cuando riño con...
3. No me gusta gastar dinero en...
4. Para fortalecer el cuerpo yo...
5. Debo aprovecharme de...
6. Si yo tuviera un magnetoscopio, yo grabaría...

D. Formando otras palabras. Forme Ud. otra palabra, según los modelos.

VERBO	SUSTANTIVO
1. equipar	equipo
2. alimentar	_____
3. aumentar	_____
4. incrementar	_____
5. negociar	_____
6. robar	_____
7. regresar	_____

VERBO	SUSTANTIVO
1. esquiar	esquiador
2. jugar	_____
3. saltar	_____
4. nadar	_____
5. bailar	_____
6. lanzar	_____

POR ULTIMO

1. Según las descripciones, ¿en qué película hay...
   a. un hombre muy celoso?
   b. música y celebraciones?
   c. un coche mágico?
   d. seres sobrenaturales?
   e. un posible suicidio?
   f. un viaje a través del tiempo?
   g. una búsqueda de la vida tranquila?
   h. una lucha entre el bien y el mal?

2. Un vídeo original. En grupos, escojan uno de los títulos siguientes y escriban un resumen del argumento. Representen una breve escena.
   a. «Tres días en el Caribe»
   b. «Se me rompe el corazón»
   c. «El monstruo del pantano[7]»
   d. «La furia del mar»
   e. «Viaje a otro planeta»

A.

Corazón y ley.   Lea Ud. el siguiente anuncio y conteste las preguntas.

GANADORA DE 4 PREMIOS "EMMY" '86

mejor Serie Dramática, mejor Actriz Protagonista, mejor Actor de Reparto y mejor Dirección.

Corazón y Ley

Las aventuras de dos mujeres policías.

1. ¿Conoce Ud. este programa de televisión? ¿Cómo se llama en inglés? ¿Por qué se llamará «Corazón y ley» en español?

2. ¿Merece este programa los cuatro premios que ha ganado? ¿Por qué será tan popular hoy día un programa sobre dos mujeres policías? ¿Habría sido tan popular hace diez años? ¿hace veinte años? Explique.

3. ¿Qué tipo de programa puede ser popular en muchos países? ¿Cuáles son algunas características necesarias para que un programa sea popular en un país extranjero?

4. ¿Cuáles son algunos otros programas que tendrían mucho éxito en otros países?

B.

Hay vídeos para todos los gustos.
Cuando Ud. va a alquilar un vídeo, muchas de las tiendas proveen catálogos con breves descripciones de las películas. Aquí se ofrecen algunos ejemplos.

regreso al futuro

Relata las interesantes aventuras de Marty McFly (Michael J. Fox) un estudiante de Hill Valley, un pequeño pueblo del norte de California. La diversión comienza cuando el amigo y guía de Marty, Doc Brown (Christopher Lloyd) inventa una máquina del tiempo con la inverosímil forma de un "DeLorean." Cuando Marty, tratando de escapar de una banda de terroristas, salta en[1] el "DeLorean" es transportado treinta años en el pasado. De momento Marty se encuentra con que no tiene futuro, a no ser que él pueda lograr que su fanfarrón[2] adolescente padre (Crispin Glover) y su coqueta[3] madre (Lea Thompson) se enamoren. Y por supuesto tiene que convencer al joven, pero ya loco, Doc Brown a que lo ayude a regresar al futuro.

Nominada para cuatro premios "Oscar" y con una reciente recaudación[4] de 200 millones de dólares. "Back To The Future" ha recibido el elogio de la crítica y la bienvenida del público que pocas películas en la historia del cine han podido igualar. Clasificada PG, 116 minutos.

Santo y Blue Demon Vs. Drácula y El Hombre Lobo

Cuando el poder de dos fuerzas del mal se unen, comienza una serie de hechos macabros, contra los cuales no hay ser humano que quiera enfrentarse. Sus poderes son tan grandes que nadie logra combatirlos, solamente con la fuerza y la astucia del "Santo" (El enmascarado de Plata), y "Blue Demon" (Dos héroes defensores del bien) que son capaces de exponer sus vidas para salvar a los pobladores de la región, víctimas de estos seres malignos.

1. jumps in   2. bullying   3. flirtatious
4. amount taken in   5. fleeing   6. prejudices
7. swamp

Me Cansé De Rogarle

Un festival de purititas canciones mexicanas para el goce de toda la familia. Una divertidísima comedia musical sobre la mala suerte de Lucha. Dos de sus prometidos se han suicidado cuando estaban listos a casarse con ella. Y ahora, cuando se enamora del tercero, un popular cantante que acaba de llegar al pueblo de incógnito, ella teme por su vida. ¿Es que también morirá él cuando anuncien su matrimonio?

El Valiente Vive Hasta Que El Cobarde Quiere

Un pacífico maestro, huyendo de los falsos valores de la ciudad, se va a vivir a un remoto pueblo mexicano y sólo encuentra prejuicios y violencia. Tendrá que vencer todos los obstáculos con su buena voluntad y enfrentar los celos rabiosos del jefe de la policía que quiere la mujer que él ama.

C.

La revista deportiva. Hay revistas especializadas para todos. Lea Ud. el siguiente anuncio y haga las actividades.

1. ¿Qué es una revista de tipo «sumario»? ¿Le gustaría recibir esta revista en su casa? ¿Sobre qué deportes leería?

sumario deportivo

La más completa revista especializada **en deportes.**

Sale los días **10** de cada mes

Información y suscripciones:

Tel.: 562-2231

2. ¿Qué sumarios deportivos aparecen en esta revista en el verano? ¿y en el invierno? ¿Son más interesantes los artículos que salen en la primavera o en el otoño? ¿Por qué?
3. ¿Qué tipo de anuncios comerciales hay en esta revista?
4. ¿Qué otras revistas de este tipo conoce Ud.? Invente dos títulos para una revista deportiva.
5. Escriba Ud. un anuncio comercial para un producto que Ud. quiere publicar en esta revista.
6. Escriba Ud. un breve artículo sobre algún suceso deportivo.

D.

Las telenoticias. Lea Ud. el siguiente anuncio y haga la actividad.

En grupos, representen un noticiero. Deben incluir el pronóstico meteorológico, los deportes y las noticias locales, nacionales e internacionales. Incluyan el «nuevo formato noticioso» mencionado en el anuncio comercial.

NUESTRO EQUIPO ESTA EN ACCION...

Al ritmo del mundo y sin perder un minuto, nuestro equipo sale todos los días a reportar y recopilar la noticia para usted...
Ellos conocen la importancia de la noticia y la seria responsabilidad que implica... Por eso están en acción...y están en Telenoticias en Acción.

DE LUNES A VIERNES A LAS 5:30 DE LA TARDE Y A LAS 10:00 DE LA NOCHE, con nuevos e interesantes reportajes en un nuevo formato noticioso.

Lo que sucede, cómo y dónde...
¡al instante por el dos!

TELE NOTICIAS EN ACCION

5:30 p.m. a 6:30 p.m. y a las 10 de la noche de lunes a viernes

E.

Los «Jueguitos» Olímpicos. El Comité Olímpico Internacional ha decidido iniciar un grupo especial de juegos para los niños menores de diez años. Ud. y su grupo están encargados de crear cinco actividades para ellos. ¿Cómo se llama cada juego? ¿Cuáles son las reglas?

MODELO **El tirahuevos.[1] Cada niño debe tirarle un huevo a su pareja, quien debe cogerlo, sin dejarlo caer ni romperse.**

---

1. egg toss

¿Qué consumen los consumidores?

- EL CONSUMIDOR INFORMADO
- EL CONSUMO Y LA PRODUCCION
- APRENDER A COMPRAR BIEN

ENTRE NOSOTROS...

1. En los países de habla española se pueden comprar muchas cosas interesantes. Todo depende de lo que se quiera gastar o de lo que no se pueda prescindir. En México cada estado tiene sus cosas típicas. En la bonita ciudad de Taxco, la plata y los objetos de hojalata[1] son los artículos principales, y Guadalajara se distingue por la cristalería soplada a mano.[2] En otras regiones abundan hermosos artículos de cuero, lacas[3] y canastos.[4]

En Guatemala hay un buen surtido[5] de los tejidos indios multicolores, las blusas bordadas hechas a mano y las faldas de estilo maya. En Costa Rica se consiguen cosas hechas de concha[6] de tortuga. La ropa blanca es una buena compra en Puerto Rico, los artículos de lana en Uruguay y las muñecas vestidas con trajes indios en el Perú. En España a los visitantes les gusta comprar perfumes. Son buenos y más baratos que en Francia. También se llevan las porcelanas y los zapatos de cuero.

En todos los países hay que recordar que las tiendas venden a precio fijo; pero en los mercados se permite la práctica del regateo. ¡Jamás se paga el primer precio que piden!

2. En las grandes ciudades hispánicas se puede hacer las compras en grandes centros comerciales con supermercados modernos y elegantes almacenes cuyas sucursales se encuentran en muchos pueblos. Sin embargo, muchas personas prefieren seguir la costumbre de hacer las compras en las pequeñas tiendas especializadas. Para comprar pescado, van a la pescadería. Se vende carne en la carnicería. Luego van a la panadería, la lechería y la pastelería. Para comprar un bolígrafo y papel para escribir, pues van a la papelería. Y van a la perfumería para comprar jabón, pasta dentífrica y perfume. Por medicina hay que ir a la farmacia.

3. Al español le gusta ir bien vestido. Es cuestión de honor, y en su opinión, es una obligación social. Es conservador en el vestir y prefiere que los visitantes hagan lo mismo. Las prendas de «sport» ya se aceptan como en los EEUU, pero llevarlas en el centro de la ciudad o en lugares históricos todavía se considera fuera de tono.[7] Por su manera de vestir, no se sabe a qué clase social pertenece.

---

1. tin   2. hand-blown crystal
3. lacquered objects   4. baskets
5. selection   6. shell   7. in poor taste

CONTEXTOS CULTURALES

1. ¿Qué compras interesantes ha hecho Ud. en un país extranjero? ¿Qué productos importados de otros países usa Ud. con frecuencia? ¿Cuáles son los que compra de vez en cuando? ¿Qué artículos o recuerdos suelen comprar los visitantes cuando vienen a los EEUU? ¿Qué les recomendaría Ud.?

2. ¿Prefiere Ud. comprar en las tiendas grandes o en las pequeñas? ¿Por qué? En los EEUU, ¿adónde va Ud. para comprar perfume? ¿medicina? ¿revistas? ¿tarjetas postales? ¿un secador de pelo? En un país hispánico, ¿qué se puede comprar en una joyería? ¿en una relojería? ¿en una frutería? ¿en una heladería? ¿en una chocolatería?

3. Describa Ud. a una persona que, en su opinión, se viste bien. ¿Cree Ud. que vestirse bien es una «obligación social»? Explique. ¿Es posible identificar el nivel económico de una persona por su manera de vestir? Explique.

EL CONSUMIDOR INFORMADO

¿Cree Ud. todo lo que le dicen en los anuncios comerciales? ¿Cree Ud. todo lo que le dicen los vendedores? Pues, si así es el caso, Ud. necesita estudiar bien esta sección.

I. SI, SI, SI LO CREO TODO

PARA COMENZAR...

Todos nosotros hemos tenido nuestros momentos vulnerables. Cuente Ud. una experiencia personal en que Ud. compró algo que realmente no quería, sólo porque el (la) vendedor(a) lo (la) persuadió.

¿ES USTED INGENUO?

Vivimos en una sociedad en la que la picaresca anda a la orden del día. Abundan quienes intentan dar gato por liebre y claro, las almas ingenuas que muerden el anzuelo.[3] Pero también están quienes no creen nada aunque les presenten pruebas y esto les hace perder algunas oportunidades. ¿A qué categoría pertenece? Descúbralo respondiendo honestamente a las preguntas del siguiente test.

1. Cuando alguien le hace una promesa, ¿le cree a pies juntillas?[4]
   a. Según quien sea.
   b. Sí, confío en que cumpla la palabra que me ha dado.
   c. No. Siempre me queda alguna duda.

2. ¿Cómo se siente cuando alguien lo elogia?[5]
   a. Suelo preguntarme por qué lo hace.
   b. Me siento estupendamente.
   c. Simplemente me deja indiferente.

3. Si en algún establecimiento comercial lo atiende un dependiente simpático, solícito y atractivo, ¿se deja influir por los consejos que le da sobre los artículos?
   a. Si insiste y lo hace con amabilidad, a veces sigo sus consejos.
   b. Sí, considero que su experiencia profesional tiene valor y me fío de ella.
   c. No, sólo me fijo en las cualidades del producto.

4. Si una persona a la que no conoce a fondo pero a quien encuentra agradable y bien educada le propone un negocio asegurándole la oportunidad de ganar mucho dinero en poco tiempo y sin muchos esfuerzos, ¿acepta el trato?[6]
   a. Es posible. Pero antes tendría

que recabar[7] la opinión de otras personas.
   b. Si quien me lo propone ha nombrado a personas conocidas que hayan realizado algo similar o cita nombres de grandes almacenes, bancos, entidades financieras, etc., es posible que acceda.
   c. No, esa no es mi línea de actuación.

5. Cuando tiene que firmar un contrato de trabajo, de compra-venta, etc., ¿lo lee atentamente preguntando cada punto que no entiende?
   a. Sólo pregunto las cosas que me parecen importantes.
   b. Lo firmo sin más porque considero que todo está en regla.
   c. Lo leo y analizo punto por punto haciendo las preguntas que crea oportunas.

De acuerdo con sus respuestas, anótese cuatro puntos por cada respuesta A,

seis por cada respuesta B y dos por cada respuesta C, a excepción de la 9-A que vale seis puntos. Sume el total conseguido y remítase al apartado correspondiente.

—De 22 a 30. Cree en la gente de una forma casi infantil y al ser así está expuesto a sufrir desilusiones y a que le hagan daño. Es muy posible que aquellos a los que considera amigos abusen de usted.

—De 15 a 22. Aunque actúa de acuerdo con la lógica, en ocasiones le pueden atrapar, pero a pesar de esto, es poco probable que salga perjudicado. En su caso, siempre los éxitos superarán a los fracasos.

—De 10 a 15. Jamás corre riesgos porque da muy pocas oportunidades a las emociones del corazón. Es muy posible que quienes le rodean piensen que está hecho de granito. Debe tener en cuenta que si no se arriesga no podrá cruzar el río.

1. rogues   2. to cheat   3. swallow the bait   4. firmly   5. praises   6. agreement   7. to obtain

A. **Sigue la prueba.** Ahora, conteste estas preguntas de la misma forma.

1. Si alguien quiere venderle un coche y le dice que la dueña anterior era una anciana que sólo lo conducía los domingos para ir a misa:
   a. Lo creerá y comprará el coche felizmente.
   b. Le pedirá el número de teléfono de la anciana.
   c. Le preguntará por qué el odómetro indica 200.000 kilómetros.
2. Si un hombre con gafas oscuras se le acerca en la calle y trata de venderle un anillo de oro por sólo $25,00 porque necesita el dinero para una operación para su abuelo:
   a. Ud. pensará que es un hombre muy bondadoso y comprará el anillo.
   b. Le dará el dinero en forma de limosna.[1]
   c. Notará que es el mismo anillo que Ud. había perdido hace una hora.

Ahora, en grupos, inventen tres situaciones más para saber si Ud. es ingenuo(a).

B. **Mi momento más ingenuo.** Cuente Ud. una anécdota de una situación en que Ud. se mostró muy ingenuo(a). Si nunca se ha portado así, invente un momento ingenuo.

En grupos, representen la siguiente escena: Un(a) empleado(a) intenta venderles los siguientes artículos a unas personas ingenuas.

1. un par de zapatos, los dos para el pie izquierdo
2. un salero[2] sin agujeros[3]
3. una piscina hinchable[4] con agujeros

---

1. charity   2. salt shaker   3. holes   4. inflatable

II. SI PARECE IMPOSIBLE, A LO MEJOR, LO ES

Conteste Ud. las siguientes preguntas.

1. A primera vista, ¿cuáles son las palabras que se destacan[1] en este anuncio?
2. ¿Qué es lo que parece ser gratis?
3. En realidad, ¿qué cosa es gratis, el curso o el catálogo?
4. ¿Por qué es irónico el concepto de aprender a ser piloto por correo? ¿Qué otras cosas resultarían difíciles de aprender por correo? Explique.
5. ¿Qué le parece a Ud. esta técnica de vender un producto? ¿Le llama la atención? ¿Por qué?

Sí, deseo obtener GRATIS folletos[2] de información sobre el curso que marco abajo (Marque Sólo Uno):
☐ INGLES PRACTICO   ☐ TAPICERIA
☐ TELEVISION, RADIO, ELECTRONICA
☐ ENTRENAMIENTO EN TIERRA PARA PILOTO

Nombre _____ Edad _____

Dirección _____

Ciudad _____ País _____

DIRIJASE POR VIA AEREA

---

1. stand out   2. pamphlets

¡Averigüe cuál es su regalo GRATIS!

Aretes de Perlas Japonesas Imitadas

Cadena Cobra con baño de oro 18k genuino

Corazón de Plata Esterlina Sólida

Pulsera[2] de perlas Japonesas Imitadas de 8 mm.

Frote este lugar mágico para determinar inmediatamente qué regalo gratis va a recibir. *Devuelva el cupón con sólo $2.50 para ayudar a cubrir los gastos de correo, envío y promoción.

Este anuncio es una prueba para determinar la lectoría[3] de esta publicación. Nulo si es alterado.

---

1. Rub   2. Bracelet   3. amount of readers

EN OTRAS PALABRAS...

Conteste Ud. las siguientes preguntas.

1. ¿Cuál es el motivo de ofrecer este regalo?
2. ¿Salen estas joyas completamente gratis?
3. Describa los regalos. ¿Es éste su tamaño verdadero? Explique.
4. ¿Pediría Ud. uno de estos regalos? ¿Cuál? ¿Por qué?

COMPRE un EBRO[1] ¡GRATIS!

Al comprar su camión[2] o furgoneta[3] EBRO, recibirá un número del "00" al "99". Si su número coincide con las dos últimas cifras, del gordo de Lotería Nacional, sorteado[4] el 2 de Junio de 1984... su EBRO le saldrá absolutamente GRATIS!!

UN "EBRO" de cada CIEN es ¡¡Gratis!!...

y puede ser el suyo.

EBRO

---

1. brand of truck   2. truck   3. wagon   4. jackpot
5. drawn

EN OTRAS PALABRAS...

Conteste Ud. las siguientes preguntas.

1. ¿Es verdad que se puede «comprar» un camión gratis?
2. ¿Cuáles son las posibilidades de recibir uno sin pagar nada? Explique cómo funciona esta oferta. ¿Es ésta una buena técnica para vender camiones? Explique.

CONVERSEMOS

A. **¿De acuerdo?**   Explique por qué sí o por qué no y dé ejemplos.

1. La tendencia a exagerar se ve mucho en los anuncios comerciales.
2. Es necesario exagerar para vender productos.
3. Todo el mundo exagera un poco a veces.
4. Todo el mundo quiere recibir algo gratis.
5. Todas las marcas de productos son iguales.
6. Me importa mucho la presentación de un producto.

B. La necesaria exageración. Todos los anuncios que exageran tienen la obligación de incluir la verdad dentro del anuncio, pero normalmente lo escriben con letras muy pequeñas. Invente Ud. alguna verdad que deba acompañar a cada una de las siguientes exageraciones, según el modelo.

> **MODELO** UN REGALO PARA UD.
> **cuando gasta más de $100,00 en nuestra tienda.**

1. UNAS VACACIONES COMPLETAMENTE GRATIS
2. UN COLLAR[1] DE PERLAS SIN COSTO ALGUNO
3. UN AÑO DE LUJOS LO ESPERA
4. APRENDER A VOLAR[2] SIN PAGAR
5. LO (LA) INVITAMOS A LA ISLA DEL ENCANTO

C. También los titulares. Las revistas tienden a exagerar también para vender más y atraer[3] a más lectores. Invente Ud. alguna verdad que deba acompañar al titular exagerado, según el modelo.

> **MODELO** LLEGARON CANIBALES EXTRATERRESTRES
> **gritó la anciana al despertarse de una pesadilla horrible.**

1. MI ESPOSO TIENE DOS CABEZAS
2. DE VUELTA DEL CEMENTERIO
3. CULTIVARON UN TOMATE QUE HABLA CUATRO IDIOMAS

Ahora, invente Ud. el titular y un(a) compañero(a) va a escribir la segunda línea.

1. necklace   2. to fly   3. attract

III. EL PRODUCTO GENUINO

Nuestra compañía ha detectado la existencia y oferta de productos que, a pesar de ostentar[1] aparentemente todas las características Levi's (etiquetas, remaches,[2] bolsillos,[3] botón de cobre.[4]) resultan ser de dudosa procedencia.

Aconsejamos a nuestros clientes que desconfíen de dichas ofertas, ya que la autenticidad de esos productos no puede garantizarse. Asimismo, les recomendamos que adquieran nuestros productos únicamente en los establecimientos que presenten este distintivo:

1. displaying   2. rivets   3. pockets   4. copper

MINIDRAMA

En grupos, escriban un anuncio comercial sin exageración alguna y represéntenlo. Luego, escriban el mismo anuncio, pero añadan algunas exageraciones. Represéntenlo. ¿Cuál convence más? ¿Por qué?

EN OTRAS PALABRAS...

Termine Ud. las siguientes frases según el anuncio.

1. Cuatro características de Levi's son...
2. Dos cosas que detectó la compañía Levi's son...
3. Una buena recomendación es que los clientes...

CONVERSEMOS

A. Los peligros en el negocio. Un comerciante[1] puede perder mucho dinero si no tiene cuidado. Aparte de la ropa, ¿qué otras cosas se suelen copiar? ¿Qué medidas puede tomar una compañía para que esto no le pase? ¿Qué medidas puede tomar el consumidor para garantizar la autenticidad de los productos que compra?

B. La ratería.[2] Otro problema que encuentra con frecuencia el comerciante es el robo o la ratería en las tiendas.

1. ¿Cuáles son algunos trucos[3] que usan en las tiendas para combatir este problema? ¿Son efectivas estas técnicas? Explique.
2. ¿Cuál debe ser el castigo[4] para una persona que roba algo de una tienda? ¿Debe el castigo depender del precio del artículo robado? Explique su opinión.

1. merchant   2. shoplifting   3. tricks   4. punishment

IV. CAVEAT EMPTOR[1]

SU INFORMACION SOBRE RUEDAS

AYUNTAMIENTO

OFICINA MOVIL DE INFORMACION AL CONSUMIDOR

saber comprar, saber reclamar.

DIPUTACION PROVINCIAL DE SEVILLA

OFICINA MOVIL DE INFORMACION AL CONSUMIDOR

CONVERSEMOS

A. **La protección.** Nombre Ud. cinco motivos por los cuales la gente acude a esta oficina.

B. **El Instituto Nacional de Consumo.** Esta oficina le puede ser muy útil.

1. ¿Le ha pedido Ud. ayuda a esta oficina alguna vez? Describa las circunstancias.
2. ¿Son necesarias estas agencias? Explique.
3. ¿Qué otras organizaciones hay para ayudar al consumidor?
4. Aparte de las organizaciones, ¿qué otro tipo de ayuda hay para el consumidor?
5. ¿Cuáles son los mejores métodos de protegerse contra un fraude?

C. **El consumidor (mal) informado.** Ud. va a comprar un coche deportivo. Describa la manera incorrecta de comprarlo. Luego describa la manera correcta de hacer la compra.

MINIDRAMA

En grupos, representen la siguiente escena: Ud. va a la corte con un pleito[2] contra una compañía que le vendió un producto malo. Los papeles son:

1. el (la) acusado(a)[3]   2. el (la) demandante[4]
3. el (la) juez   4. el (la) testigo

---

1. *Latin for* Let the buyer beware.
    2. lawsuit   3. defendant   4. plaintiff

V. PEPITA

EN OTRAS PALABRAS...

Explique Ud. el argumento[2] de esta tira cómica.[3]

CONVERSEMOS

A. **¿El hombre o la mujer?**   ¿A quién se refieren estas ideas estereotipadas? Explique sus respuestas.

1. Va de compras con más frecuencia.
2. No tiene paciencia para hacer cola en el supermercado.
3. Es el (la) mejor consumidor(a).
4. A él (ella) le encanta comprar.
5. Goza de probarse[4] la ropa.
6. Tiene más tiempo libre para ir de compras.
7. Debe encargarse[5] de comprar las cosas importantes, como la casa o el coche.
8. Sabe comprar sólo lo necesario.
9. Es un(a) comprador(a) mejor informado(a).

B. **Los goces de comprar.**   A Juan le encanta comprar. A Marta no le gusta nada. Según el modelo, invente Ud. las ventajas y las desventajas de ir de compras.

MODELO   Juan: **Me gusta mucho encontrar gangas.**

Marta: **Siempre hay demasiadas personas en los almacenes.**

---

1. poorhouse   2. plot   3. comic strip   4. trying on
5. be in charge

A.

Aumente sus ventas. Lea Ud. el siguiente anuncio y conteste las preguntas.

1. ¿Quién ha publicado este anuncio?
2. ¿Qué es lo que se ofrece y a quiénes?

B.

Ud., el (la) ejecutivo(a) publicitario(a). Ud. está encargado(a) de encontrar nuevos clientes para los siguientes productos para aumentar las ventas de las compañías. Por ejemplo, si un gimnasio normalmente atrae a personas entre los dieciocho y los cuarenta años, Ud. va a formar una clase especial de gimnástica los sábados por la mañana para los niños y los domingos una clase de baile para los ancianos. ¿Cómo podría Ud. aumentar las ventas de:

1. sopa de frijoles negros?
2. una revista de reparaciones del automóvil?
3. zapatillas[1] para correr?
4. un ordenador?[2]

---

1. sneakers   2. word processor

C.

La escuela Magnum. Lea Ud. el siguiente anuncio y conteste las preguntas.

1. ¿Cuánto costará el curso?
2. ¿Quién se inscribirá[1] en este curso?
3. ¿Qué es lo que se enseña? Nombre Ud. cinco destrezas que se aprenderán.
4. ¿Se puede aprender a ser detective privado por correspondencia?
5. ¿Qué cosas no se pueden aprender por correspondencia?
6. ¿Por qué se llama la escuela «Magnum»? ¿Es bueno el nombre? ¿Inspira confianza? Explique.

---

1. will probably enroll

D. **En las otras escuelas.** ¿Qué es lo que se enseñará en las siguientes escuelas? Explique sus respuestas.

1. la escuela Bill Cosby
2. la escuela Barbara Walters
3. la escuela Charles Lindbergh
4. la escuela Vanna White

Invente Ud. los nombres de tres escuelas más y un(a) compañero(a) le dirá qué se enseña allí.

E. **El detective privado.** Ud. acaba de montar su oficina.[1] Su primer(a) cliente entra para contratarlo(la). En grupos, representen los papeles siguientes.

1. el (la) detective privado(a)
2. el (la) secretario(a)
3. el (la) primer(a) cliente

Incluyan el motivo por el cual desea contratarlo(la), los precios y los servicios ofrecidos.

1. open your office

F. **¿Le gusta gastar su dinero?** Conteste Ud. las siguientes preguntas.

1. ¿Le gusta gastar dinero o prefiere ahorrarlo?
2. Si un pariente le regala dinero para su cumpleaños, ¿qué es lo que hace con el dinero?
3. ¿Qué es lo que Ud. no puede resistir?
4. ¿Cuáles son algunas técnicas que usan en las tiendas y supermercados para que el cliente compre lo que no necesita?
5. ¿Cuáles son algunas medidas que puede tomar el comprador compulsivo para no comprar tanto? (Por ejemplo, se puede hacer una lista de lo que se necesita antes de entrar en la tienda.)

G. **El consejero financiero.** En grupos, representen los siguientes papeles.

1. el (la) consejero(a) financiero(a)
2. el (la) comprador(a) que no puede dejar de comprar
3. la persona que no quiere gastar ni un centavo nunca

H. **Consejos semanales.** Ud. escribe consejos financieros para un periódico. Escriba un artículo para esta semana e incluya su pronóstico de la economía nacional y sus consejos para el comprador informado.

EL CONSUMO Y LA PRODUCCION

Nuestra economía se basa en gran parte en la idea de que la gente comprará lo que las compañías produzcan. *Revista* estudia este fenómeno de cerca.

PARA COMENZAR...

Explique Ud. el concepto del consumo y la producción. ¿Es un buen sistema? Explique.

I. LOS ESCLAVOS

Antonio Martínez Ballesteros, un famoso dramaturgo[1] español, ha escrito un drama titulado Los esclavos, *en el cual él satiriza la idea de la producción y el consumo. Aquí se ofrecen algunas de sus líneas agudas.[2]*

Hombre 1	—Si tienen todas las necesidades cubiertas,[3] no trabajarán.
Mujer 1	—Habrá que crearles otras necesidades nuevas. Les haremos desear nuestros lujos hasta hacerles creer que son necesarios.
Hombre 1	—¡Pero no son necesarios!
Mujer 1	—¿Qué importa? El caso es que ellos los crean necesarios y trabajen para conseguirlos. Y haciéndolos consumidores de lo que ellos mismos fabrican, nuestros beneficios serán mayores.
Hombre 1	—¡No hay producción sin consumo!
Mujer 1	—¡Ni consumo sin producción!

CONVERSEMOS

A. **Opiniones.** Conteste Ud. las siguientes preguntas.

1. ¿Quiénes son los esclavos? ¿Quiénes son los esclavizadores?[4]
2. ¿Es Ud. esclavo(a)? Explique.
3. ¿Es importante la idea del consumo y la producción? Explique. ¿Hay que consumir para

---

1. playwright   2. biting   3. covered   4. enslavers

producir o hay que producir para consumir? ¿Por qué?

4. ¿Cómo nos hace desear la sociedad conseguir lujos? ¿Cuáles son algunos de los lujos que la sociedad nos hace pensar que son necesidades?

B. **El lujo.** Explique la siguiente idea y diga si Ud. está de acuerdo o no.

«El lujo es una necesidad que empieza cuando acaba la necesidad», dijo la gran **Chanel**.

C. **¿Lujo o necesidad?** ¿Cuáles de las siguientes cosas considera Ud. lujos y cuáles son necesidades? ¿Es lo mismo para todas las personas en todo el mundo? Explique.

televisor	máquina de escribir
secador de pelo	agua caliente
ordenador	lavadora de ropa
reloj despertador	coche
calculadora	bombones
revistas	bicicleta

D. **Un regalo lujoso.** ¿Cuál sería una compra de lujo para las siguientes personas?

1. su madre   2. su profesor(a)   3. su novio(a)   4. su abuelo(a)   5. su mejor amigo(a)   6. Ud.

II. PARA QUE SE REALICEN SUS SUEÑOS

ANTES DE LEER...

¿En qué consisten los sueños materialistas de Ud.? Nombre tres cosas materiales que Ud. adquirió este año. Nombre tres cosas que Ud. espera adquirir durante el próximo año. Si Ud. no es materialista, ¿por qué no lo es?

la llave de sus sueños...

PARA ESAS ILUSIONES QUE NO QUIEREN ESPERAR, LE DAMOS HASTA 4.000.000 DE PTS.

Quizá sea éste un buen momento para hacer esas reformas en la casa, tan necesarias. Incluso para comprar una vivienda de verano.

Para equipar su despacho profesional. Para tener el ordenador personal que precisa. Para decidirse a enviar a sus hijos a estudiar en el extranjero. Para comprar ese coche tan deseado. Incluso para esa excelente inversión, sin necesidad de tocar los ahorros.

¿Por qué esperar más? Ahora, el Banco Urquijo Unión le puede proporcionar todo esto o lo que usted quiera, con su Préstamo Personal.

Con su sola garantía personal, le prestamos hasta 4 millones de pesetas, o más si hace falta. Y le damos 3 años para devolverlo, en la forma y plazos que más le convengan.

Para que pueda atender más fácilmente el pago de cuotas de este Préstamo, tenemos distintas tarifas. Un sistema muy flexible e interesante, aunque no sea cliente de nuestro Banco.

Sin papeleos, en días, tiene la respuesta del Banco.

Y otra ventaja: aunque no necesite ahora este préstamo, podemos concedérselo ya, para emplearlo más adelante. Si tiene alguna ilusión por realizar, no la haga esperar más.

Venga al Banco Urquijo Unión, con toda confianza.

1. key   2. abroad   3. paper shuffling   4. grant it to you

¿Verdad o mentira?   Si la frase es falsa, corríjala. En nuestro banco...

1. les prestamos dinero sólo a nuestros clientes.
2. en sólo unas pocas semanas Ud. tendrá la respuesta del banco.
3. no tiene que devolvernos el dinero por cinco años.
4. sólo se necesita la garantía de tres bancos más para darle el préstamo.
5. usamos una sola tarifa que les conviene a todos nuestros clientes.
6. le prestamos el dinero que Ud. necesita ahora.

CONVERSEMOS

A. **Ud. y el dinero.**   ¿Cuáles son las «ilusiones» mencionadas en el anuncio? ¿Qué haría Ud. con el dinero prestado de este banco?

B. **¿Cambian los sueños?**   Compare Ud. las cosas materiales que quiere (quería, querrá) conseguir la gente en las fechas indicadas.

	1988	1920	1950	2010
1. un coche BMW				
2. un barquito de vela				
3. un ordenador				
4. una casa de verano				
5. una buena educación				

III. DIGAME

LLAME ANTES DE LLEGAR

Teléfono ambulante[1]

Este teléfono es en realidad un completo centro de telecomunicaciones dentro de un maletín de ejecutivo. Su línea directa le proporciona acceso inmediato a cualquier información que necesite y en cualquier momento.

El maletín-teléfono[2] usa la misma tecnología de los teléfonos que usan los carros, para evitar conecciones con interferencias o estática y además, le permite usar el maletín para llevar cosas básicas como libreta[3], calculadora o guía telefónica.

Se puede usar en tres formas diferentes: conectándolo en el toma-corriente[4] que usa el encendedor en un auto o un bote, con la batería interna que le da hasta una hora de conversación telefónica, o usando el adaptador para corriente alterna[5] en casos de uso prolongado.

Entre las funciones adicionales de este teléfono portátil está el botón que memoriza el último número que marcó[6], la conveniencia de poder marcar el número sin tener que levantar el auricular[7], la flexibilidad de poder usarlo con diferentes compañías que dan servicio a larga distancia y un reloj que le permite cronometrar[8] la llamada. Cuesta $2.995 en cualquier agente autorizado por la compañía Oki Telecom.

EN OTRAS PALABRAS...

Nombre Ud.:

1. cinco funciones del teléfono ambulante
2. tres formas de usarlo
3. un uso del maletín

---

1. movable   2. small case   3. notebook   4. outlet
5. alternating current   6. you dialed   7. earpiece
8. to time   9. lighter

A. **La otra cara de la moneda.**[1]   Aunque el teléfono portátil le permite hacer llamadas telefónicas en todas partes, también significa que lo (la) pueden llamar a Ud. a todas horas. Forme una lista de las ventajas y las desventajas del teléfono ambulante según el modelo.

MODELO

Ventajas
Puede llamar a casa para decirles que va a llegar tarde.

Desventajas
Pero le pueden pedir que pase por el supermercado, la farmacia y la tintorería[2] antes de llegar a casa.

B. **Opiniones.**   Conteste Ud. las siguientes preguntas.

1. ¿Es peligroso hablar por teléfono y manejar un coche a la vez? ¿Cuáles pueden ser algunos de los peligros?
2. ¿Le gusta a Ud. hablar por teléfono? ¿Cuántas llamadas telefónicas hace Ud. al día? ¿A quién llama? ¿Cuánto tiempo duran sus conversaciones con sus padres? ¿con su novio(a)? ¿con su amigo(a) más íntimo(a)?

3. ¿Cuántos teléfonos hay en su casa? ¿En qué habitaciones están? ¿Dónde prefiere Ud. hablar por teléfono? ¿Por qué? ¿Compraría Ud. un teléfono ambulante? ¿Por qué sí o por qué no?

C. **Situaciones vergonzosas.**   Ud. tiene su teléfono ambulante, pero a veces no es el momento oportuno para que suene el teléfono. Nombre Ud. cinco situaciones o lugares inoportunos para recibir una llamada telefónica.

D. **Por hablar demasiado.**   Ud. hablaba por teléfono en su coche cuando chocó con otro coche, cuyo(a) conductor(a) también hablaba por teléfono. En grupos, escriban el artículo que salió en el periódico el próximo día sobre su accidente. Incluya parte de la conversación entre los dos conductores después del accidente.

En grupos, representen la escena después del accidente mencionado en el ejercicio D. Hagan los papeles de los conductores, el (la) periodista, el (la) agente de policía y algún (alguna) testigo.

---

1. The other side of the story   2. cleaners

IV. EL MERCADO INFANTIL

Han nacido...
para crecer jugando

Solos o acompañados, crecerán felices y seguros con Playskool!

Para PLAYSKOOL el juego es cosa seria, porque los juegos ayudan a sus niños a desarrollarse física e intelectualmente. Con la CESTITA PIC-NIC ellos se divertirán a la vez que aprenden a reconocer y clasificar formas y colores. Es una alegre y colorida cestita con asa[1] y tapas[2] que abren y cierran. Contiene cuatro figuras de frutas de distintos colores, con bases de formas geométricas para que el niño las coloque[3] en los orificios correspondientes. Cuando son muy pequeñitos, el SONAJERO PAJARITO los alegrará mientras van aprendiendo a usar las dos manitas. Facil de coger y sostener con las delicadas manos del bebé. Completamente atóxico para que se lo lleven a la boca. Para iniciarles en las primeras nociones de construir y unir, hemos creado las CADENETAS. Originales eslabones[4] de vivos colores que despiertan la fantasía y creatividad infantil. Totalmente inofensivos, pueden llevárselos a la boca sin riesgo alguno. Jugando con PLAYSKOOL, la más completa gama de productos para la edad preescolar, crecen a la vez que siempre aprenden algo nuevo.

---

1. handle   2. lids   3. place   4. links

En sus propias palabras, describa Ud. la Cestita Pic-Nic y las Cadenitas. ¿Cuál es el propósito de los dos juguetes?

CONVERSEMOS

A. **Contradicciones.** ¿Es contradictoria la frase «El juego es cosa seria»? Explique. ¿Es contradictorio el nombre de la compañía «Playskool»? ¿Qué quiere comunicar la compañía al escoger ese nombre?

B. **Opiniones.** Conteste Ud. las siguientes preguntas.

1. ¿Deben los juguetes enseñar algo, llevar algún propósito educativo o solamente entretener a los niños? Explique.
2. ¿Qué se puede aprender jugando con las siguientes cosas?
   a. muñecas
   b. camiones
   c. bloques de madera
   d. arcilla[1]
   e. canicas[2]
3. ¿Qué papel tiene la imaginación en el desarrollo general de los niños? ¿Qué juguetes estimulan la imaginación? ¿Qué juguetes la reprimen? ¿Por qué?
4. ¿Cuáles eran los juguetes favoritos de Ud. cuando era pequeño(a)? ¿Han cambiado los juguetes desde su infancia? ¿En qué sentido?

C. **¿A qué edad?** ¿Por qué hay juegos diferentes para los niños de diferentes edades? Nombre Ud. tres juguetes buenos y tres juguetes malos para los niños de las edades siguientes y explique por qué lo son.

   1. un año   2. cinco años   3. trece años

D. **¿Para los niños o para las niñas?** ¿Deben los niños tener juguetes diferentes de los de las niñas? ¿Por qué sí o por qué no? ¿Cuáles son algunos juguetes que se consideran «para las niñas»? ¿y «para los niños»? ¿Qué le pasará a una niña que juega con camiones? ¿y a un niño que juega con muñecas? ¿Quiénes han tomado estas decisiones? ¿Van cambiando las cosas hoy día? Explique.

E. **Las muñecas biológicamente correctas.** ¿Qué opina Ud. de esta muñeca embarazada?[3] ¿Hay algún beneficio en comprársela a un(a) niño(a)? ¿Cuál será? ¿Cree Ud. que esta muñeca va a ser muy popular? ¿Compraría Ud. una para su sobrino(a) o hermano(a) menor? ¿Por qué sí o por qué no?

MUÑECA EMBARAZADA

MINI-EDUCACION SEXUAL

Hasta la fecha, las muñecas andaban, corrían, nadaban, orinaban y les crecía el pelo. En Inglaterra ya las venden embarazadas, con maridito de látex incorporado y, opcionalmente, bebé, certificado de nacimiento, canastilla[4] y libro de fotos.

MINIDRAMA

En grupos, representen la siguiente escena: Un(a) niño(a) intenta convencer a sus padres que le compren un juguete que los padres consideran malo, peligroso y costoso.

DEBATE

En grupos, defiendan o refuten el siguiente punto de vista: «Las pistolas son juguetes muy malos para los niños y deben ser prohibidos.»

1. clay   2. marbles   3. pregnant   4. little basket

V. EN EL ALMACEN EL CORTE INGLES

ANTES DE LEER...

CENTRO PINTOR SOROLLA

Pintor Sorolla, 26
Teléfono 351 24 44

VALENCIA

NUEVO CENTRO
Avda. Menéndez Pidal, 15
Teléfono 347 41 42

¿Prefiere Ud. comprar la ropa en una boutique exclusiva o en un almacén grande? ¿Cuáles son las ventajas de ambos tipos de tienda? Tenga en cuenta los siguientes factores:

1. servicio   2. selección   3. precios
4. calidad   5. comodidad

Número Uno en Moda.

Conozca El Corte Inglés. La Primera Cadena de Grandes Almacenes del país, con la mayor selección, calidad y vanguardia en moda. Alta confección en piel y ante[1], tejidos, complementos y nuestras Boutiques Internacionales: Pedro del Hierro, Francisco Delgado, Balenciaga, Georges Rech, Pierre Balmain y Guy Laroche.

Toda Clase de Regalos.

Más de 500.000 artículos para regalar distribuidos en más de 200 Departamentos. Y si desea elegir un regalo típico, escoja Artesanía Española, ampliamente representada en El Corte Inglés: Guitarras, espadas toledanas, mantelerías[2], mantones[3], cerámica, etc.

La comodidad de nuestros Servicios.

Pensados para hacer más fáciles sus compras:
- Servicio de intérpretes.
- Cambio de moneda extranjera.
- Restaurantes, Buffets, Cafeterías.
- Envío rápido al hotel, Peluquerías, Aparcamiento, Revelado[4] rápido de fotos, Centro de Comunicaciones.
- La Carta de Compras, un servicio que le evitará cargar con[5] paquetes.
- Agencia de Viajes, para realizar cualquier reserva o elegir entre los más variados destinos, programas, hoteles... Siempre con un servicio profesional y esmerado[6].

Desgravación Fiscal[7] a Turistas.

Si Vd. no es residente en España, beneficiese de la desgravación fiscal en sus compras. Nuestro personal intérprete le informará de estas ventajas.

EN OTRAS PALABRAS...

Nombre Ud.:

1. una ventaja especial para el turista
2. dos diseñadores famosos representados en El Corte Inglés
3. tres razones para hacer sus compras en El Corte Inglés
4. cuatro ejemplos de la artesanía española
5. cinco tipos de servicios ofrecidos en El Corte Inglés

MINIDRAMA

Con un(a) compañero(a), representen los papeles del (de la) empleado(a) y del (de la) cliente en las siguientes situaciones. El (La) cliente va a comprar algo. El (La) empleado(a) le va a pedir la información necesaria para llenar este talón de venta[8]. Luego, el (la) cliente va a intentar devolver sin recibo la mercancía que compró.

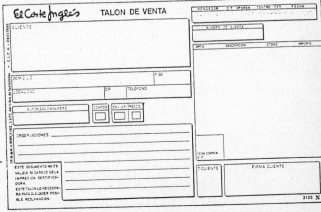

1. High fashion in leather and suede   2. tablecloths
3. kerchiefs   4. Developing   5. to carry   6. attentive
7. Tax Refund   8. sales slip

A. **Hay que hablar claro.** Lea Ud. el siguiente anuncio y haga las actividades.

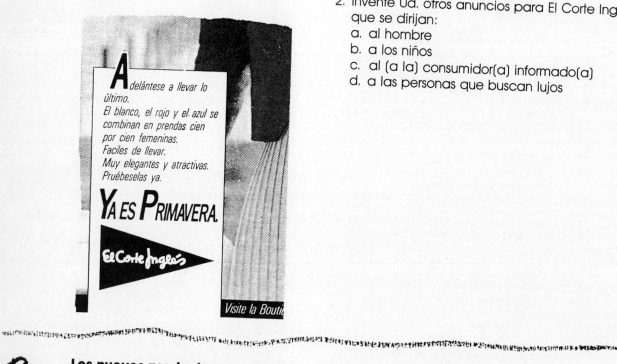

A delántese a llevar lo último.
El blanco, el rojo y el azul se combinan en prendas cien por cien femeninas.
Fáciles de llevar.
Muy elegantes y atractivas.
Pruébeselas ya.

YA ES PRIMAVERA.

El Corte Inglés

Visite la Bouti

1. ¿A quién va dirigido este anuncio de El Corte Inglés? Explique su respuesta.
2. Invente Ud. otros anuncios para El Corte Inglés que se dirijan:
   a. al hombre
   b. a los niños
   c. al (a la) consumidor(a) informado(a)
   d. a las personas que buscan lujos

B. **Los nuevos productos necesarios.** Lea Ud. el siguiente anuncio y haga las actividades.

¡No pierda la cabeza!

No hay motivo para perder la cabeza cuando usted tenga su Sleepover bajo su brazo

SLEEPOVER es un almohadón diseñado para asegurarle el perfecto confort durante su viaje. El almohadón mantiene su cabeza cuando usted quiere descansar o dormir.

Usted puede usar su SLEEPOVER en muchas ocasiones. Además de viajando en avión, tren, autobús o coche también puede usarlo en su casa sentado en un sillón, en la playa, en el baño, etc.

1
Hinche el SLEEPOVER, ajuste el respaldo de su butaca y siéntese confortablemente.

Coloque el almohadón alrededor del cuello. Ajuste la presión deseada.

Reclínese y descanse o duerma sin «PERDER LA CABEZA».

SLEEPOVER contiene algunas fibras sobrantes que desaparecen en el primer lavado. Utilice jabón suave y agua templada y abundante.

Sleepover®

SLEEPOVER ESPAÑOLA, S. A. - TEL. (96) 352 04 27 - VALENCIA (ESPAÑA)

1. Arregle Ud. las siguientes instrucciones en el orden apropiado según el anuncio.
   a. Duerma pacíficamente.
   b. Siéntese cómodamente.
   c. Hinche el almohadón.
   d. Descanse en paz.
   e. Coloque el almohadón alrededor del cuello.
2. Ahora, en una sola frase, describa el propósito del almohadón Sleepover. ¿Es útil este producto? ¿Es necesario? ¿Quiere Ud. comprar uno? ¿Por qué sí o por qué no? ¿Va a ser un producto muy popular? ¿Quién lo comprará?

1. Inflate   2. back   3. chair   4. excess

C.

No son todos útiles. Nombre Ud. tres productos muy útiles y tres productos inútiles que se venden hoy día. Explique sus respuestas.

D.

Otros usos posibles. Hay productos que se pueden usar para muchas cosas aparte de su propósito original. En grupos, piensen Uds. en tres usos más para los siguientes productos.

1. un tenedor
2. una goma elástica
3. un vaso de papel

E.

El anuncio. En grupos, escojan Uds. uno de los nombres siguientes de productos imaginarios y escriban anuncios comerciales para el producto. Incluyan el uso del producto, el precio y el tipo de cliente que querrá comprarlo. Representen el anuncio. (Si no les gustan los nombres, pueden también inventar el nombre del producto.)

1. zapatillas volantes[1]
2. el nuevo hazlotodo[2]
3. chicle transparente
4. jabón invisible

___

1. flying   2. do-it-all

F.

Ofertas escolares. Lea Ud. el siguiente anuncio y conteste las preguntas.

1. ¿Compra Ud. estos productos cada año antes de que empiecen las clases? ¿Qué otras cosas compra Ud. para prepararse para las clases? ¿Cuánto dinero gasta Ud. en los preparativos escolares?
2. Hay temporadas[2] del año en que las tiendas venden productos que se relacionan con ciertas fiestas o ciertas estaciones del año. Por ejemplo, en septiembre se venden artículos escolares porque empiezan las clases. ¿Qué productos se venden más en el verano? ¿y en diciembre? En los EEUU, ¿qué productos se venden para el 31 de octubre? ¿el 14 de febrero? ¿el 4 de julio?

EN SUS ALMACENES

Tía

SA

QUITO – AMBATO

12 MARCADORES EN ESTUCHE[1]

IMPORTADOS

Sl. 129

CARRUSEL

12 LAPICES DE COLOR EN ESTUCHE

Sl. 99

SACAPUNTAS

IMPORTADOS

EN DISTINTOS MODELOS

Sl. 15

___

1. case   2. seasons

SECCION

APRENDER A COMPRAR BIEN

Muchas personas no saben comprar de una forma inteligente y racional. No comparan los productos, no comparan los precios. *Revista* les aconseja.

PARA COMENZAR...

Al comprar, muchas personas se dejan llevar[1] por sus sentimientos y malos hábitos. ¿Es Ud. un(a) comprador(a) racional? Explique.

I. REFINANDO SU DESTREZA COMPRADORA

El primer paso para poder comprar de una forma más efectiva y lógica es analizar su conducta y sus hábitos. Si usted se identifica con alguno de

Cómo ser mejor COMPRADORA

los patrones que describimos a continuación, nuestro plan racional de compras le será de mucho provecho[2] Léalo y, luego, úselo.

El comprador impulsivo. Siempre que va a las tiendas compra algo. En vez de hacerlo por necesidad, lo hace para calmar sus nervios y liberar sus tensiones. Este tipo de persona nunca tiene nada que ponerse, a pesar de que su armario[3] está lleno de ropa.

El comprador indeciso. Para esta persona es sumamente difícil comprar. Siempre necesita el consejo de los demás. No confía en su gusto, ya que tiene un concepto muy pobre de su persona.

El comprador pretencioso. Esta persona no compra nada que no sea de un diseñador fa-moso o de una tienda de mucha renombre.[4] Tiene que gastar fuertes sumas de dinero para poder sentir que es una persona valiosa. Desafortunadamente, la ropa cara no es garantía de elegancia ni de éxito.

El comprador extravagante. A este tipo de persona le gusta lla-mar la atención. Siempre compra lo que está de última moda. Y aunque todo el mundo lo admira por su forma atrevida[5] y moderna de vestir, tiene el armario lleno de prendas que nunca usa, pues pasaron de moda tan rápido como se impusieron.

EN OTRAS PALABRAS...

En sus propias palabras, describa a cada clase de comprador. ¿Cuál es Ud.? Dé Ud. ejemplos de cómo Ud. se porta[6] en una tienda.

1. are carried away   2. advantage   3. wardrobe
4. renown   5. daring   6. behave

¿Impulsivo o compulsivo? ¿Cuál es la diferencia entre un comprador impulsivo y un comprador compulsivo? Nombre Ud. cinco cosas que Ud. ha comprado por impulso. Si nunca ha comprado por impulso, nombre cinco cosas que le han llamado la atención pero que Ud. se resistió a comprarlas al pensarlo bien.

1. makes a mistake

En grupos, representen una de las siguientes escenas.

1. Un(a) comprador(a) pretencioso(a) se equivoca[1] y entra en una tienda no muy elegante. El (La) dependiente intenta venderle ropa de baja calidad.
2. Un(a) dependiente no muy paciente intenta atender a un(a) comprador(a) indeciso(a). Los otros clientes se enojan porque tienen prisa.
3. Un grupo de dependientes en una boutique muy elegante intentan venderle todo a un(a) comprador(a) extravagante.

II. ¡USELO... PARA UNA VIDA PERFECTA!

ANTES DE LEER...

Imagínese que Ud. es astronauta y va a la luna. Sólo puede llevar cinco productos de higiene personal. ¿Cuáles serían? ¿Por qué?

EN OTRAS PALABRAS...

¿Cuáles son las promesas que hace este anuncio? Use los verbos en la primera columna y las frases en la segunda columna para formar oraciones, según el modelo.

> **MODELO** eliminar placa
> **Colgate elimina la placa que se forma entre los dientes.**

1. refrescar
2. mantener
3. prevenir
4. reforzar
5. dar

a. vida feliz
b. dientes sanos
c. el esmalte
d. las caries
e. el aliento

CONVERSEMOS

A. **Más recomendaciones.** El anuncio también ofrece recomendaciones sobre la higiene dental. Cambie Ud. los infinitivos a la forma imperativa para formar oraciones originales, según el modelo.

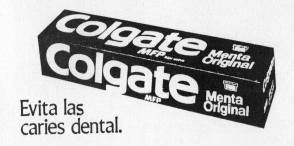

La vida es bella... ...sonríale con Colgate!

¡Aseguremos la salud!

Colgate es un seguro de salud ¡seguro! Un correcto cepillado[1] de los dientes con Colgate, después de cada comida, mantiene dentaduras y encías[2] en perfectas condiciones. Pero debemos tener cuidado. Ningún lugar de los dientes debe quedar sin cepillar.

Generalmente, la placa se forma en las zonas donde se juntan los dientes, en sus lados traseros[3] y contiguos a las encías. Una vez suprimida la placa, las encías quedan limpias, bien protegidas y el Flúor MFP de Colgate penetra en el esmalte[4] dental reforzándolo contra las caries.[5]

¡Una vida sonriente!

Sonría a la vida para que ella le sonría. Use siempre Colgate. Un correcto cepillado con Colgate remueve la placa bacteriana, previene la caries, evita[6] enfermedades de las encías, refresca el aliento[7], en fin, proporciona una existencia grata.[8]

Evita las caries dental.

1. brushing 2. gums 3. back sides 4. enamel
5. cavities 6. avoids 7. breath 8. pleasant

MODELO usar

Use Colgate todos los días para tener una sonrisa bonita.

1. cepillar   2. dedicar   3. tener cuidado
4. evitar   5. sonreír   6. ir

B. **Un paso adelante con Crest.** Lea el siguiente anuncio y conteste las preguntas.

> **¿Puede Una Pasta Dentrifica Ayudar a Un Diente Ya Enfermo? Crest Puede.**

1. Según el anuncio, ¿qué beneficio hay al usar Crest?
2. Compare este anuncio con el de Colgate. ¿Cuál le gusta más? ¿Por qué?

C. **Aliento, dulce aliento.** Lea el siguiente anuncio y conteste las preguntas.

Scope es efectivo.

No deje que el buen sabor[1] le engañe.[2]

1. ¿Para qué sirve el enjuague?[3] ¿Lo usa Ud.? ¿Por qué sí o por qué no?
2. En sus propias palabras explique el significado del anuncio. Hay muchos anuncios para los enjuagues que salen por la televisión. ¿Cuál prefiere Ud.? ¿Por qué?
3. Además de los enjuagues para el aliento, también hay pastillas, chicles y «esprays». ¿Cuándo suele la gente usar éstos?
4. ¿Cree Ud. que la gente se preocupa demasiado por la higiene personal? Explique.

D. **Opiniones.** Conteste Ud. las siguientes preguntas.

1. Según el anuncio, si Ud. usa Colgate, tendrá una vida feliz. ¿Está Ud. de acuerdo? ¿Qué es lo que Ud. necesita para tener una vida feliz?
2. ¿Cuáles son algunas de las promesas que se hacen en los anuncios para los siguientes productos?
   a. el champú
   b. las cremas para el cutis
   c. el jabón desodorante
   d. el perfume o la colonia

1. flavor   2. deceive   3. mouthwash

III. ¿ELENA… ENCANTADORA? NO LO CREO.

Hemos analizado sus facciones, y no es bonita.
Su nariz es muy larga y sus ojos muy chiquitos.

Su pelo es de un marron común,
no es ni castaño, ni caoba;[1]
y sin duda ni siquiera[2] es elegante.
Por eso, cuando aquel tipo le dijo
"Elena Hueles divino" por poco nos morimos.

Por qué todo el mundo está
tan fascinado con Elena?

Jōvan   *Úselo y creará su propia magia.*

1. mahogany   2. not even

A. **Mi idea es mejor.**   Ud. es ejecutivo(a) publicitario(a) y tiene muy buenas ideas en cuanto a cómo mejorar este anuncio.

1. Imagínese que el anuncio termina con la frase: «y sin duda ni siquiera es elegante». Termine Ud. el anuncio de una forma original. Puede usar este perfume o puede escoger otro producto.
2. En el anuncio, sustituya la palabra «fascinado» por «enojado» y vuelva a escribirlo. ¿Por qué todo el mundo está tan enojado con Elena?
3. Vuelva a escribir el anuncio, pero esta vez, sobre un hombre.

B. **Opiniones.**   Conteste Ud. las siguientes preguntas.

1. Si Ud. le preguntara a Elena por qué todo el mundo está tan fascinado con ella, ¿qué le contestaría? ¿Conoce Ud. a una persona fascinante? ¿Quién es? Descríbalo(la). ¿A qué se debe su encanto? Si no conoce a tal persona, ¿cómo imagina que sea una persona fascinante?
2. ¿Tiene Ud. su «propia magia»? ¿Es el resultado de algún producto? Explique.
3. ¿Alguna vez ha comprado Ud. un producto porque le gustó el anuncio? Explique. ¿Quedó satisfecho(a) con el producto? ¿Por qué sí o por qué no? Si nunca lo ha hecho, ¿por qué no se deja seducir por los anuncios?

En grupos, representen una de las siguientes escenas.

1. Intente convencer a una persona que no usa perfume que su producto le cambiará la vida.
2. Ud. trabaja para una fábrica de perfumes y está encargado(a) de pasear por un almacén pidiéndoles a los clientes que prueben su nuevo perfume. Emplee Ud. técnicas originales.

IV. HAY RELOJES Y HAY RELOJES

Por qué estamos regalando los nacionalmente anunciados famosos relojes "Sweetheart" de Sato™ a un precio tan bajo como $2⁰⁰

Cada reloj muestra el mes, día, hora, minuto y segundo y tiene un preciso movimiento por cuarzo tan poderoso que nunca es necesario darle cuerda[1] y es tan exacto que la única diferencia es cuestión de segundos al mes. Y lo mejor de todo puede combinar su reloj con su vestuario, escogiendo cinco atractivos colores de moda. Usted puede hasta usar un reloj diferente cada día para imponerle un "toque"[2] especial a su modo de vestir.

Estos relojes de cuarzo Sato anunciados nacionalmente no serán vendidos por la compañía a este precio publicitario en ninguna tienda. Hay un límite de 5 relojes a este precio, por cada dirección, pero los pedidos solicitados por correo[3] con la suficiente anticipación (antes de septiembre 25) pueden ser hasta por 10. Cada reloj es ajustable y está cubierto con una garantía de un año completo, para devolverle su dinero.

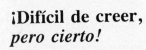

¡Difícil de creer, pero cierto!

Imagínese que Ud. es el (la) locutor(a)[4] que está anunciando estos relojes por la televisión. Termine Ud. las frases de acuerdo con la información en el artículo.

1. Si Ud. es una persona a quien le gusta economizar...
2. Si se rompe este reloj, no se preocupe porque...
3. No importa el tamaño de su muñeca...
4. Para las personas desorganizadas...
5. Si Ud. se aburre fácilmente...
6. Si a Ud. le importan la puntualidad y la eficacia...

1. to wind   2. touch   3. orders by mail   4. announcer

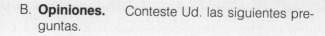

A. Los relojes Swatch. Lea Ud. el siguiente anuncio y dé dos razones por el éxito de estos relojes.

SWATCH: Una cuenta de McCann-Erickson en todo el mundo

Ante la irrupción de la moda de relojes más informales y de menor precio en todos los mercados, el "holding" de relojería ISMH, de Suiza (que incluye marcas como OMEGA, CERTINA, TISSOT), se decidió a lanzar[1] SWATCH en todo el mundo en el año 1982. Desde esa fecha, McCann-Erickson ha estado encargada de todo el proceso de lanzamiento, a nivel masivo en todo el mundo.

El éxito ha sido tan espectacular en los 15 países donde se ha lanzado hasta la fecha (USA, Alemania, Francia, Italia, Inglaterra y Suiza, entre otros), que no sólo ha hecho recuperar a la industria suiza del descenso en su participación en el mercado dominado por los japoneses, sino que ha hecho invertir los papeles: SWATCH es el segundo reloj más vendido en Suiza, (después del Rolex).

B. Opiniones. Conteste Ud. las siguientes preguntas.

1. ¿Cómo es que pueden vender el reloj «Sato» a un precio tan razonable? Explique. ¿Compraría Ud. uno? ¿Por qué?
2. ¿Conoce Ud. los relojes «Swatch»? ¿Preferiría tener un reloj carísimo y elegante o una colección de relojes «Swatch»? Además de las razones mencionadas en el artículo, ¿a qué se debe su gran éxito?
3. Aparte de la buena calidad, ¿por qué otras razones puede tener éxito un producto? Dé Ud. ejemplos.

MINIDRAMA

En grupos, representen la escena siguiente: Ud. es vendedor(a) de relojes y va de casa en casa vendiendo sus productos. Llame a la puerta de las siguientes personas e intente venderles un reloj.

1. un(a) famoso(a) músico de rock
2. un(a) astronauta
3. un(a) nadador(a) submarino(a)
4. un(a) estudiante
5. otra persona

---

1. promote

V. PERO, ¿VAS A SALIR ASI?

Veinte años de ser y vestir joven

HIJO, ¿PERO VAS A SALIR ASI?

La forma de vestir de los jóvenes ha cambiado mucho en estos últimos veinticinco años. A lo largo de este tiempo los pelos han crecido y se han acortado, los ropajes han sido utilitarios o lúdicos, siniestros o alegres.

Yo, la verdad, nunca había sido un enamorado de la moda juvenil. Cuando estaba en la edad, el máximo lujo que podía permitirme consistía en heredar la gabardina[1] usada del primo Enrique o recibir por parte de mi novia, hoy esposa, alguna corbata de gusto dudoso que me regalaba para mi santo.[2]

1957

Iba yo con mis amigos al partido de fútbol del domingo en Madrid. Llegué al estadio, aparqué, salí del coche con los demás, y al levantar la mirada... ¡le vi! Portaba[3] unas grandes patillas,[4] y entre ellas por delante de los ojos (que no se veían) unas gafas de plástico negro y cristales de ciego. Debajo de la cazadora[5] y semioculta[6] por un pañuelo de cuello, se veía una camiseta[7] de aquellas que usaban los marinos yanquis en sus guerras cinematográficas contra los japoneses. También llevaba unos pantalones increíblemente estrechos.

Gafas de plástico (para el club)

Pañuelo de cuello (para la moto)

Traje de cuero

Botos vaqueros (mucha puntera)

1957: LOS DUROS VISTEN CUERO

Aquel mozo me desorientó. Bien sabía yo de la existencia de Elvis Presley, pero lo que nunca hubiera imaginado es que sus admiradores fueran como él, ¡por las calles!

1963

Ya casi (pero no del todo) había olvidado al joven de cuero negro, cuando, unos años más tarde, hacia 1963, vi en una revista una foto de los Beatles, cuatro ingleses que decían ser más populares que Jesucristo, que ganaban millones y que no sabían cantar ni tocar un instrumento. Aquellos pelos feminoides y aquellos trajes cortitos me parecieron mucho más sutiles y peligrosos que la asustante chaqueta de cuero negro.

1972

Creyendo hacer lo mejor, enviamos a nuestro hijo, Jaime, de vacaciones a Ibiza[8] con su amigo Ricardo. Pero Ricardo, aislado para estudiar en la casa que sus padres tenían en Ibiza, y aburrido, debió contagiarse del ambiente que, por lo visto, reinaba en la isla y se hizo «hippy». Tuvo unas barbas largas, pelos larguísimos... sobre una camiseta desteñida[9] llevaba chaleco viejo y rodeándole las piernas, unos pantalones de rancio sabor agrario.[10] A su lado estaba una chica más bien feúcha,[11] con una cinta en el pelo, un traje indescriptible y unas gafitas redondas que acentuaban aún más su aire ausente.

Entonces me di cuenta de que todo vuelve y que nosotros mismos hemos ido disfrazados[12] toda la vida con las mismas ropas que ellos usan ahora para disfrazarse.

Camiseta a la lejía

Saco de dormir

Bolsa paramilitar

Cinturón de cintas de cuero (colores)

Colilla (cutarra)

Pantalón rústico

Sandalias indias (auténticas)

Pañuelo negro (presunto ácrata)

Cinta pelo de cuentecitas

Gafas redondas (Seguridad Social inglesa)

Collares de semillas

Cesta de rafia (o paja vulgar)

Traje ibicenco-hindú

Zuecos (nórdicos)

1972: DESDE IBIZA CON FLORES

1. topcoat   2. saint's day   3. He was wearing   4. sideburns   5. jacket   6. half-hidden   7. T-shirt   8. island in the Mediterranean Sea   9. faded   10. scruffy farmer-type pants   11. ugly   12. disguised

Comente Ud.:

1. en una frase, la juventud del padre
2. en dos frases, lo que le pasó un día en 1957
3. en tres frases, la impresión del padre de la moda de 1963
4. en cuatro frases, la vida y la moda de Ricardo y su amiga en Ibiza en 1972

CONVERSEMOS

A. **Opiniones.** Conteste Ud. las siguientes preguntas.

1. Defina Ud. la palabra *moda*. Describa Ud. la moda actual en los EEUU. ¿Se viste Ud. a la moda o prefiere mantener su propio estilo? ¿Por qué? Describa su propio estilo.
2. El artículo menciona tres formas de vestir de los últimos treinta y cinco años. ¿Cuáles son algunos otros estilos que el artículo no mencionó? Descríbalos. Si Ud. pudiera escoger la moda de cualquier época de la historia, ¿qué moda escogería y por qué?

3. ¿Coincide la moda con las distintas ideologías o formas de ser? Explique. ¿Cuáles son las ideologías de:
   a. el joven vestido de cuero?
   b. los «hippies»?
   c. los «preppies»?
   d. los que se visten al estilo «punk»?

B. **¿Qué dicen los críticos?** Ud. está encargado(a) de escribir la sección sobre la moda para el periódico de su escuela. Escriba cinco cosas que se deben llevar para estar a la moda y cinco que no se deben llevar. Luego escriba cinco más referentes a otra época.

SE LLEVA   **NO SE LLEVA**

C. **El (La) diseñador(a).** Ud. es un(a) famoso(a) diseñador(a) de ropa. Está cansado(a) de la moda de hoy. Invente Ud. un estilo totalmente diferente. Descríbalo con detalles.

MINIDRAMA

En grupos, representen un encuentro de los tres tipos mencionados en el artículo.

1. bleached   2. Band of beads   3. seeds   4. straw
5. clogs

A. ¿Cuándo se inventó el reloj?

Lea Ud. los siguientes anuncios y conteste las preguntas.

OMEGA Este reloj, fabricado mecánicamente, reune los últimos adelantos[1] realizados en la relojería moderna. Su marcha uniforme, la perfección y solidez de su construcción intercambiable, la elegancia de su forma y su baratura[2] relativa, hacen que el reloj **Omega** no tenga competencia.

De venta en las buenas relojerías.

Solo hay uno así, aunque viene en pareja (para él y para ella). Unico en su tipo por combinar oro y paladio con el metal de la era espacial: el titanio. A época de desafíos[3], respuestas atrevidas e insólitas: ¿el austero saber de los relojeros suizos puede proyectarse con belleza en la técnica del futuro? Sin duda, y lo hace con el nombre de Omega Seamaster Titane, un reloj que sale de lo común, porque así es.

Ω **OMEGA**

1. En 1896 apareció este anuncio en la revista española *Blanco y Negro*. ¿Cómo se sabe que es anticuado? Dé Ud. tres ejemplos.
2. Compare Ud. el otro anuncio con el que salió hace noventa años. Señale Ud. las semejanzas y las diferencias.
3. Se dice que la calidad de los productos fabricados hoy día es peor que la de en el pasado. ¿Está Ud. de acuerdo? ¿Cuáles son algunos productos que son peores que antes? ¿y unos que son mucho mejores?
4. ¿Lleva Ud. reloj? ¿Por qué sí o por qué no? Describa su reloj. ¿A Ud. le gusta siempre saber la hora? ¿Llega Ud. a sus citas a tiempo?
5. ¿Qué opina Ud. de la gente que siempre llega tarde a sus reuniones y les hace esperar a los demás?

---

1. advances   2. cheapness   3. challenges

B. ¡Lo último en la moda!

Lea Ud. los siguientes artículos y conteste las preguntas.

ESTÁ DE MODA

La moda feminina

La moda de hoy es elegante, característica que se adquiere por las finas telas que se trabajan y por los estilos que destacan la silueta femenina... ajustados resaltando[1] los hombros y la cintura.

La moda masculina: Una entrevista con Carlos Nieto, el famoso diseñador colombiano

CADA VEZ MAS ELEGANTE

Sobre el modo de vestir del hombre colombiano, Carlos opina que cada vez es más elegante y que realmente se preocupa por estar a la moda.

—¿Y cómo se compara en elegancia con el resto de los hombres del continente?

—Estimo que ocupa el tercer lugar después de Argentina y Brasil, aunque en general nuestra moda combina las dos características de la misma en dichos países. En Argentina hay elegancia y en Brasil, industria de moda.

—¿Es necesario estar a la moda para ser elegante?

—Sí, no se puede ser elegante con ropa pasada de moda.

"Se están usando los colores muy vivos, los tonos pastel, los rosados con grises, los pantalones de cuadros grandes, los pantalones muy anchos en la base y angostos[2] en la bota. Y vuelve con mucha fuerza el estilo "college" o "preppie" con sus sacos "shetland" y medias de rombos (CROMOS los sugiere como regalos ideales para el Día del Padre). Se vuelve también hacia los estilos de los años 60 con todo lo go go y ye ye".

Carlos Nieto retorna ahora a la línea clásica pero sin abandonar la joven. Su moda incluye desde lo más clásico hasta lo más "lanzado", o sea, para todos los gustos, edades y bolsillos. C

1. ¿Está Ud. de acuerdo con el comentario sobre la moda femenina? ¿y con él sobre la moda masculina? Explique. En los EEUU, por lo general, ¿se visten elegantemente los hombres? Por lo general, ¿quién se viste mejor, el hombre o la mujer? Explique.
2. ¿Qué otras preguntas le gustaría hacerles a los diseñadores sobre la moda masculina y femenina? ¿Quién es su diseñador(a) favorito(a)? ¿Compra Ud. exclusivamente la ropa de él (ella)? ¿Por qué?
3. Defina Ud. la palabra *elegancia*. ¿Es posible vestirse elegantemente todo el tiempo? ¿En qué ocasiones no se viste Ud. bien? Describa Ud. la ropa que normalmente lleva para ir a clase.

---

1. showing off   2. narrow

C. **Para realizar los sueños, hay que trabajar.** Un grupo de personas interesadas en montar un negocio se reúne para pensar en el tipo de negocio necesario para realizar un hermoso sueño. En grupos, representen la reunión de estas personas. ¿Cuáles son sus ideas? ¿Cuáles son sus problemas? ¿Cómo van a resolverlos?

D. **Mis ideas sobre la moda.** Llene Ud. los espacios siguientes y termine las frases.

1. Siempre llevo _____ cuando voy al cine porque...
2. Para quedarme en casa, llevo _____ porque...
3. Nunca saldría con un hombre (una mujer) que llevara _____ porque...
4. Por lo general, los hombres que llevan _____ son...
5. Por lo general, las mujeres que llevan _____ son...
6. Yo nunca llevaría _____ para ir _____ porque...
7. Me gusta más la ropa de (invierno, verano, primavera, otoño) _____ porque...

VOCABULARIO

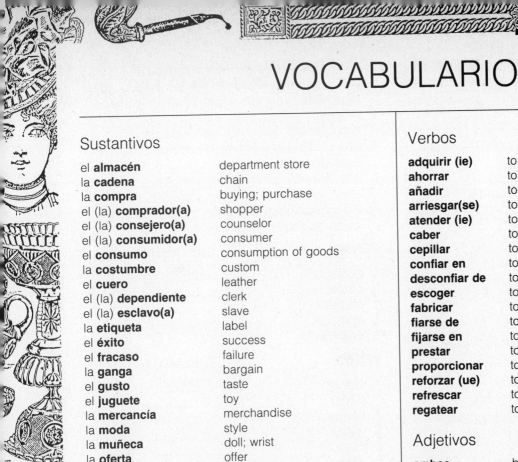

Sustantivos

el **almacén**	department store
la **cadena**	chain
la **compra**	buying; purchase
el (la) **comprador(a)**	shopper
el (la) **consejero(a)**	counselor
el (la) **consumidor(a)**	consumer
el **consumo**	consumption of goods
la **costumbre**	custom
el **cuero**	leather
el (la) **dependiente**	clerk
el (la) **esclavo(a)**	slave
la **etiqueta**	label
el **éxito**	success
el **fracaso**	failure
la **ganga**	bargain
el **gusto**	taste
el **juguete**	toy
la **mercancía**	merchandise
la **moda**	style
la **muñeca**	doll; wrist
la **oferta**	offer
el **peligro**	danger
el **precio**	price
la **prenda**	article of clothing
el **préstamo**	loan
el **propósito**	purpose
el **recibo**	receipt
la **semejanza**	similarity
el (la) **vendedor(a)**	salesperson
la **venta**	sale

Verbos

adquirir (ie)	to acquire
ahorrar	to save *(money)*
añadir	to add
arriesgar(se)	to risk (to take a risk)
atender (ie)	to wait on; to attend to
caber	to fit
cepillar	to brush
confiar en	to trust
desconfiar de	to mistrust
escoger	to choose
fabricar	to manufacture
fiarse de	to trust
fijarse en	to notice
prestar	to lend
proporcionar	to offer; to supply
reforzar (ue)	to reinforce
refrescar	to refresh
regatear	to haggle, bargain

Adjetivos

ambos	both
bondadoso	kind, nice
costoso	costly, expensive
eficaz	efficient
estrecho	narrow
gracioso	funny
ingenuo	naive
(in)útil	useful (useless)
peligroso	dangerous
portátil	portable
propio	own
sutil	subtle
vergonzoso	embarrassing

Expresiones

al alcance	within reach
aparte de	aside from
a pesar de	in spite of
de venta	for sale
estar en regla	to be in order
hacer cola	to stand in line
hacer falta	to be lacking
hacer las compras	to do the shopping
hacerle daño a uno	to hurt someone
ir de compras	to go shopping
llamar la atención	to call attention
llegar con retraso	to arrive late
ya que	since

A. **Sinónimos.**   Busque Ud. el sinónimo de las palabras siguientes.

1. costoso	a. ofrecer
2. bondadoso	b. costo
3. fabricar	c. empleado
4. proporcionar	d. cómico
5. atender	e. producir
6. gracioso	f. caro
7. precio	g. ayudar
8. dependiente	h. simpático

B. **Antónimos.**   Busque Ud. el antónimo de las palabras siguientes.

1. propio	a. venta
2. estrecho	b. diferencia
3. fracaso	c. quitar
4. compra	d. gastar
5. semejanza	e. éxito
6. ahorrar	f. ancho
7. añadir	g. ajeno

C. **Ejemplos, por favor.**   Nombre Ud...
1. tres cosas que no caben en un coche deportivo.
2. tres tipos de juguetes.
3. tres prendas que están de moda ahora.
4. tres cosas que se pueden comprar en un almacén.
5. tres deberes de un(a) dependiente.

D. **Formando otras palabras.**   Forme Ud. otra palabra, según los modelos.

VERBO	SUSTANTIVO
1. gustar	gusto
2. gastar	_____
3. fracasar	_____
4. apreciar	_____
5. castigar	_____

VERBO	SUSTANTIVO
1. comprar	compra
2. pagar	_____
3. formar	_____
4. hablar	_____
5. bajar	_____
6. cazar	_____
7. cocinar	_____

A.

Las Páginas Amarillas. Lea Ud. el siguiente anuncio y haga las actividades.

¡Me encontraron!

Lo encontré

...En las Páginas Amarillas

PROFESIONALES COMERCIANTES INDUSTRIALES

El producto o servicio que usted anuncia es la solución que miles de personas buscan, 24 horas al día 365 días al año !

Anunciar en PAGINAS AMARILLAS es el medio más económico, porque usted llega a miles de usuarios.

¡Su nombre en PAGINAS AMARILLAS ES YA ! El inicio de un buen negocio.

.......¡¡Ring, Ring, Ring!!.......
¡Alo !......... ¡Lo Encontré! ......

¡ Me encontraron!

La guía que guía

QUITO: Av. Coruña 1535 y Orellana
Telfs:548227-548740-234337

POR ULTIMO

1. Según el anuncio, ¿cuáles son las ventajas de anunciarse en las Páginas Amarillas?
2. Al mirar el índice, ¿cómo sabe Ud. que esta guía es de España?
3. Busque Ud. en el índice anterior cuatro cosas para:
   a. un(a) turista
   b. un(a) deportista
   c. una persona que quiere divertirse
   Explique sus selecciones.
4. ¿Usa Ud. las Páginas Amarillas para hacer sus compras? ¿Qué cosas se pueden encontrar por medio de las Páginas Amarillas? ¿Prefiere Ud. comprar por teléfono, por catálogo o yendo a las tiendas? ¿Por qué? ¿Cuáles son las ventajas de hacer las compras por teléfono o por catálogo?
5. Actualmente se ha hecho muy popular el comprar por la televisión. Hay programas enteros dedicados a las compras. ¿Ha visto Ud. alguna vez uno de estos programas de televisión? Explique Ud. cómo funciona el sistema. ¿Ha comprado Ud. algo alguna vez de uno de estos programas? ¿Qué opina Ud. de la idea? Si nunca ha tenido la experiencia, ¿cómo imagina que sean estos programas? ¿Le gustaría comprar por medio de la televisión? ¿Por qué sí o por qué no?
6. «La guía que guía» es el lema[2] de las Páginas Amarillas. ¿Qué piensa Ud. del lema? ¿Por qué? Invente un lema que Ud. considera mejor que éste.

B.

Compras de lujo para gente exquisita. Conteste Ud. las siguientes preguntas.

1. Defina Ud. la palabra *lujo*. ¿Son importantes para Ud. los lujos? ¿Cree Ud. que si se trabaja muy duro, se puede conseguirlo todo? Explique. ¿Conoce Ud. a una persona «exquisita»? ¿En qué consiste ser «exquisito»? ¿Qué tipo de regalo le daría Ud. a una persona así?

---

1. Spanish almond candy   2. slogan

2. Mire Ud. los siguientes regalos. ¿Cuál de los regalos anteriores compraría Ud. para las siguientes personas y por qué?

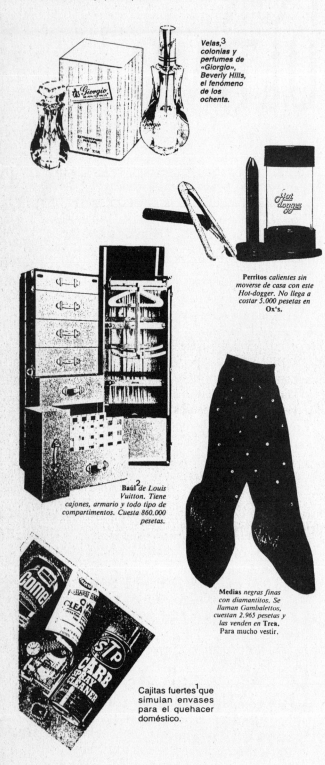

Velas,[3] colonias y perfumes de «Giorgio», Beverly Hills, el fenómeno de los ochenta.

Perritos calientes sin moverse de casa con este Hot-dogger. No llega a costar 5.000 pesetas en Ox's.

Baúl[2] de Louis Vuitton. Tiene cajones, armario y todo tipo de compartimentos. Cuesta 860.000 pesetas.

Medias negras finas con diamantitos. Se llaman Gambalettos, cuestan 2.965 pesetas y las venden en Trea. Para mucho vestir.

Cajitas fuertes[1] que simulan envases para el quehacer doméstico.

La persona que...
a. no confía en los bancos.
b. suele hacer larguísimos viajes.
c. se ha cansado de las joyas tradicionales.
d. siempre quiere oler a la última moda.
e. realmente tiene de todo.

C. Los regalos.
Conteste Ud. las siguientes preguntas.
1. ¿Por qué damos regalos? ¿Qué criterio usa Ud. cuando compra regalos?
2. ¿Compra Ud. según los gustos de la persona o según los gustos de Ud.?
3. ¿Es el precio un factor en la decisión de comprarle algo a un(a) amigo(a)? Explique.
4. ¿Cuánto dinero gasta Ud. en comprar regalos en un año? Haga una lista de todas las personas para quienes Ud. compró un regalo este año y diga el precio del regalo. Compare su lista con la de un(a) compañero(a).

D. Pero, no puedo vivir sin...
Dé Ud. tres razones por las cuales Ud. necesita comprar las cosas siguientes:

1. alguna joya de oro   2. un ordenador   3. un coche Ferrari   4. un pasaje para París   5. un magnetoscopio[4]

E. Escogen la hora con cuidado.
A lo mejor Ud. ha notado que salen diferentes clases de anuncios comerciales en la televisión a horas distintas durante el día.
1. ¿Qué tipo de anuncios sale en la televisión:
   a. a las diez de la mañana?
   b. a las seis de la tarde?
   c. a las diez de la noche?
   d. los sábados por la mañana?
   e. durante un campeonato de fútbol?
2. Explique Ud. los motivos de las compañías para escoger este horario.
3. ¿Qué anuncio comercial le gusta a Ud. más? ¿Por qué? ¿Cuál es el más ridículo? ¿el más cómico? ¿Por qué?

F. ¿Cuánto cuesta la perfección?
Haga las siguientes actividades.

La perfección es sinónimo de calidad. No de precios altos.

1. Cuando Ud. va de compras, ¿busca la calidad o los buenos precios? ¿Es posible combinar las dos cosas?
2. Dé Ud. un ejemplo de un producto muy bueno que no es muy caro.
3. Dé Ud. un ejemplo de un producto malo que cuesta mucho dinero.

---

1. Safes   2. Trunk   3. Candles   4. VCR

En el extranjero

■ EN PLAN DE VIAJE

■ LUGARES DE INTERES

■ EL ALOJAMIENTO

ENTRE NOSOTROS...

1. Es muy barato viajar por tren en España. El sistema ferroviario[1] español se llama RENFE, Red Nacional de Ferrocarriles Españoles. Hay varias clases de trenes: el tranvía, el semi-directo, el rápido, el expreso y el Talgo. El Talgo (tren articulado ligero) tiene aire acondicionado, asientos reclinables y es el más rápido de todos. Para el Talgo hay que reservar los asientos con antelación.[2] Para los otros trenes se puede comprar el billete el mismo día.

2. En España existen hoteles de todas clases. Es posible alojarse con lujo o modestamente, según sea su presupuesto.

Hospedarse en un «parador» es una experiencia maravillosa. El parador es un hotel donde se proporciona alojamiento de alta calidad a los turistas que desean las comodidades de los grandes hoteles y al mismo tiempo desean estar como en su casa. Todos están situados en lugares pintorescos. La mayoría de los ochenta y cinco paradores son castillos, palacios y monasterios restaurados. En los comedores se puede probar las comidas de las diferentes regiones y disfrutar de un ambiente íntimo —a precios razonables. Todos los paradores funcionan bajo el patronato del gobierno español.

3. Además de los muchos hoteles, pensiones, hostales y paradores, España tiene más de quinientos campings. La mayoría de ellos están en la costa y ofrecen piscinas, instalaciones deportivas, restaurantes, supermercados y otros servicios.

4. En España, durante los meses de primavera y verano, hay un espectáculo muy popular y muy tradicional. Es la corrida de toros, o «la fiesta nacional» de España. Cada corrida está dividida en tres segmentos, o «tercios», y siempre hay seis toros y tres matadores, o «toreros». El toro es hermoso y fuerte y es de un linaje especial para la corrida. Además de España, México y algunos países de Sudamérica también tienen este espectáculo.

Hoy día, para muchos españoles, la corrida de toros sigue siendo una parte muy importante de su cultura. Para otros, sin embargo, es algo sólo para los turistas extranjeros y preferirían abandonarlo por completo.

---

1. rail   2. ahead of time

CONTEXTOS CULTURALES

1. Nombre Ud. los sistemas de transporte que se usan más en los EEUU y diga por qué son populares. ¿Qué tipo de «viajero» elegiría el Talgo? ¿Lo elegiría Ud.? ¿Por qué sí o por qué no? ¿A qué lugares en los EEUU o en un país extranjero le gustaría ir por tren? ¿Por qué?

2. ¿Qué clase de alojamiento hay en los EEUU que es similar a los paradores que existen en España? ¿Por qué sería un castillo o un palacio un parador interesante?

3. ¿A Ud. le gusta acampar? ¿Por qué sí o por qué no? Describa al perfecto campista. ¿Cuáles son las ventajas y desventajas de hacer camping en el extranjero? ¿Cuáles son algunos de los sitios para acampar más populares en este país? ¿Por qué son tan atractivos?

4. ¿Ha asistido Ud. alguna vez a una corrida de toros? ¿Le gustaría asistir a una? ¿Cuál es su impresión de la «fiesta nacional» de España? En su opinión, ¿a qué se debe la actitud negativa de algunos españoles hacia la corrida? Se dice que la corrida es una parte integral de la cultura española. ¿Hay alguna tradición o espectáculo que se considere una parte integral de la cultura de Ud.? Explique.

EN PLAN DE VIAJE

Revista se da cuenta de lo difícil que es planear bien los viajes. Para facilitar su tarea, *Revista* ha pensado ya en todo.

PARA COMENZAR...

¿A Ud. le gusta viajar por su propia cuenta o prefiere ir en excursiones organizadas? ¿Cuáles son algunos de los servicios que ofrecen las agencias de viajes? ¿Qué otras agencias u organizaciones hay para ayudar al viajero?

 I. LA AGENCIA DE VIAJES

EN OTRAS PALABRAS...

Ud. va a hacer un viaje con un(a) amigo(a). En una conversación telefónica, explíquele las ventajas de ir a la agencia Lima Tours. Termine Ud. la frase de acuerdo con la información presentada en el anuncio.

1. Sí, es una agencia muy grande. Hay...
2. No, no es una compañía nueva. Al contrario...
3. Si tenemos un accidente durante el viaje...
4. Y si perdemos los cheques de viajero...
5. Además, si no tenemos tiempo para ir a la agencia...

CONVERSEMOS

A. **El paquete turístico.** Ud. va a hacer una gira organizada por una agencia de viajes. Su «paquete» va a incluir seis de los siguientes servicios. Selecciónelos y explique su preferencia.

1. paseo por la ciudad
2. periódico en la habitación
3. recepción en el aeropuerto
4. desayuno todos los días
5. aire acondicionado en la habitación
6. baños turcos y sauna
7. traslado al aeropuerto
8. cupones de descuento para las tiendas

B. **Opiniones.** Conteste Ud. las siguientes preguntas.

1. ¿Qué cualidades debe tener un buen agente de viajes? ¿Le gustaría trabajar en una agencia de viajes? ¿Por qué?
2. ¿En qué situaciones debe una agencia devolverle el dinero al cliente?

MINIDRAMA

Algunos clientes creen que una agencia de viajes debe poder garantizar un viaje perfecto. En grupos, representen una de las siguientes escenas.

1. Un matrimonio insiste en que la agencia le devuelva su dinero porque durante un viaje a un bosque pluvioso[1] en Puerto Rico, no llovió.
2. Un grupo de mujeres se quejan porque no conocieron a ningún hombre eligible durante su viaje en el «crucero del amor».

_____

1. rain forest

_____

II. ¡SOCORRO![1]

ANTES DE LEER...

¿Qué es Europ Assistance? Use las siguientes palabras para tratar de formar una breve descripción.

proteger
accidente
hospital
atención médica
ayudar
enfermedad
asistencia
llevar
en el extranjero

¿OIGA? ¿EUROP ASSISTANCE?

¡ESTOY AQUI Y ME PASA ESTO!

europ assistance
(9)1-455.55.85

_____

1. Help!
2. cramps 3. morning 4. mishap

Esta noche han empezado a darme unos calambres[2] en el estómago. Luego comenzaron los vómitos. Teresa sintió los mismos síntomas un poco más tarde y ahora, a las 6 de la madrugada[3], estamos encendidos de fiebre. El niño duerme tranquilo. No cenó lo mismo que nosotros. Ni siquiera sabemos cómo pedir un médico. En este hotel sólo hablan alemán. Supongo que comprenderán que estamos enfermos pero, ¿a dónde nos llevarán?, ¿cuándo?, ¿qué nivel de cuidados médicos vamos a recibir?...¿qué será del niño?...

Hechos como este pueden ocurrir. Ocurren. Cada día. Problemas de enfermedad, accidentes robos y una multitud de incidentes de viaje. En todo el mundo y también en nuestro país. Europ Assistance es una compañía de asistencia al viajero. Es la primera, la inventora, la mayor y más experimentada de las compañías de asistencia. Europ Assistance actúa, paga, resuelve sobre el terreno, en el momento que está ocurriendo el contratiempo[4]. Está con el viajero abonado y no le deja hasta que éste pueda seguir el viaje o haya sido repatriado a su lugar de origen.

EN OTRAS PALABRAS...

1. Identifique a las personas en el artículo.
2. ¿Dónde están y por qué están allí?
3. Describa los síntomas que sienten.
4. ¿Por qué no se siente mal el niño también?
5. ¿Cuáles son dos preocupaciones de estas personas?
6. ¿Qué es Europ Assistance?
7. ¿Cuáles son tres de los servicios que ofrece Europ Assistance?

CONVERSEMOS

A. **Nos ayudó mucho.** Para saber qué es lo que le pasó a esta familia, escoja una frase de la segunda columna y termine las frases en la primera.

1. No tenía fuerzas...
2. En la mesita de noche...
3. Saqué...
4. Marqué...
5. Con alegría escuché...
6. Minutos más tarde...
7. Nuestra angustia...
8. Fuimos internados en...
9. El niño volvió a casa al día siguiente...
10. Nosotros fuimos repatriados...
11. Supimos que el coche...

a. un excelente hospital.
b. la tarjeta de Europ Assistance.
c. había terminado.
d. una voz que hablaba mi idioma.
e. cuatro días después en un avión sanitario.
f. para levantarme.
g. el número de teléfono de Europ Assistance en España.
h. estaba mi billetera.
i. entraba en nuestra habitación un médico de Europ Assistance.
j. acompañado por una azafata especializada.
k. nos lo habían trasladado y guardado en el garaje desde el primer momento.

B. **¿Qué le pasará?** Ud. está viajando por Europa sin la protección de Europ Assistance. ¿Qué haría en las siguientes situaciones?
1. Pierde su equipaje.
2. Alguien le roba todo el dinero.
3. Sufre de apendicitis y lo (la) quieren operar.
4. Tiene un accidente en el coche.

C. **Opiniones.** Conteste Ud. las siguientes preguntas.

1. ¿Cuáles son algunos de los problemas que pueden surgir durante un viaje al extranjero? ¿Qué medidas se pueden tomar para evitar que surjan?
2. ¿Cuáles son los problemas más graves que Ud. ha tenido al viajar? ¿Cómo los solucionó?
3. ¿Le gustaría viajar solo(a) a un país extranjero? ¿Cuáles son algunas ventajas? ¿desventajas?

III. POR AVION, POR FAVOR

ANTES DE LEER...

Para muchas personas, el medio de transporte preferido es el avión. ¿Figura Ud. entre ellos? ¿Por qué sí o por qué no? Cuente una experiencia que ha tenido a bordo de un avión.

Iberia te espera

Nuestro_____está poblado por¹
_____de diferentes razas, distintos comportamientos y_____, variadas_____y separados por miles y miles de_____unos de otros. Sin embargo, conocerlos y establecer_____con muchos _____países en muy pocas horas, es posible_____a IBERIA, la_____que le abre el mundo.

EL MUNDO EN SUS MANOS

CON IBERIA

IBERIA, la única línea aérea_____ de habla hispana, le ofrece la más cordial y esmerada² atención_____, las más_____unidades de vuelo, excelente_____y la más grata compañía para usted: Volar en su propio_____.

Deje que IBERIA lo lleve hasta donde llega su imaginación.

Madrid y la más amplia red de conexiones: Londres, Paris, Roma, Hamburgo, Amsterdam, Frankfurt, Estambul y 90 destinos más que incluyen ahora a Bombay y Japón.

Consulte a su Agente de Viajes IATA o en las oficinas de IBERIA: Colmena 820, Tel. 32-7070.

IBERIA
LINEAS AEREAS DE ESPAÑA

Llene Ud. los espacios con las palabras apropiadas para que el anuncio tenga sentido.

europea	modernas	kilómetros
contacto	gentes	idioma
planeta	línea aérea	puntualidad
costumbres		

1. populated   2. careful

A. **Para estar muy cómodo.** ¿Qué tipo de comodidades exigen las siguientes personas de una línea aérea? Explique sus respuestas.

1. un hombre de negocios
2. una famosa figura pública
3. una madre con niños pequeños
4. un matrimonio que va de viaje

a. películas
b. bebidas gratuitas
c. reserva anticipada de asiento
d. buena comida
e. tranquilidad
f. música estereofónica
g. vinos selectos
h. tarifas bajas
i. una visita del ratón Mickey
j. cabina con mucha amplitud
k. mucho espacio entre el asiento de Ud. y el asiento de delante

B. **Ahora ¿qué hago?** Ud. ya ha comido, ha echado una pequeña siesta, ha visto la película y ha leído todas las revistas que hay en el avión. ¿Qué va a hacer para entretenerse por el resto del viaje?

1. Describa un juego que puede hacer solo(a) o con otra persona.

2. Describa tres cosas que lleva consigo para ocuparse durante el vuelo.

C. **Opiniones.** Conteste Ud. las siguientes preguntas.

1. ¿Cree Ud. que «El mundo en sus manos con Iberia» es un buen título para un anuncio? Explique. Escriba Ud. otro título usando frases y palabras que se encuentran en el artículo.
2. Explique Ud. el impacto que ha tenido el avión en el mundo.
3. Cuando un viajero pasa por la aduana, los aduaneros inspeccionan la documentación y revisan el equipaje. ¿Por qué es necesario?
4. Describa el papel de la azafata o del aeromozo en un vuelo. ¿Qué es lo que anuncian por el altavoz?[1] El piloto también hace unos breves anuncios. ¿Qué es lo que dice?
5. ¿Qué es la fatiga del jet? ¿Por qué ocurre? ¿Cuáles son los síntomas? ¿Qué se puede hacer para aliviarla o evitarla?

Ud. está cruzando el Océano Atlántico en avión por primera vez. Describa sus sentimientos y sus impresiones.

---

1. loudspeaker

IV. ES MEJOR EN TREN

ANTES DE LEER...

Arregle Ud. las frases siguientes en el orden apropiado para formar un párrafo sobre RENFE, el sistema ferroviario de España.

1. Para empezar, ha subido la velocidad a 160 kilómetros por hora en las líneas Madrid-Barcelona-Valencia-Madrid.
2. Todavía no son velocidades «a la japonesa» o «a la francesa», pero es un buen principio.
3. Y se ha gastado más de 3.000 millones de pesetas en poner las vías a punto para que soporten las velocidades.
4. RENFE se ha dado cuenta de que los trenes españoles van demasiado despacio y ha iniciado un plan para meterles prisa.

RENFE A TODA MARCHA

DEJESE DE SUSTOS Y VAYA DE MIEDO.

Cuando se va a viajar hay que ir a lo seguro: El tren. Un medio de comunicación moderno, confortable, que nos deja las manos libres para ocuparnos de nuestros asuntos, de nuestros libros.

Cuando se viaja, es preferible hacerlo intentanto descubrir al asesino de la novela, que preocupándose de no ser la víctima de la carretera.[1]

RENFE
MEJORA TU TREN DE VIDA.

CONVERSEMOS

Opiniones.   Conteste Ud. las siguientes preguntas.

1. Explique Ud. el significado del título del anuncio «Déjese de sustos[2] y vaya de miedo». ¿A qué se refiere? ¿Qué significa «Mejora tu tren de vida»? ¿Son efectivos estos anuncios? Explique.

2. En Europa es más común viajar en tren que en los EEUU. ¿Por qué será? ¿En qué partes de los EEUU suele la gente usar mucho los trenes?

3. ¿Ha viajado Ud. por tren alguna vez? Describa la experiencia.

4. ¿Se aburre Ud. cuando hace un viaje muy largo? ¿Qué hace Ud. para no aburrirse? ¿Le gusta leer cuando viaja? ¿Se marea[3] Ud. a veces? ¿Qué precauciones toma Ud. para no marearse?

5. En su opinión, ¿qué modo de transporte es más...
   a. cómodo?   b. seguro?   c. divertido?
   d. aburrido?

MINIDRAMA

Ud. no podía hacer reservas para el coche cama del tren. Tiene mucho sueño y sólo quiere dormir, pero el (la) pasajero(a) a su lado no quiere cooperar. Con un(a) compañero(a), representen las siguientes situaciones: El (La) pasajero(a):

1. está muy nervioso(a) e inventa mil pretextos para hablar con Ud.
2. ronca[4] ruidosamente, sin darse cuenta.
3. es un(a) niño(a) muy travieso(a).[5]

---

1. highway   2. fears   3. get motion sickness
4. snores   5. naughty

V. EL CONDUCTOR SOY YO

National Car Rental®
Usted merece la atención especial de National.®

 En Europa, Africa y Oriente Medio
somos Europcar y Tilden en Canadá.

Para más información, llame a su
Agente de Viajes o a la oficina de Ventas
de National Car Rental más cercana.

CONVERSEMOS

A. **Opiniones.** Conteste Ud. las siguientes preguntas.
   1. Mencione Ud. algunas situaciones en que sería necesario alquilar un coche.
   2. Si National pudiera ofrecerle cualquier marca de coche, ¿qué marca pediría Ud.? ¿Por qué?

B. **Los servicios.** ¿Qué es lo que Ud. prefiere cuando alquila un coche? Arregle los servicios siguientes en el orden de su preferencia personal y explique sus respuestas.
   1. aire acondicionado
   2. transmisión automática
   3. cuatro puertas
   4. kilometraje ilimitado
   5. no tener que dejar depósito
   6. poder dejarlo en otra ciudad

C. **En coche en el extranjero.** Conteste las siguientes preguntas.
   1. ¿Le gusta viajar en coche? ¿Por qué sí o por qué no? ¿Le gustaría viajar en coche en un país extranjero? ¿Cuáles son algunas diferencias que puede haber entre viajar en su propio país y en un país extranjero?
   2. ¿Qué se necesita para poder conducir en Europa?
   3. En muchos países europeos es obligatorio llevar el cinturón de seguridad. ¿Cree Ud. que el gobierno estadounidense debe imponer esa ley? Explique.

MINIDRAMA

Ud. y su amigo(a) han alquilado un coche para hacer un recorrido por los EEUU. Durante el viaje encuentran algunas sorpresas. En grupos, representen una de las siguientes escenas:
1. Se quedan sin gasolina.
2. Tienen un accidente y no habían comprado el seguro.
3. Ud. y su amigo(a) descubren que no son compatibles.
4. Invitan a un(a) chico(a) que estaba haciendo autostop a subir al coche.

 Pero no me lo dijeron en la agencia. Refiriéndose al anuncio, conteste las siguientes preguntas.

1. ¿Dónde está esta agencia?
2. ¿Qué debe Ud. hacer si marca el número 562-6924 y están comunicando?
3. ¿Está abierta por la tarde?
4. ¿Qué debe Ud. hacer si necesita hablar con un agente el domingo o en caso de una emergencia?

 ¡Qué desengaño![1] Ud. por fin llega a su destino. El agente de viajes le hizo creer que iba a ser el viaje de sus sueños, pero fue más bien una pesadilla. Descríbalo.

1. disappointment

 Misterio. Ud. está a bordo de un avión. El pasajero que está sentado a su lado tiene un aspecto muy misterioso.

1. Descríbalo. (¿Lleva gafas oscuras?...)
2. Ud. trata de descubrir su identidad entablando[1] una conversación con él. Haga una lista de las frases útiles que se pueden usar en esta situación. (Perdón, ¿de dónde es Ud.?...)
3. ¿Qué otras técnicas puede Ud. usar para conocer a esta persona?

1. by striking up

D. **El pasajero molesto.[1]** En un vuelo se encuentra toda clase de pasajeros y toda clase de problemas. Representen los papeles de la azafata o el aeromozo y el (la) pasajero(a) molesto(a) en las siguientes situaciones. El (La) pasajero(a):

1. insiste en fumar en la sección de no fumar.
2. no quiere abrocharse el cinturón de seguridad.
3. manda que le traiga la comida de los pasajeros de primera clase.
4. no facturó su maleta. La maleta es muy grande y no cabe por debajo del asiento delantero.
5. requiere otras atenciones especiales.

1. annoying

LUGARES DE INTERES

ANTES DE LEER...

Por lo general, ¿cómo pasan las vacaciones las siguientes personas?

1. unos recién casados[1]
2. una familia con niños
3. un soltero de treinta años
4. un(a) estudiante durante las vacaciones de primavera

Haga un viaje
diferente
por rutas poco
frecuentadas;
o descubra sitios
desconocidos
de las grandes
ciudades

PARA COMENZAR...

Describa Ud.:

1. un viaje romántico   2. un viaje exótico   3. un viaje aventurero

I. UN VIAJE UNICO

¿Ha estado en París varias veces, y ya no sabe qué cosa nueva ver o hacer?.. Pues aquí le damos una buena idea: Durante todo el verano, y hasta finales de octubre, podrá ver cómo cocinan los grandes *chefs* parisinos, y asistir a una "clase con derecho a probar la comida". **"Paris en Cuisine"** en el 78 Rue de la Croix-Nivert) ofrece dicha oportunidad todos los miércoles a las 3 de la tarde, cuando un grupo pequeño de visitantes observa cómo los *chefs* más importantes de Francia preparan una comida, la que —después de 2 horas que dura la clase— se la dan a probar a los "estudiantes".

Puede reservarse por teléfono, y la sesión cuesta alrededor de 20 dólares por persona... Otros sitios interesantes que visitar en París (en los que encontrarán muy pocos turistas) son: el **Musée du Jouet** (Museo del Juguete); el **Musée de la Mode et du Costume** (Museo de la Moda y del Vestido); el **Musée Edith Piaf** (¡Para los admiradores de la famosa cantante!); y el **Musée du Cristal de Baccarat**... ¡Todos increíblemente interesantes!.. Entre los museos de arte de la ciudad están el **Musée du Jeu de Paume** y el **Musée Rodin**.

¡Ya Nueva York tiene "el rival" de los barcos franceses *bateaux mouches* que ofrecen paseos y cenas a la luz de la luna por el Rio Sena! Los barcos que le enseñan la "Ciudad de los Rascacielos" recorriendo el Rio Hudson y el East River que la bordean, se llaman **Riveranda** y ofrecen todo tipo de paseos turísticos, al estilo *bateau-mouche*. El **Riveranda** (hasta octubre 31) ofrece paseos de 3 horas "a la caída de la tarde", con cenas por todo lo alto... También paseos a la hora del almuerzo; del *brunch* de los domingos; y un crucero de medianoche superromántico... Los precios de los cruceros oscilan[2] entre unos 50 dólares por persona, por una cena completa (propinas incluidas, pero no las bebidas); hasta sólo 12 dólares por el crucero de medianoche. Los barcos salen del muelle 62 (Pier 62) de la Calle 23 en el West Side de la ciudad, y se pueden reservar llamando al teléfono (212) 929-7090. ¡Al parecer, la cocina es tan buena, que la revista "Gourmet" ha hecho una excelente reseña[3] de la misma!..

---

1. newlyweds   2. vary   3. review

¿Verdad o mentira?   Si la frase es falsa, corríjala.

1. Noviembre es el mes ideal para observar a los grandes chefs de París.
2. No se puede probar las comidas que preparan los maestros.
3. La sesión cuesta unos cuarenta dólares por pareja.[1]
4. Siempre hay demasiada gente en el Museo del Juguete.
5. Riveranda en Nueva York es parecido a los barcos franceses en el Río Sena.
6. En el barco Riveranda se sirve la cena.
7. El crucero más barato es el de medianoche.
8. Desafortunadamente, la comida a bordo del barco es malísima.

CONVERSEMOS

A. **¿Adónde va Ud.?**   Termine las frases siguientes.

1. Si quiero estar solo(a), voy... porque...
2. Si quiero gastar mucho dinero, voy... para...
3. Si quiero perder peso[2] voy... porque...

4. Si quiero conocer al hombre (a la mujer) de mis sueños, voy... porque...
5. Si quiero conocer otras culturas voy... porque...
6. Si quiero hablar español, voy... porque...

B. **En su propio pueblo.**   Ud. decide conocer su propio pueblo o ciudad en plan de turista. ¿Qué atractivos hay en su pueblo? Describa Ud. sus actividades para los días y las horas siguientes.

1. El viernes: 9:00 _____
   12:00 _____
   5:00 _____
   8:00 _____
2. El sábado: 11:00 _____
   2:00 _____
   4:00 _____
   10:00 _____
3. El domingo: 8:00 _____
   1:00 _____
   4:00 _____
   7:00 _____

---

1. per couple   2. to lose weight

II. EL MAR MARAVILLOSO

¡Un día completo de diversión y descanso, sólo interrumpido por 3 suculentos buffets!

Practique deportes a bordo. Diviértase en las tabernas y los clubes. En los elegantes cabarés y en las fantásticas revistas teatrales. Baile bajo las estrellas. Pruebe su suerte en el casino. Haga lo que le plazca, y goce de un día perfecto por un bajo precio, también ¡perfecto!

No importa el crucero que escoja, usted no se aburrirá ni un momento. Porque este es SeaEscape: Actividad y descanso. Aventura y diversión. Exquisitas comidas, deportes, baile, alegría. El cálido abrazo[1] del sol; y la magia de las estrellas. ¡Todo en un solo día!

---

1. warm embrace

Imagínese que está a bordo del SeaEscape. Escríbale a su amigo(a) una tarjeta postal de tres frases describiendo sus actividades.

CONVERSEMOS

A. **Opiniones.** Conteste Ud. las siguientes preguntas.

1. ¿En qué consiste un crucero? ¿Cuáles son algunas películas o programas de televisión famosos que tienen lugar en un barco?
2. Si Ud. pudiera viajar a cualquier sitio del mundo en barco, ¿adónde iría? ¿Por qué?
3. Dicen que los cruceros son románticos. ¿Está Ud. de acuerdo? Explique.
4. ¿Cuáles son las ventajas y desventajas de los cruceros desde el punto de vista de...
   a. un niño?   b. unos recién casados?
   c. un anciano?   d. un adolescente?

B. **Todo en un solo día.** Los cruceros de un día se han hecho muy populares. Ofrecen una variedad de actividades y Ud. piensa disfrutar de casi todas. Planee Ud. su horario, incluyendo por lo menos ocho actividades y explique sus elecciones.

1. nadar en la piscina
2. probar la suerte en el casino
3. jugar a algún deporte de cubierta[1]
4. bailar en las discotecas
5. descansar en la cubierta y tomar el sol
6. ver el «show» en el cabaré
7. hacer una excursión en tierra
8. conocer a alguien interesante
9. cenar en la mesa del capitán
10. comprar en las tiendas elegantes

Ahora, ¿qué va a hacer Ud. después de un día tan ocupado para descansar?

---

1. on deck

III. EL CLIMA TROPICAL

Eastern en Las Bahamas.

Playas de ensueño. Hoteles y restaurantes de primera. Golf. Tenis. Excitantes casinos. Fastuosos[1] espectáculos. Un paraíso de maravillosas compras y entretenimiento para toda la familia le aguardan[2] en Las Bahamas.

Eastern le ofrece variadas y económicas excursiones de 4 días y 3 noches, o de 8 días y 7 noches, en Nassau/Cable Beach/Paradise Island, Freeport/Lucaya y las demás Bahamas.

Para darse gusto sin mucho gasto, sus vacaciones ideales están en Las Bahamas. Consulte a su Agente de Viajes o llame a Eastern Airlines.

Es Mejor En Las Bahamas

EASTERN
Las alas de América

1. Flashy   2. await

República Dominicana desde 195.700 ptas.

La República Dominicana es el Caribe hispánico.
Fue la primera isla americana en la que desembarcaron los españoles y desde entonces se ha especializado en darles la bienvenida. Iglesias centenarias, modernos casinos, fuertes coloniales, campos de golf y de polo, complejos turísticos y playas, kilómetros de playas caribeñas.

SECRETARIA DE ESTADO DE TURISMO
La República Dominicana

EN OTRAS PALABRAS...

Refiriéndose a los anuncios anteriores, conteste Ud. las siguientes preguntas.

1. ¿Por qué es mejor en Las Bahamas? (Mencione cinco razones.)
2. ¿Qué hay de interés en la República Dominicana? (Mencione cinco cosas.)

CONVERSEMOS

A. ¿Lugares memorables?   Termine Ud. las frases siguientes y explique por qué.

1. Es peor en...
2. Es regular en...
3. Es aburrido en...
4. Es extraño en...
5. Es hermoso en...
6. Es fenomenal en...

Ahora, escoja uno de los sitios que Ud. ya mencionó y escriba un anuncio como el de Eastern.

MODELO   **Es aburrido en mi pueblo de _____. Nada que hacer. Mucho tráfico. Lluvia constante.**

B. Más sobre Las Bahamas.   Llene Ud. los espacios con las palabras apropiadas de la lista siguiente.

mejor	playas	maravillosos	descubra
rico	paraíso	ofrecen	
divertirse	venga	deportes	

Si Ud. es _____ o lo quiere pasar rico, descubra el _____ que le _____ Las Bahamas. _____ algo diferente. Descubra románticas _____, _____ hoteles, casinos internacionales. _____... los que quiera.
   Solamente para los que saben _____.
_____ a Las Bahamas. Lo va a pasar muy rico. Se dará cuenta de que es _____ en Las Bahamas.

C. Opiniones.   Conteste Ud. las siguientes preguntas.

1. ¿Ha ido Ud. alguna vez a una isla del Caribe? Describa la experiencia. Si nunca ha ido, ¿cómo será?
2. ¿Por qué tiene tanto atractivo el Caribe? Compare Ud. la vida en una isla tropical con la de su región.
3. ¿Cuáles son algunos de los idiomas que se hablan en las islas caribeñas? ¿Por qué habrá tanta variedad cultural?
4. ¿Cuáles son algunas de las ventajas y desventajas de vivir en una isla? Compare Ud. la vida isleña con la vida continental.

IV. NUEVA YORK, NUEVA YORK

ANTES DE LEER...

¿Por qué llaman a Nueva York «La manzana grande»? Nombre cinco cosas que Ud. asocia con Nueva York.

VIAJAR A NUEVA YORK, EN SEPTIEMBRE

Para que disfrutes con Nueva York. como si la conocieras de toda la vida.

Barrio por barrio —los dieciocho— con sus precios, direcciones, sus tiendas y restaurantes, con sus secretos y sus gentes. Con su todo.

"New York." "New York." Ya sabes, la capital del "feeling"...

Un capital de vibraciones, las de Nueva York, en una guía exhaustiva, la de "Viajar."

CONVERSEMOS

Opiniones. Conteste Ud. las siguientes preguntas.

1. Nueva York es una ciudad conocida en todo el mundo. ¿Por qué es tan famosa? ¿Cuáles son tres otras ciudades del mundo que también son muy famosas? ¿Por qué son conocidas?

2. ¿De qué se quejan más los turistas que van a Nueva York? ¿Son justificadas sus quejas?

3. ¿Cuáles son los sitios de mayor interés para los extranjeros que van a Nueva York por primera vez?

4. ¿Qué cosas debe saber el turista hispano sobre la cultura norteamericana antes de ir a Nueva York por primera vez?

V. DE COMPRAS EN EL EXTRANJERO

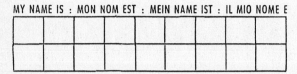

MY NAME IS : MON NOM EST : MEIN NAME IST : IL MIO NOME E

PLAZA DE TOROS **MONUMENTAL**

Tarde a las 5,30 h.

EXTRAORDINARIA CORRIDA

Con superior permiso y si el tiempo no lo impide se picarán, banderillearán y serán muertos a estoque

6 HERMOSOS Y BRAVOS TOROS - 6

de la ganadería de HEREDEROS de Don CARLOS NUÑEZ para:

PACO CAMINO

MY NAME HERE * MON NOM ICI
HIER MEIN NAME * QUI IL MIO NOME

Manuel Benítez **"EL CORDOBES"**

Con sus correspondientes cuadrillas
Ameniza el espectáculo una brillante banda de música.

Pida su cartel de Toros o de Flamenco al Conserje de su Hotel.

EN OTRAS PALABRAS...

Conteste Ud. las siguientes preguntas de acuerdo con la información en el cartel.

1. ¿A qué hora empieza la corrida?
2. ¿Cuántos toros habrá?
3. ¿Cuántos toreros participarán?
4. ¿Quiénes son?

CONVERSEMOS

A. **Opiniones.** Conteste Ud. las siguientes preguntas.

1. ¿Le gustaría ver su nombre en este cartel de toros? ¿Por qué sí o por qué no?
2. ¿Es éste un buen recuerdo? ¿Qué otros recuerdos le gustaría comprar en España?

B. **El vendedor.** Ud. tiene una tienda de recuerdos de los EEUU. Describa Ud. los cinco artículos más populares entre los turistas extranjeros.

MINIDRAMA

En grupos, representen una de las siguientes escenas:

1. En un mercado abierto en España, Ud. compró un cuadro[2] original de Picasso. Al volver al hotel, Ud. encuentra a seis personas de su grupo turístico con el mismo cuadro «original».
2. Convenza Ud. a un grupo de turistas que no pueden volver a su país sin comprar un piso[3] del Empire State Building.

---

1. to print   2. painting   3. floor

A. **La escuela de turismo.** Ud. es el (la) director(a) de la escuela de turismo de Valencia. ¿Qué es lo que se enseña en esta escuela? ¿Qué es lo que los turistas quieren ver cuando van a un país extranjero? ¿Es el dibujo una buena representación de un español? Explique. ¿Cuál es la imagen estereotipada del norteamericano? ¿A qué se debe el estereotipo?

B. **Actividades.** ¿Qué es lo que a Ud. le gusta hacer en un país extranjero? Arregle Ud. en orden de su preferencia las siguientes actividades.

1. hablar otro idioma
2. comprar cosas típicas del país
3. conocer a la gente
4. ir a los museos
5. encontrar gangas
6. encontrar allí a gente que habla su idioma
7. sacar muchas fotos
8. probar la comida local
9. estudiar la historia del país

C. **Sí, cómpreme uno.** Muchas regiones son conocidas por algunos productos especiales. Si Ud. estuviera en los siguientes lugares, ¿qué cosas compraría?

1. París   2. Madrid   3. Roma   4. Nueva York   5. Buenos Aires

D.

Los preparativos. Son muchos los problemas que enfrentan los turistas que van a un país extranjero. ¿Qué debe saber un español que va a los EEUU por primera vez?

1.

> Durante los feriados públicos legales aquí enumerados, cierran los museos, bancos, bibliotecas, correos, negocios y también algunas tiendas, clubs nocturnos y restaurantes:
>
> Enero 1 . . . . Octubre (2° lunes) . . . . .
> Febrero (3er lunes) . . . . Noviembre
> Mayo (último lunes) . . . (11 de noviembre) . . .
> 4 de julio . . . . (4° jueves) . . . .
> Septiembre (1er lunes) . Diciembre 25 . . . .

LOS FERIADOS[1] ¿Qué fiestas se celebran en las fechas mencionadas en el anuncio? ¿Qué otros días feriados se celebran en su estado? ¿Se cierran todas las tiendas y oficinas? ¿Qué puede hacer un turista para entretenerse en un día feriado?

2.

> • Mozos de cuerda de aeropuertos, botones, porteros . . . .
> • Conductores de taxis . . . .
> • Mucamas de hoteles . . . .
> • Camareros, camareras . . . .
> • Peluqueros, peinadoras . . . .
> • Empleados de recepción de hoteles, acomodadores de teatros . . . .

LAS GRATIFICACIONES ¿Cuánto dinero se les debe dar de propina a las personas mencionadas? ¿Hay otras personas no mencionadas aquí que suelen recibir propinas?

3.

EL DINERO ¿Qué otras monedas y billetes se usan en los EEUU? Explíquele a un turista extranjero el sistema monetario estadounidense.

4.

> Do you speak English?   Please
> Your name   Thank You
> My name is   You're welcome
> Where   Excuse me
> Why   Hello
> I don't understand   Good-bye
> Yes   I want
> No.   How much
> How do you do   Too much

DIGAMELO EN ESPAÑOL Explíquele a un turista español qué significan estas frases.

5.

> **DIFERENCIAS HORARIAS   EL CLIMA**
> **EQUIVALENCIAS DE MEDIDAS**
> **MARCAS VIALES**
> **SERVICIO DE INTERPRETES**
> **LA EMBAJADA ESPAÑOLA**
> **MEDIDAS DE LAS ROPAS**
> **TEMPERATURA**

Y MAS Arregle Ud. en orden de importancia para un turista la siguiente información y explique sus respuestas.

---

1. holidays   2. post office
3. maids   4. ushers

EL ALOJAMIENTO

Escoger el destino es fá-

cil... y el modo de trans-

porte tampoco es difícil

de escoger. Pero ahora,

¿dónde quedarse?

¿Cuánto gastar? Déjenos

sugerir...

PARA COMENZAR...

Antes de empezar el viaje, hay que hacer la maleta. El siguiente artículo sugiere algunos métodos para evitar[1] arrugas y manchas en las prendas.

A ver cuánto aprendió. Describa Ud. cómo haría una maleta que contiene los siguientes artículos. Explique sus motivos.

1. unas botas de esquí
2. una caja de puros[3]
3. un vestido de seda
4. la ropa interior
5. un traje de etiqueta[4]
6. un diccionario de la lengua espãnola
7. un suéter de lana[5]
8. una camisa de algodón[6]

CUANDO HAGA LA MALETA...

● ¿Sabe hacer correctamente la maleta? Empiece por colocar, debajo de todo, los zapatos. Luego la ropa interior, y a continuación el resto. Cuide de colocar encima las prendas más delicadas. Para evitar que la ropa se arrugue, ponga papel de seda[2] dentro de cada prenda antes de doblarla.

1. avoid   2. tissue paper
3. cigars   4. tuxedo   5. wool
6. cotton

I. VIAJANDO CON SU ANIMAL FAVORITO

ANTES DE LEER...

Arregle Ud. las siguientes frases en orden para que el párrafo tenga sentido. Las frases juntas forman el primer párrafo de la lectura siguiente.

1. Tenga presente que lo que es agradable para usted puede no serlo para su animal favorito.
2. Los gatos, por ejemplo, sufren mucho con estas variaciones y se enferman con gran facilidad.
3. ¿Está planeando tomar sus vacaciones en compañía de su perro?
4. Los animales se resienten fácilmente a los cambios en sus hábitos.
5. Piénselo dos veces antes de decidirse.

SI SALE DE VACACIONES CON SU ANIMAL FAVORITO ¡TOME PRECAUCIONES!

Cuando vaya a tomar sus vacaciones y, ausentarse de la casa por varios días, lo ideal sería dejar en la misma a alguna persona de confianza y que sea conocida por el animal. De esta forma él extrañará menos su ausencia. Lógicamente, esta situación no es fácil de resolver, por eso una solución práctica resulta enviar a su perro o gato a hoteles o pensiones de animalitos. Pero si usted no tiene otra alternativa que viajar con su animal favorito, le recomendamos que siga estas orientaciones:

• **Disponga[1] de una maleta para llevar sus pertenencias.[2]** La misma deberá contener periódicos, ya que resultan muy útiles para limpiar los *accidentes* que se puedan producir.

• **Lleve un envase[3] con el agua que regularmente bebe el animal cuando está en la casa.** Los cambios del agua a veces producen enfermedades estomacales.

• **Vaya equipada con la comida que a él le gusta y que regularmente come en su casa.** De esta forma no corre el riesgo de no encontrarla en el lugar al que va.

• **Coloque en el collar de su animalito, una tarjeta con el nombre, de él.** También debe escribir su dirección permanente y la provisional del lugar donde están parando, para que en caso de que él se pierda, le pueda ser devuelto.

• **Lleve medicamentos de primeros auxilios para atenderlo y, así, en caso de accidente poder socorrerlo sin pérdida de tiempo.** Especialmente, lleve consigo antihistamínicos que resultan muy efectivos en casos de picadas de insectos.

• **Trate de viajar en las horas de menos calor.** Recuerde que los viajes largos fatigan a las personas, sobre todo si la temperatura es caliente. Si es posible, ¡utilice el aire acondicionado!

• **Y por último, no olvide llevar el certificado de inmunización de su animalito.**

---

1. Make use of   2. belongings   3. bottle

EN OTRAS PALABRAS...

¿Cuáles son las *tres* reglas más importantes de todas las mencionadas en el artículo? ¿Por qué?

CONVERSEMOS

A. **¿Y los otros animales?**   Mencione Ud. tres reglas necesarias cuando viaja con:

1. su pez.   2. su mono.[1]   3. su cerdito.[2]

B. **Opiniones.**   Conteste Ud. las siguientes preguntas.

1. ¿Cuáles son algunas reglas no mencionadas en el artículo que también son muy importantes?
2. ¿Tiene Ud. un animal en su casa? ¿Cuál es? ¿Cómo se llama? ¿Cuándo lo consiguió? ¿Es parte de la familia, como un hermano, o es sólo un animal? ¿Tiene privilegios especiales? ¿Cuáles son? ¿Lo lleva Ud. cuando va de vacaciones? ¿Por qué? Si no tiene ninguno, ¿cómo sería la vida de un animal en la casa de Ud.? ¿Merecen los animales unas vacaciones? ¿Por qué sí o por qué no?

C. **Nunca está satisfecho.**   ¿Qué le dice el perro a su dueño? Mencione tres posibilidades.

MODELO **¿Cómo voy a explicarles a mis amigos que no viajamos en primera clase?**

MINIDRAMA

En grupos, escojan una de las siguientes escenas y represéntenla.

1. Una pareja muy «snob» va a dejar a su caniche[3] mimado en un hotel de animales, pero primero le hacen miles de preguntas al (a la) recepcionista.
2. Una familia va a dejar a su perrazo[4] en un hotel de animales muy lujoso. El (La) recepcionista no quiere aceptarlo.

---

1. monkey   2. piglet   3. poodle   4. big, scruffy mutt

II. UN HOTEL DE CINCO ESTRELLAS (*****)

ANTES DE LEER...

Ud. va a pasar una noche en el famoso «Hotel Fenomenal»... el mejor hotel del mundo. Conteste Ud. las siguientes preguntas.

1. ¿Dónde está?
2. ¿Cuánto cuesta la mejor habitación?
3. ¿Cómo es la mejor habitación?
4. ¿Cuáles son cinco servicios ofrecidos por el hotel que son muy fuera de lo común?

El Hotel Bogotá Royal

Desde hace apenas[1] dos meses funciona en la capital de la República el Hotel Bogotá Royal, un cinco estrellas que cuenta con ochenta habitaciones y una serie de servicios inusuales en las demás cadenas. Aquí hay un centro de información especializada, caja fuerte en cada habitación, todo el personal lo trata a usted en forma individual y están en condiciones de alojar cómodamente hasta a su perro.

Es un concepto moderno, de atención ágil al cliente como habitante de un hotel que no es hotel en sí, sino su propia casa.

Está orientado principalmente a servir al hombre de negocios extranjero, pero recibe también a nacionales que deseen recibir los servicios de un equipo empeñado[2] única y exclusivamente en que cada persona que llegue encuentre lo que necesita.

Cuando la persona en cuestión llega, lo esperan como a un invitado especial, le dan la bienvenida, le preguntan cómo le fue,[3] cómo se siente, qué le provoca, lo conducen a la habitación donde encuentra frutas frescas, una tarjeta de saludo. Tal vez en ese momento se dé cuenta de que no está en una habitación sino en una especie de aparta-estudio.

El ejecutivo encuentra allí toda clase de facilidades, pues está hecho teniendo en cuenta pequeños detalles. Por ejemplo, las camas son anchas, de 1.60 metros; el baño tiene tinas;[4] las ventanas son a prueba de ruidos; la temperatura se mantiene siempre a 19 grados centígrados; hay tres teléfonos, con discado[6] directo nacional e internacional; tiene televisor en color que capta tres canales nacionales y cuatro norteamericanos; mini-nevera[7] con bebidas suaves y agua mineral; radio-reloj; secador de pelo; periódico diario; guía de la ciudad; escritorio; bar; caja fuerte; música. En sus paredes cuelgan cuadros originales de conocidos pintores nacionales, la vista es amplia, las paredes llevan colores suaves, la puerta tiene chapa[8] que se abre sólo mediante tarjeta, la seguridad personal es absoluta y es tanto el confort que, francamente, no se querrá salir de allí.

Abajo hay servicio del Café Royal, una cafetería y restaurante informal donde se consigue desde un café con leche o una gaseosa[9] hasta una langosta Thermidor.

"El estudio" es un sitio donde se está tan bien que casi nadie resiste la tentación de frecuentarlo para ver televisión, tomarse unos traguitos (hay toda clase de cocteles), conversar o encontrar los periódicos (diarios) y revistas (actualizadas)[10] más importantes de Estados Unidos y Europa.

Además, tiene tres salones de recepciones para ciento cincuenta personas o doscientas, según si es para fiesta de quince años, matrimonio o reunión de asociaciones, agremiaciones,[11] colegios o universidades, que pueden tomarlos para banquetes, fiestas o conferencias.

CENTRO DE INFORMACION

El centro de información es otro cuento. Si usted es, digamos, comerciante en cuero,[12] va allí y solicita datos sobre su área. Casi de inmediato le extienden una lista con los nombres, direcciones, teléfonos y cifras adicionales sobre todos los importadores y exportadores que pueden interesarle, no sólo del país sino del mundo entero.

Pero no paran ahí las facilidades. Se cuenta, entre mil atenciones más, con servicio de parqueadero para ciento treinta vehículos, agencia de viajes donde hacen reservaciones y expiden pasajes, tiendas para regalos, correo, joyería,[13] lavandería, depósito para equipaje, enfermería, fotocopiadora, cajas de seguridad (además de la de la habitación) en recepción, servicio de secretariado, lustrabotas[14] y, si de pronto decidió traer a su perrito, no hay por qué descocarse[15] pensando qué hacer con el animalito, ¡allí también se lo cuidan!; hay una especie de hotel especial para canes.

A través de conserjería se puede conseguir también comunicación por télex, boletos para teatros y cafés concierto, información cultural y de diversiones, dentro y fuera del hotel, floristería, alquiler de autos, salón de belleza, peluquería y reservas para canchas[16] de golf y de tenis.

---

1. scarcely   2. dedicated   3. how his trip was   4. bathtubs
5. soundproof   6. dialing   7. small refrigerator   8. metal plate
9. carbonated drink   10. latest   11. guilds   12. leather   13. jewelry store
14. shoeshine   15. upset yourself   16. course, court

A. Refiriéndose a la lectura, nombre Ud...

1. una razón para quedarse en el hotel.
2. dos deportes que se pueden jugar cuando se queda en el hotel.
3. tres actividades que se pueden realizar en los salones de recepciones.
4. cuatro tipos de tiendas y oficinas allí.
5. cinco servicios para los hombres de negocios.
6. seis comodidades en cada habitación.

B. Identifique Ud. el servicio hotelero encargado de proveer los siguientes servicios. Si el hotel no ofrece el servicio requerido, dígalo.

1. Ud. viaja con su gato.
2. Acaba de lavarse el pelo y tiene que salir en cinco minutos.
3. Ud. es importador de café.
4. Quiere ver la serie mundial de béisbol.
5. Se casa mañana.
6. Tiene 135 coches que quiere aparcar.
7. Le encanta hablar por teléfono.
8. No quiere que nadie sepa quién es Ud. ni lo que Ud. hace.
9. Quiere jugar a los bolos.[1]
10. Lleva el diamante «Hope».
11. Le duele el estómago.
12. Quiere pasearse por Bogotá sin perderse.

CONVERSEMOS

A. **Opiniones.** Conteste Ud. las siguientes preguntas.

1. Nombre Ud. cinco servicios que Ud. siempre necesita cuando se queda en un hotel y explique por qué.

2. Nombre cinco servicios que Ud. nunca necesita cuando Ud. se queda en un hotel y explique por qué.
3. Describa Ud. un día que Ud. pasó en el Hotel Royal de Bogotá.

B. **Un hotel de una estrella (*).** Describa Ud. un hotel de una sola estrella. ¿Cómo son las habitaciones? ¿Cuánto cuesta la mejor habitación? ¿Qué servicios ofrecen? ¿Cómo son los empleados?

COMPOSICION

1. Ud. es periodista para una revista sobre el viajar. Escriba un artículo sobre el mejor o el peor hotel en que Ud. se ha quedado.
2. Ud. es el (la) gerente del Hotel Royal y decide renunciar después del día horroroso que acaba de pasar. Escríbale una carta de renuncia al (a la) jefe(a) explicándole todas las razones por su decisión.

MINIDRAMA

En grupos, representen una de las siguientes escenas:

1. En el vestíbulo del hotel lujoso, Ud. y su familia se quejan en voz alta al (a la) gerente de la condición de su habitación y del servicio.
2. ¿Qué es lo que dicen los empleados cuando los clientes no están presentes? Representen una escena en la cocina o en la oficina central del hotel.

---

1. to bowl

III. UN HOTEL SIN ESTRELLAS

AYUDENOS A AHORRAR
LUZ
Y
AGUA

GRACIAS

Para su mayor seguridad
el hotel pone a su
disposición
sin costo alguno
CAJAS DE SEGURIDAD

Favor de solicitarlas
en la recepción.

El hotel no se hace
responsable por los
objetos de valor no
depositados en
las cajas de seguridad

Favor de no sacar sus
TOALLAS de la habitación.

Para su comodidad,
el Hotel les proporciona
toallas tanto en la Playa
como en la Alberca.

EN OTRAS PALABRAS...

¿Cree Ud. que éste es un hotel de lujo? ¿Por qué sí o por qué no? Mencione por lo menos cuatro indicaciones de lo contrario.

CONVERSEMOS

Opiniones. Conteste Ud. las siguientes preguntas.

1. Cuando Ud. abandona su habitación, ¿se lleva Ud. algunas de las toallas? ¿Se lleva Ud. algunos otros recuerdos del hotel? ¿Cuáles?
2. ¿Cuáles son algunas de las cosas que suele llevarse la gente de un hotel? ¿Es legal? ¿Cuáles son los motivos para llevarse estas cosas?

MINIDRAMA

En grupos, representen la siguiente escena: Al pagar la cuenta, Ud. se da cuenta de que le han cobrado por el uso de la luz y del agua, y lo (la) acusan a Ud. de haberles robado las toallas y las sábanas.

 **NO HAY NADA QUE SEA GRATIS**

PARADOR NACIONAL 'CONDE DE ORGAZ' - TOLEDO

MINIBAR

Fecha: _____ Habitación: _____

Cliente: _____

**Por favor, indique en esta hoja con una X cada consumición
efectuada y désela a recepción. Muchas gracias**

DENOMINACION: DESIGNATION:	NUMERO DE CONSUMICIONES	PRECIO UNIDAD	TOTAL PESETAS
Tónica...............................			
Pepsi-Cola, Coca.............			
Cerveza............................			
Agua Mineral....................			
Refresco Naranja..............			
» Limón...................			
....			
....			
....			
....			
		TOTAL	

Firma:

CONVERSEMOS

El minibar.   Siendo un hotel muy lujoso, el parador Condé de Orgaz en Toledo, España, provee en todas las habitaciones una nevera llena de toda clase de refrescos. Pero, hay que pagarlos. Ud. hizo una fiesta enorme en su habitación. Diga cómo llenaría el formulario del «minibar» con la cantidad de bebidas que consumieron y los precios. ($1.00 = 150 pesetas.)

MINIDRAMA

Con un(a) compañero(a), hagan los papeles del (de la) huésped(a) y del (de la) recepcionista. Explíquele la causa del ruido en su habitación anoche y el desorden en que se encuentra la habitación esta mañana.

COMPOSICION

En el cajón del escritorio en su habitación Ud. encuentra papel para escribir. Ud. decide escribirles cartas a sus padres y a su amigo(a) más íntimo(a). Escriba Ud. las dos cartas, contándoles, entre otras cosas, de la fiesta anoche. ¿Escribe Ud. las mismas cosas a sus padres que escribe a su amigo(a)? ¿Qué es lo que es diferente? ¿Por qué?

PARADOR NACIONAL DE TURISMO
‹ C O N D E   D E   O R G A Z ›
T O L E D O

1. Queridos papis,
2. Querido(a) _____,

V. LAS EVALUACIONES

CONVERSEMOS

Calificando los servicios. Ud. está encargado(a) de evaluar el nuevo «Hotel X» para una guía turística. Conteste las siguientes preguntas.

1. ¿Qué representa cada símbolo?
2. ¿Cómo llenaría Ud. esta evaluación? Diga Ud. la razón por la cual fue excelente, regular u horrible.
3. ¿Cuáles son algunos otros servicios no mencionados aquí que Ud. quiere evaluar?

 ¿Cómo anunciarlo? Ud. es el (la) dueño(a) de este nuevo hotel. Quiere atraer a la mayor cantidad de gente posible. Escriba Ud. tres anuncios:

1. uno para atraer[1] a los novios en su luna de miel[2]
2. uno para atraer a familias con niños
3. uno para atraer a gente de negocios

¿Para qué otras cosas puede servir este hotel? Describa el estreno del hotel... una extravagancia memorable.

Celebrando su luna de miel

...TAMBIEN SU GRADO, CUMPLEAÑOS, ANIVERSARIO O CUALQUIER OTRA OCASION.

Y eficacia en sus negocios.

---

1. to attract   2. honeymoon

 Al teléfono. Uno de los muchos servicios ofrecidos en el Hotel Astoria Palace es asegurar que los huéspedes reciban todos sus mensajes importantes. Al volver de una gira turística, Ud. encuentra tres mensajes telefónicos. Pero Ud. no conoce a nadie en Valencia, España. ¿Cuáles son los mensajes?

HOTEL ASTORIA PALACE
VALENCIA

MENSAJE TELEFONICO

SR. ....   HABIT. ....

C. El Hotel Sidi San Juan Sol.

¿Dónde está este hotel? ¿Cómo se puede llegar al hotel? ¿Cuáles son algunas actividades que se pueden hacer fuera del hotel? ¿Cuál es la imagen que quiere proyectar este hotel por medio de este tipo de anuncio? ¿Se quedaría Ud. aquí? ¿Por qué sí o por qué no?

CADENA HOTELERA SOL

Dirección Central Levante
Apartado 193
Telex 66273 SIDI-E
Teléfs. 965 / 88 81 50-51
BENIDORM

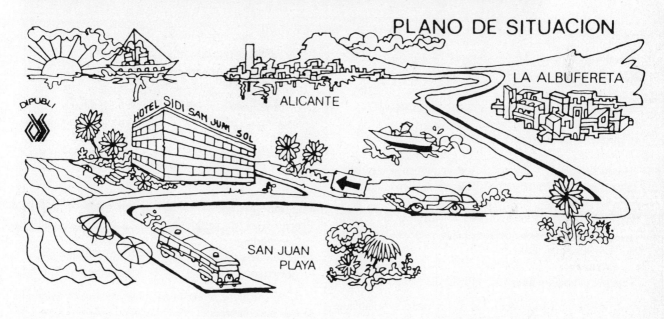

PLANO DE SITUACION

ALICANTE

LA ALBUFERETA

HOTEL SIDI SAN JUAN SOL

DIPUBLI

SAN JUAN PLAYA

D. En el hotelito de animales.

Describa Ud. un hotel lujoso sólo para animales. ¿Cómo son las habitaciones? ¿Qué tipo de comida les sirven a los animales? ¿Cuáles son algunas de las actividades diarias? ¿Quiénes son algunos de los clientes? ¿Cuánto tienen que pagar allí los dueños por noche?

E. Problemas en el hotel.

En grupos, representen una de las siguientes escenas:

1. Una pareja quiere inscribirse en el Hotel Ritz con su perro pero no se permiten los perros.

2. Al abandonar su habitación en un hotel, se da cuenta de que se le perdió la cartera. Además, la cuenta es mucho más elevada de lo que Ud. había pensado.

¿Sabe Ud. expresarse bien? ¿Siempre sabe Ud. decir la cosa más apropiada en el momento más apropiado? En respuesta a las muchas cartas que hemos recibido de nuestros lectores, *Revista* presenta Don Rafael, a sus órdenes.

Experto en la sicología y los modales sociales y dominador del idioma español, don Rafi ayudará a todos con el «qué decir y cuándo decirlo», para quedar bien y dejar una impresión inolvidable. En esta sección don Rafi les enseñará las expresiones más correctas y comunes relacionadas con el trabajo, la diversión, el viaje, el amor y la salud.

Don Rafael a sus órdenes

¡BUEN VIAJE!

El viajar implica, a veces, estar en un sitio extraño donde Ud. quizás no sabe cuáles son las costumbres ni los sitios de interés. Las siguientes expresiones lo (la) pueden facilitar la transición.

1. Para despedirse de los amigos siempre es cortés decir algunas de las siguientes expresiones.

¡Buen viaje!	Have a good trip!
¡Que te (le, les) vaya bien!	Hope it goes well!
No dejes (deje[n]) de escribir.	Don't forget to write.
¡Cuídate! (¡Cuíde[n]se!)	Take care of yourself (yourselves)!
¡Hasta la vuelta!	See you when you return!
¡Hasta septiembre si Dios quiere!	See you in September, God willing!
Te (Lo, La, Los, Las) echaré de menos.	
Te (Lo, La, Los, Las) extrañaré.	I'll miss you.
Tráeme (Traíga[n]me)…	Bring me . . .

2. Al llegar a su destino, Ud. debe tratar de orientarse por medio del empleo de las siguientes expresiones.

¿Dónde queda (está, se encuentra)…?	Where is . . .?
¿Por dónde se llega a…?	How do you get to . . .?
¿Dónde se puede (comprar)…?	Where can you (buy) . . .?
¿Cuál es (el hotel…)?	Which is (the hotel . . .)?
Siga derecho.	Go straight.
Suba (Baje) por esta calle.	Go up (Go down) this street.
Doble a la izquierda (derecha).	Turn left (right).
Queda cerquita (lejísimo).	It's very close (very far).

Es el tercer edificio a la derecha.	It's the third building on the right.
Que yo sepa…	As far as I know . . .
Si mal no recuerdo…	If I remember correctly . . .

3. Una vez orientado(a), hay que satisfacer otras necesidades.

¿Hay un restaurante que sirva…?	Is there a restaurant that serves . . .?
¿En qué puedo servirle?	How may I help you?
¿Hay (sopa, café…)?	Do you have (soup, coffee . . .)?
¿Cuál es el plato del día?	What is the dish of the day?
¿Cuánto es?	How much is it?
¿Cuánto le debo?	How much do I owe you?
Precios fijos (de rebaja, regalados).	Fixed (sale, giveaway) prices.
¿Puede hacerme un descuento?	Can you give me a discount?

4. Y Ud. debe expresar sus observaciones y preguntar lo que no comprende.

La gente tiene la costumbre de…	People usually (have the habit of) . . .
No se suele…	One doesn't usually . . .
¿Qué quiere decir…?	What does . . . mean?
¿Cómo se dice…?	How do you say . . .?
¡Qué lindo (interesante, extraño)!	How lovely (interesting, strange)!
Por lo general…	Generally (Usually) . . .
¿Qué te (le, les) parece…?	What do you think of . . .?
Hay toda clase de…	There are all kinds of . . .
No pierda Ud.…	Don't miss . . .

USTED TIENE LA PALABRA

A. **¿Dónde... ?** Ud. acaba de llegar a Barcelona. ¿Cuáles son algunas preguntas apropiadas que Ud. debe hacer para resolver las siguientes situaciones?

1. Ud. ha pasado casi quince horas sin comer.
2. Ud. quiere mandar unas tarjetas postales.
3. Ud. tiene que tomar el tren para Madrid.
4. Ud. no tiene dónde alojarse.
5. Ud. tiene dolor de cabeza.
6. Ud. tiene mucha sed.

B. **Despedidas.** Ud. es un(a) estudiante de intercambio que sale ahora para pasar el verano

1. sus padres
2. su hermanito
3. su novio(a)
4. su abuelo
5. su amigo(a) más íntimo(a)

C. **Minidrama.** Ud. es extranjero(a) y acaba de llegar a los EEUU por primera vez. Con un(a) compañero(a), inventen un diálogo en que Ud. descubra...

1. el horario de comida.
2. unos platos típicos.
3. lo que debe ver en sólo tres días.
4. la manera de saludar.
5. cómo pedir en un restaurante.
6. una costumbre nacional.

VOCABULARIO

Sustantivos

la **aduana**	customs
el **aeromozo**	steward
la **agencia de viajes**	travel agency
el (la) **agente de viajes**	travel agent
el **alojamiento**	lodging
la **arruga**	wrinkle
la **azafata**	stewardess
el **barrio**	neighborhood
el **boleto** (el **billete**, el **pasaje**)	ticket
la **caja fuerte**	safe
el **cajón**	drawer
el **cartel**	poster
el **cinturón de seguridad**	seat belt
el (la) **comerciante**	merchant
el **crucero**	cruise
el **cheque de viajero**	traveler's check
el **descanso**	rest
el **descuento**	discount
el **equipaje**	luggage
el **estereotipo**	stereotype
el (la) **extranjero(a)**	foreigner
la **gira**	tour
el (la) **guía**	guide
la **guía**	guidebook
el (la) **huésped(a)**	guest
la **lavandería**	laundry
la **maleta**	suitcase
la **medida**	measure
el **mensaje**	message

el **paraíso**	paradise
el (la) **pasajero(a)**	passenger
la **radio-reloj**	clock-radio
el **rascacielos**	skyscraper
el **recuerdo**	souvenir, memory
el **regreso**	return
la **sábana**	sheet
el **secador de pelo**	hair dryer
la **toalla**	towel
el (la) **turista**	tourist
el **viaje**	trip
el (la) **viajero(a)**	traveler
la **vista**	view
el **vuelo**	flight

Verbos

abrochar	to fasten
alojarse	to lodge, stay
colgar (ue)	to hang
desembarcar	to disembark
devolver (ue)	to return (*an object*)
doblar	to fold
durar	to last
especializarse (en)	to specialize (in)
extrañar (echar de menos)	to miss
facturar	to check (*luggage*)
marcar	to dial
parar	to stop
planificar	to plan
quejarse (de)	to complain (about)
recorrer	to travel

revisar	to inspect
solucionar	to solve
surgir	to appear
trasladar	to move
viajar	to travel
volar (ue)	to fly

Adjetivos

amplio	full
ancho	wide
aventurero	adventurous
extranjero	foreign
inagotable	inexhaustible

Expresiones

abandonar (dejar, desocupar) un cuarto	to check out of a room
a bordo	on board
al parecer	apparently
alrededor de	about, around
dar la bienvenida	to welcome
dejar un hotel	to check out of a hotel
de primera (clase)	first-class
en el extranjero	abroad
hacer autostop	to hitchhike
hacer la maleta	to pack a suitcase
inscribirse en un hotel	to check into a hotel
sacar fotos	to take pictures

REPASEMOS EL VOCABULARIO

A. **Relaciones.** Escoja la palabra que no está relacionada con las otras y explique por qué.

1. abandonar — dejar — parar — desocupar
2. crucero — vista — vuelo — viaje
3. recuerdo — boleto — billete — pasaje
4. turista — pasajero — viajero — guía
5. comerciante — azafata — piloto — aeromozo

B. **¿Qué hacemos?** Escoja la palabra de la segunda columna que mejor corresponda al verbo de la primera columna.

1. abrochar	a. fotos
2. planificar	b. equipaje
3. solucionar	c. viaje
4. marcar	d. ropa
5. facturar	e. problema
6. sacar	f. cinturón
7. colgar	g. número

C. **En orden, por favor.** Cuando Ud. viaja, ¿qué es lo que hace primero? Arregle Ud. las siguientes actividades en orden cronológico.

1. descansar
2. comprar cheques de viajero
3. hacer una gira
4. escoger el alojamiento
5. hacer la maleta
6. inscribirse en el hotel
7. ir a la agencia de viajes
8. comprar el pasaje

D. **Formando otras palabras.** Forme Ud. otra palabra, según los modelos.

SUSTANTIVO	SUSTANTIVO
1. viaje	viajero
2. pasaje	_____
3. mensaje	_____

ADJETIVO	SUSTANTIVO
1. real	realista
2. social	_____
3. nacional	_____
4. ideal	_____
5. fatal	_____

POR ULTIMO

A. El teléfono... ¿cómo usarlo?

¿Ha tenido Ud. alguna vez la oportunidad de ayudar a un(a) extranjero(a) que estaba de viaje en los EEUU y que no sabía usar el teléfono? Arregle Ud. las instrucciones siguientes en el orden apropiado y forme mandatos para ayudarlo(la) a hacer una llamada local, una llamada internacional y una llamada a cobro revertido.[1]

1. escuchar las instrucciones del (de la) telefonista
2. marcar el número
3. depositar más monedas
4. marcar "O" para operador(a) o telefonista
5. marcar tres dígitos claves de la zona a la que llama
6. escuchar el tono libre
7. darle la información necesaria al (a la) telefonista para la llamada
8. depositar las monedas

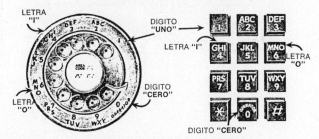

POR FAVOR: MARQUE BIEN NUMEROS Y LETRAS

Al marcar la llamada, cuide de no confundir la letra "I" con el dígito "uno", ni la letra "O" con el dígito "cero".

LETRA "I"
DIGITO "UNO"
LETRA "I"
LETRA "O"
DIGITO "CERO"
LETRA "O"
DIGITO "CERO"

Para emergencias disque 'O' (Telefonista)

B. Hay agentes, y hay agentes.

Los agentes de la agencia de viajes «Sin Par» están muy capacitados para asegurar que su viaje sea perfecto. Han pensado en todos los detalles. En grupos, preparen una lista de algunos de los servicios muy especializados que ofrecen los agentes. Por ejemplo, les dan bolas de algodón[2] a todos sus clientes para protegerse los oídos durante el vuelo.

C. La campaña publicitaria.

Una agencia de viajes les envía a todos sus clientes folletos[3] turísticos que llevan los títulos siguientes. Escoja Ud. uno y describa el viaje que corresponde.

1. Una minivacación en el mar
2. Un viaje inolvidable
3. Un viaje por tierra y mar
4. A lomo[4] de elefante
5. Para los ricos y los famosos

D. La lavandería del hotel.

Todos los buenos hoteles ofrecen muchos servicios para que el huésped se sienta «en su casa». ¿Pero son siempre buenos y eficaces estos servicios?

AVISO

* En caso de pérdida o daño, el hotel responderá hasta diez veces el valor del servicio encomendado[5] a la lavandería.
* No somos responsables por botones o adornos que no resistan el lavado.
* Cuente su ropa con cuidado cuando se la entreguen.
* No nos hacemos responsables por materiales sintéticos.

---

1. collect   2. cotton balls   3. brochures
4. On the back of   5. entrusted

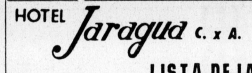

HOTEL *Jaragua* C. x A.   SANTO DOMINGO

LISTA DE LAVANDERIA - LISTA DE VALET

NOMBRE _____   CUARTO NO. _____

DIRECCION _____   MARCAS _____

SEÑORAS	PRECIO
Blusas	1.00
Faldas	1.25
Vestidos	2.50
Fondos	0.75
Vestido fino	0.60
y de dos piezas	2.00
Pañuelos	0.25
Pijamas	1.50
Short Deportivos	1.00
Slacks	1.50
Dormilonas	1.50

CABALLEROS LIMPIEZA Y PLAN- CHADO	PRECIO
Trajes	2.50
Trajes de etiqueta	3.50
Pantalones	1.50)
Sacos	1.25
Corbatas	1.00
Camisas	0.80
Camisas de Smoking	1.50
Camisas de seda	0.80
Camisas sports	0.90
Camisetas	0.50
Calzoncillos	0.50
Pijamas	1.25
Calcetines	1.50

1. Haga Ud. una lista de la ropa que Ud. mandó lavar. Escriba también los precios de cada prenda y el total al final.

2. Después de leer todos los avisos mencionados arriba, ¿le entregaría Ud. su ropa a esa lavandería? ¿Por qué? ¿Suele Ud. usar la lavandería del hotel cuando está de viaje? ¿Qué se puede hacer para evitar la necesidad de usarla?

3. ¿Qué hay en la maleta? ¿Qué ropa lleva Ud. para ir a los siguientes lugares?
   a. las montañas para esquiar por una semana
   b. la playa por un mes
   c. una ciudad cosmopolita por un fin de semana

4. En grupos, representen una de las siguientes escenas.
   a. En la lavandería perdieron toda su ropa.
   b. En la lavandería arruinaron una de sus prendas favoritas.
   c. Le devolvieron la ropa de otra persona del hotel, del sexo opuesto, pero tratan de convencerlo(la) de que nunca se equivocan.
   d. Escriba una escena original.

Nosotros, los hispanos

- ¿QUIENES SOMOS?
- ASI EMPEZO LA COSA Y ASI SE CONSERVA
- LOS HISPANOS EN LOS EEUU: LOS PROBLEMAS Y LAS SOLUCIONES

ENTRE NOSOTROS...

1. La República Argentina es el segundo país de Sudamérica por su extensión, ocupando casi toda la punta del continente. Todo el centro del país, desde el norte hasta el sur, son las pampas. Estas enormes llanuras, tierra de los gauchos, es una de las zonas más fértiles y productivas del mundo. Las estaciones van al revés: el verano empieza en diciembre y el invierno en junio.

Una de las ciudades más grandes de Sudamérica es Buenos Aires, la capital del país. Es una ciudad moderna, alegre y cosmopolita que se conoce por sus bellos paseos, sus anchas avenidas elegantes y su ambiente exótico y cultural. También es conocida por su carne de res, que es barata y exquisita. Pocos turistas se van de esta ciudad sin comprar algún artículo de piel o un par de «bombachas», que son los pantalones anchos que usan los gauchos.

Son hermosas las diversas playas balnearias[1] como Mar del Plata, a unos cuatrocientos kilómetros de Buenos Aires, y las maravillosas Cataratas del Iguazú. A muchos turistas les gusta ir a las «estancias», donde montar los famosos caballos argentinos es una experiencia inolvidable.

2. Para un hispano, los saludos suelen ser más íntimos y cariñosos que los de los norteamericanos. El hispano normalmente estrecha la mano y en muchas ocasiones abraza a los hombres y a las mujeres. Besarle a uno en las dos mejillas[2] es otra costumbre común entre amigas.

3. La siesta no es de origen español. Es una costumbre romana. Viene de la palabra «sexta», que se refería a la sexta hora del día laboral, el mediodía, cuando el sol es más fuerte y hace mucho calor. Hacía demasiado calor para trabajar y entonces los campesinos se retiraban a dormir unas horas antes de volver a los campos.

A causa del ritmo de la vida moderna, la siesta no es tan común hoy como antes. Sin embargo, la mayoría de los comercios se cierran a la 1:30 para el almuerzo. Muy pocas personas «duermen» la siesta, pero se juntan con la familia para comer y descansar. Se ve más esta costumbre en las zonas donde hace mucho calor.

4. Entre los hispanos la tradición del árbol de Navidad se limita generalmente a México y los hogares hispanos en los EEUU, incluso la isla de Puerto Rico. La tradición se originó durante la época medieval en Alemania, donde se celebraba cada año una obra de teatro sobre Adán y Eva, y adornaban con manzanas un pino que representaba el Arbol del Paraíso.

---

1. bathing   2. cheeks

CONTEXTOS CULTURALES

1. ¿Qué actividad o lugar de interés le atraería más de la Argentina? ¿Por qué? ¿Qué ciudad europea o norteamericana será similar a Buenos Aires? Si Ud. pudiera viajar a cualquier parte del mundo hispánico, ¿adónde le gustaría ir y por qué?

2. ¿Cómo saluda Ud. a sus amigos? ¿a sus padres? ¿a sus parientes? ¿a su profesor(a)? ¿Cree Ud. que la costumbre de saludarse en la cultura de Ud. es similar o diferente a la de los hispanos?

3. ¿Qué imagen tenía Ud. de la costumbre de la siesta? ¿Cómo cambiaría su vida si se adoptara esta costumbre en los EEUU?

4. ¿Qué sabía Ud. sobre el origen de la tradición del árbol de Navidad? ¿Tiene su familia un árbol de Navidad? Descríbalo. ¿Qué momentos agradables relacionados con comprar y decorar el árbol de Navidad recuerda Ud. de su niñez?

SECCION

¿QUIENES SOMOS?

El mundo hispano es un verdadero mosaico de culturas, costumbres y gentes. *Revista* investiga un poco nuestro pasado, nuestro presente y nuestro futuro.

Llena de riqueza y colorido, Latinoamérica es un mosaico de culturas y contrastes que lo espera para brindarle[1] momentos inolvidables y valiosas compras a muy bajos precios.

1. to offer you

PARA COMENZAR...

A ver cuánto sabe Ud. del mundo hispano. ¿Verdad o mentira?

1. Un mexicano es español.
2. Todos los hispanos son morenos.
3. Un español come enchiladas y tacos con frecuencia.

Ahora lea Ud. el siguiente artículo para verificar sus respuestas.

I. UN MOSAICO DE CULTURAS

Definición: **generalización:** Formación de una idea general reuniendo en un grupo a todos los individuos que tienen una o más características comunes.

Con frecuencia tenemos la tendencia a generalizar. Es decir, ponemos las cosas y las personas que nos rodean en categorías, según sus características. Lo hacemos todos los días sin darnos cuenta. En ciertas ocasiones las generalizaciones nos ayudan a comprender un mundo variado y complejo. Pero con demasiada frecuencia estas mismas generalizaciones pueden ser engañosas, injustas y dañinas.

1. *Un mexicano NO es español.*

Muchas personas tienden a llamar «español» a alguien de habla española, cuando en realidad el adjetivo «español» se refiere a una persona o una cosa de España. Por eso, el mexicano no es español, pero sí es hispano. Según el diccionario, el término «hispano» significa lo que es relativo a las gentes de habla española. Entonces, un niño de Cuba es cubano e hispano; una mujer de Chile es chilena e hispana; los mexicanos, los colombianos y los salvadoreños son todos hispanos.

2. *NO todos los hispanos son morenos.*

Al contrario, se ve la influencia de varios grupos étnicos en diversas combinaciones por todo el mundo hispano. En España, por ejemplo, hay gente rubia con ojos azules de origen germánico y también hay gente morena de origen árabe o romano.

En Hispanoamérica la variedad es aún más amplia. Aunque en algunas partes la influencia europea predomina casi por completo, en la mayor parte el elemento indio se combina con el europeo.

En una gran parte de la zona caribeña esa mezcla fue enriquecida por un tercer elemento, el africano negro. Por eso, el hispano puede ser blanco, negro o trigueño,[1] de pelo rubio, moreno o castaño, de ojos azules, negros y achinados[2] también.* El pueblo hispano es un verdadero arco iris.

3. *Un español NO suele comer ni enchiladas ni tacos.*

Estos platos son típicamente mexicanos. La comida española es muy diferente. La tortilla española de patatas y huevos no tiene nada que ver con la tortilla de maíz tan común en México. La paella, un plato hecho de arroz y azafrán[3] con mariscos,[4] carnes y legumbres, es el plato más conocido de España.

---

1. brown   2. slanted   3. saffron
4. shellfish

*Según una teoría, los indios americanos son de origen asiático.

EN OTRAS PALABRAS...

¿Verdad o mentira?   Si la frase es falsa, corríjala.

1. Las generalizaciones siempre son dañinas.
2. Un «español» es cualquier persona de habla española.
3. En España e Hispanoamérica puede haber hispanos rubios.
4. La tortilla de patatas es el plato más típico de México.

CONVERSEMOS

A. **Opiniones.**   Conteste Ud. las siguientes preguntas.

1. ¿Tiende Ud. a generalizar? Dé Ud. ejemplos específicos. En su opinión, ¿a qué se debe esta tendencia?
2. ¿Qué otras generalizaciones existen sobre los hispanos que no se mencionan en el artículo? ¿Está Ud. de acuerdo con ellas? Explique.
3. ¿Cuáles son algunas generalizaciones que se refieren a otras culturas?

B. **Así somos en los EEUU.** Aquí se ofrecen algunas generalizaciones sobre los estadounidenses. ¿Está Ud. de acuerdo con ellas? Explique.

1. Son fríos.
2. Conducen coches grandes.
3. Almuerzan un sándwich y un refresco.
4. No entienden otras culturas.
5. No saben hablar otros idiomas. Creen que todo el mundo habla inglés.
6. Llevan «blue jeans» y botas.
7. Están acostumbrados a muchas cosas que en otros países se consideran lujos.

¿Cuáles son algunas otras generalizaciones relacionadas con los estadounidenses?

C. **La escuela multi-étnica.** Explique Ud. cuáles son las ventajas de asistir a una escuela donde hay una variedad étnica.

MINIDRAMA

Con un(a) compañero(a), representen la siguiente escena: Su amigo(a) no sabe lo que dice. Le gusta hacer generalizaciones sobre el mundo hispano. Intente darle a él o a ella otra perspectiva del mundo hispano.

II. DE VAQUEROS Y GAUCHOS

ANTES DE LEER...

A. ¿Qué sabe Ud. sobre el vaquero estadounidense? Nombre cinco características generales.

B. ¿Sabe Ud. algo sobre el vaquero hispano? Si sólo tiene una imagen mental de él, descríbala. ¿Qué ha influido en esta imagen?

C. A ver si Ud. puede adivinar por el contexto el significado de las palabras subrayadas.

1. El hombre a caballo ha inspirado leyendas populares y obras literarias.
   a. legends b. books c. stories
2. Estas subculturas, especialmente en la América del Norte y del Sur, parecen tener muchos rasgos y valores comunes.
   a. aspirations b. traits c. problems
3. Cuando tenían la suerte de estar empleados, los vaqueros estadounidenses y los gauchos hacían más o menos las mismas faenas.
   a. tasks b. excuses c. tricks

*El gaucho argentino, **arriba**, y el vaquero del Oeste de los Estados Unidos, **abajo**, muestran mucha semejanza. Estos jinetes[1] independientes cabalgaron[2] por las páginas de la historia en las llanuras[3] de América del Norte y del Sur conquistando, defendiendo y cuidando el ganado.[4]*

1. horsemen 2. rode 3. plains 4. cattle

Vaqueros y gauchos

Richard W. Slatta

El hombre a caballo ha sido fuente de toda clase de comentario y ha inspirado leyendas populares y obras literarias. Las subculturas desarrolladas en las praderas, especialmente en la América del Norte y del Sur, parecen tener muchos rasgos y valores comunes; también existen diferencias fundamentales.

La afición de los hombres de los llanos a la bedida y el juego[1] molestaba a muchos moralistas de ambiente urbano. A los vaqueros estadounidenses les encantaba jugar a las cartas, sobre todo al póker. Los gauchos se entretenían jugando a las cartas y apostando[2] a las carreras de caballo.

El traje del gaucho y del vaquero estadounidense era diferente, pero en ambos casos era característico. Theodore Roosevelt, ex presidente de los Estados Unidos e historiador del Oeste, describió el traje del vaquero. «Estos hombres delgados, musculosos... llevan camisas de franela, pañuelos al cuello; llevan sombreros anchos, botas de tacos altos[3] con espuelas,[4] y a veces se ponen chaparreras[5] de cuero». En 1840, un dibujante inglés captó los elementos esenciales del traje del gaucho: «... Llevan botas blancas, abiertas en la punta[6] y hechas muy cuidadosamente del cuero de las patas traseras[7] de los caballos. El sombrero es un jipijapa[8] con una cinta roja y llevan grandes espuelas de plata o de hierro.»[9]

Tanto los gauchos como los vaqueros tenían que enfrentarse con violentas tempestades de invierno. Cuando tenían la suerte de estar empleados, los vaqueros y los gauchos hacían más o menos las mismas faenas, tales como acorralar las reses,[10] marcarlas, castrarlas y conducirlas por los caminos. Pasaban largas temporadas de desempleo en las épocas de poca actividad en los ranchos, lo que explica en parte por qué robaban reses para venderlas o comérselas.

La mayoría de los vaqueros sabían leer y leían cuanto podían —a veces pedazos de periódicos viejos y hasta se leían con cuidado las etiquetas de las latas[11] de manteca, frijoles o cualquier otra cosa. Algunos dejaron escritas sus experiencias en forma de memorias o narraciones populares que tienen el sabor[12] de la vida ranchera. No hay ningún relato autobiográfico del gaucho. Los gauchos eran analfabetos y rara vez entraban, ni intentaban entrar, en contacto con la civilización urbana. El vaquero estaba más dispuesto a aceptar algunos elementos modernos. Su arma preferida era el revólver de seis balas.[13] Por el contrario, los gauchos siguieron prefiriendo el arma tradicional, que era un cuchillo largo casi como una espada.

La existencia del gaucho duró mucho más que la del vaquero y por lo tanto desarrolló una serie de tradiciones más hondas. El gaucho llegó a ser símbolo nacional de la Argentina más bien que sólo un símbolo regional, como lo fue el vaquero del Oeste de los EEUU.

---

1. gambling   2. betting   3. high heels   4. spurs   5. chaps   6. tip   7. back hooves   8. fine straw   9. steel   10. corral the steers   11. cans   12. taste   13. bullets

---

EN OTRAS PALABRAS...

Basándose en la lectura anterior, nombre Ud. tres semejanzas y tres diferencias entre el vaquero estadounidense y el gaucho.

CONVERSEMOS

A. **Leyendo entre líneas.**   La lectura no menciona la vida amorosa ni la vida familiar de estos hombres. Invente Ud. un comentario sobre estos aspectos de la vida de los vaqueros y los gauchos.

B. **Palabras vaqueras.**   Muchas de las palabras que están relacionadas con la vida vaquera en los EEUU son de origen español. ¿Cuáles son las palabras en inglés que corresponden a estas palabras en español?

1. las chaparreras   2. la reata   3. el lazo
4. la estampida

Si Ud. no las reconoce a primera vista, repítalas en voz alta.

C. **Hablando en inglés.**   ¿Ha usado Ud. alguna vez las palabras «siesta», «burro» o «pinto»? Son palabras en español que ya figuran en el vocabulario de muchos estadounidenses. ¿Qué significan? ¿Cuáles son algunas otras palabras o nombres en español que se usan mucho en los EEUU? Piense Ud. también en nombres de comidas y automóviles.

D. **Opiniones.** Conteste Ud. las siguientes preguntas.

1. ¿Conoce Ud. una leyenda o un cuento sobre algún vaquero famoso de los EEUU? ¿sobre un vaquero hispano? Cuéntela.
2. Según la lectura, el vaquero es un símbolo regional de los Estados Unidos. ¿Qué quiere decir esto? ¿Cuáles son algunos símbolos de otras regiones de los EEUU? ¿Tiene los EEUU un símbolo nacional? ¿Cuál es o cuál debe ser?
3. ¿A Ud. le gustan los programas de televisión sobre los vaqueros? Describa su favorito. Si no le gustan, ¿por qué se siente Ud. así? ¿Por qué cree Ud. que estos programas no son tan populares como lo eran hace unos veinte años? ¿Cuál es la imagen del vaquero estadounidense en la televisión? ¿y del vaquero hispano? ¿Cómo se explica esto?
4. Ahora que Ud. ha leído la lectura, ¿ha cambiado su idea de lo que es el vaquero estadounidense o hispano? ¿En qué sentido?

Escriba Ud. un artículo sobre la vida del vaquero o de la vaquera de hoy.

III. LA ARTESANIA: REFLEJO DE UNA CULTURA

ANTES DE LEER...

1. ¿Qué se puede saber de un pueblo por medio de sus expresiones artísticas?
2. ¿Qué se entiende por «artesanía»?
3. ¿Qué sabe Ud. sobre la artesanía de:
   a. México?
   b. los Estados Unidos?
   c. España?
4. En sus propias palabras, explique el significado de la frase que acompaña la foto del artesano.

En cada objeto está la vida y el trabajo de un hombre, esperando que su arte y su existencia sean gratificadas.

Maestros de la porcelana: los Lladró

Hijos de un humilde «trabajador de la tierra», hoy cautivan al mundo con arcilla[1] hecha arte

El magistral empleo del color es uno de los motivos del prestigio de los Lladró. Aunque su paleta tiene más de cinco mil tonalidades, el principal distintivo cromático[2] de estas porcelanas son los tonos pastel del gris, crema, marrón y azul. Por una ironía de la vida, la elección de esos colores se debió al corto presupuesto[3] de su primera época, que no les permitía adquirir las pinturas de base dorada[4] necesarias para la preparación del púrpura y otros colores intensos.

Otra característica de la porcelana de los Lladró es el alargamiento[5] de muchas de las figuras, en un estilo que recuerda al de El Greco y que se considera típicamente español. Ello otorga[6] a las figuras una nueva dimensión, incluso en temas y personajes conocidos.

Desde el momento mismo en que dieron forma a las primeras figuras en el patio de su casa, los hermanos han adornado sus porcelanas con una gran profusión de detalles. Un número asombroso de pequeños elementos —el mango[7] de una sombrilla, un collar, la espada de un guerrero— están elaborados a mano y con precisión microscópica. Las flores son su especialidad: cada hojita, pétalo, pistilo y estambre se hace independientemente. El resto es una sabia mezcla de artesanía e industria.

1. clay 2. color 3. budget
4. golden 5. elongation 6. gives
7. handle

EN OTRAS PALABRAS...

Ud. es coleccionista de las figuras de los Lladró. Explíquele Ud. a una persona que no sabe nada de esta porcelana lo siguiente:

1. el color   2. las formas   3. los adornos

CONVERSEMOS

A. **Así empezaron los Lladró.** Para saber cómo se originó esta compañía famosísima, lea Ud. los siguientes párrafos. Llene Ud. los espacios con las palabras apropiadas de la lista siguiente.

coleccionistas	cautivados	artístico
orgullosos	mejor	en seguida
cerámica	seguir	aprender
fama	tenía	trabajaba
figura		

En el pueblo de Almácera, cerca de la ciudad de Valencia, el padre de los hermanos Lladró _____ como huertano.[1] Su madre conocía la dureza de la vida campesina y quería para sus hijos algo _____. A menudo les decía: «Permaneced unidos y ayudaos unos a otros. Nunca fracasaréis si lo hacéis así».

Juan, el mayor de los hermanos, decidió _____ el oficio de ceramista. Cuando _____ catorce años, sus padres le enviaron a la Escuela de Artes y Oficios de Valencia. Los profesores notaron _____ el talento _____ del muchacho. Pronto, José y Vicente quisieron _____ el ejemplo de Juan.

Después de visitar el museo de cerámica local, los hermanos se quedaron _____ por la porcelana; la _____ más bella de todas. No sospechaban los Lladró que la _____ de la porcelana española vendría con el tiempo gracias a ellos.

Su primera _____ —una bailarina— les hizo sentirse tan _____ que se la mostraron a los vecinos. Uno les ofreció 145 pesetas por ella. Hoy, los _____ esperan cada año las nuevas obras de los Lladró. «Calculamos que hay alrededor de cien mil coleccionistas sólo en los Estados Unidos», dice Juan.

---

1. orchard worker

B. **El arte Huichol.** Lea Ud. el siguiente artículo y conteste las preguntas.

Artesanía en Hostos

NEW YORK — Hostos Community College presentará sendos talleres de trabajo sobre artesanías indígenas de México y artes tradicionales de Ecuador.

El arte de los indios Huichol permitirá a los participantes del primer taller conocer las formas ritualísticas de esta agrupación[1] y sus vívidos colores ornamentales, joyería, tapices[2] y otros trabajos. Los talleres serán el jueves 30 de octubre, noviembre 6, 13 y 20.

El taller de trabajo sobre formas tradicionales del arte ecuatoriano hará que los participantes conozcan el colorido de flores, figuras y ornamentos navideños que son tradición secular en Ecuador. Este taller se efectuará el sábado 15 de noviembre a las 10 A.M.

1. Fíjese Ud. en la representación del arte Huichol que acompaña el artículo. ¿Qué será (tapiz, pintura, etcétera)? En su opinión, ¿qué es lo que trata de expresar el artista en esta obra?
2. ¿Qué es un taller de trabajo? ¿Para qué sirve? ¿Alguna vez ha participado Ud. en uno? Explique.
3. ¿Qué cree Ud. que harán o aprenderán los participantes en el taller sobre la artesanía mexicana?

C. **En el taller de trabajo.** Primero, hay que conocer los materiales que se usan en la artesanía. Relacione Ud. los materiales en la primera columna con los objetos en la segunda. Luego, piense en más objetos que se hacen con los materiales.

seda	bolsos
encaje	suéteres
madera	aretes[3]
oro	manteles[4]
paja	floreros[5]
lana	blusas
plata	juguetes
cerámica	anillos
cuero	cestas[6]

D. **Opiniones.** Conteste Ud. las siguientes preguntas.

1. Va a haber una feria[7] nacional de artesanía en los EEUU.
   a. ¿Dónde será y por qué?
   b. ¿Qué regiones de los EEUU estarán representadas?
   c. ¿Cuáles serán los objetos que se venden más y por qué?
2. Describa Ud. el arte tradicional de su región.
3. ¿Son famosos sus antepasados por su artesanía? Explique.
4. A muchas personas les gusta adornar su casa con objetos de artesanía. ¿Cuáles son algunos ejemplos de artesanía que se encuentran en la casa? ¿A Ud. le gusta ese estilo? ¿Por qué sí o por qué no?

1. grouping   2. tapestries   3. earrings   4. tablecloths
5. flower vases   6. baskets   7. fair

IV. ¡OLE!

ANTES DE LEER...

A ver si Ud. puede adivinar el contenido del artículo por el título: «Toros: Una plaza cubierta».

toros

UNA PLAZA CUBIERTA

Siempre se había dicho que el espectáculo de las corridas de toros tenía que ser al aire libre, por dos importantes razones: la primera porque el sol y el calor excitan más al toro, y la segunda, porque al aire libre se disipan una serie de olores que esparcen[1] equitativamente los caballos, los toros y el público... ¡que no siempre conoce la existencia del desodorante! Pero los tiempos cambian. Y el aire acondicionado y las potentes luces indirectas pueden darle a las corridas de toros una nueva perspectiva. En Madrid están estudiando la posibilidad de llevar a cabo el primer coso-taurino subterráneo[2] y totalmente cubierto. Sin problemas de lluvia, que con tanta frecuencia echa a perder[3] la corrida, con la mala suerte además de que en el espectáculo de los toros ya se advierte al público que *en caso de lluvia e interrupción de la corrida, no se devuelve el importe de la localidad*.[4] Y además, sin problemas de calor... o de *olor*, gracias al aire acondicionado. El proyecto es del arquitecto cubano Bernardo Diez Bullosa (que lleva viviendo en España 25 años) y se realizaría en la madrileñísima plaza de toros de Carabanchel llamada "La Chata", que fue construida en 1908 y que lleva cerrada más de 8 años. Los dueños de dicha Plaza, entre los que se encuentra el famoso torero Luis Miguel Dominguín, iban a construir allí un centro comercial, pero el Ayuntamiento[5] está dispuesto a ayudarles, si renuncian a ello y aceptan realizar lo de la *Plaza Cubierta* a 20 metros bajo el nivel de la calle. Lo que no sabemos si el arquitecto cubano ha tenido en cuenta, es que en un local cerrado pueden oírse mucho más claras las malas palabras que suelta[6] el público en el transcurso[7] de una corrida.

---

1. spread   2. underground bullring   3. makes one miss   4. admission fee
5. City Hall   6. lets loose   7. during

EN OTRAS PALABRAS...

Utilizando las siguientes palabras y sus propias palabras, escriba Ud. cinco frases para hacer un resumen del artículo.

las corridas	el aire acondicionado
al aire libre	subterráneo
el sol y el calor	la lluvia
excitar	construir
los olores	el centro comercial
el desodorante	

A. **¿Fiesta o peligro en las calles?** El siguiente artículo se refiere a una de las fiestas folklóricas españolas más emocionantes, más peligrosas y más famosas del mundo. Fue inmortalizada por el autor norteamericano Ernest Hemingway en su novela *The Sun Also Rises*. Es la fiesta de San Fermín. Se celebra en julio en Pamplona, una ciudad en el norte de España, y dura una semana. Los toros corren por las calles rumbo a la plaza de toros, y los hombres corren delante de ellos. Se les prohibe a las mujeres participar. Al llegar a la plaza de toros, la celebración continúa con una corrida de toros. Lea el siguiente artículo y conteste las preguntas.

Sólo Doce Heridos En Fiesta De San Fermín

PAMPLONA - La segunda fase de la Fiesta de San Fermín se desarrolló en forma rápida y dejó una docena de h eridos leves, según informó la Policia.

Unos 1.200 participantes corrieron perseguidos por los toros, a lo largo de aproximadamente un kilómetro que separa los corredores de la Plaza de Toros en sólo dos minutos y 37 segundos.

Durante el recorrido no hubo ningún herido por asta[1] de toro, pero se produjo frecuentes caídas[2] de los corredores, aunque sin registrarse situaciones de peligro.

1. ¿Le ha impresionado a Ud. de alguna manera el título de este artículo? ¿Cuál es la ironía del titular?
2. ¿Qué opina Ud. de este espectáculo?
3. ¿Por qué motivo correrá la gente delante de los toros? ¿Correría Ud.? Explique. ¿Hay alguna tradición de igual peligro en los EEUU? Descríbala.

B. **Opiniones.** Conteste Ud. las siguientes preguntas.

1. ¿Cree Ud. que si se introdujera la corrida de toros en los Estados Unidos asistirían muchas personas? ¿Por qué sí o por qué no? ¿Asistiría Ud.? Explique.

2. En España, la corrida de toros siempre empieza a las cinco en punto. ¿Cuáles son algunos de los espectáculos o celebraciones en los EEUU que requieren la puntualidad absoluta? ¿Cuáles son las repercusiones si se llega tarde?

C. **La corrida de toros.** Las siguientes palabras se suelen usar para referirse a los varios aspectos del espectáculo de la corrida de toros. Relaciónelas con las tres categorías que siguen y explique sus respuestas.

MATADOR   TORO   PUBLICO

MODELO MATADOR: técnica
Muchas personas van a la corrida de toros para ver la técnica del matador.

color	silencio	furia
emocionante	aplauso	delgado
valor	serio	técnica

En grupos, representen la siguiente escena: Ud. tiene muchas ganas de correr con los toros en la fiesta de San Fermín, pero sus amigos no son tan atrevidos como Ud. Intente convencerlos de que será una experiencia inolvidable.

---

1. horn   2. falls

V. HOY ES MI SANTO... ¡CELEBREMOS!

Si Ud. es hispana y se llama Bárbara, celebrará el día de su santo el 4 de diciembre. Es el día que la Iglesia Católica ha dedicado a Santa Bárbara. Si se llama Juan, su «santo» es el 24 de junio. Los amigos y familiares de todas las Cristinas las felicitarán el 24 de julio. Para algunos hispanos el día de su santo tiene aun más importancia que su cumpleaños.

En el Día de tu Santo

En esta fecha tan grata

Te recuerdo cariñosamente

Y de todo corazón deseo

Que seas muy feliz siempre

CONVERSEMOS

A. **Opiniones.** Conteste Ud. las siguientes preguntas.

1. ¿Existe en los EEUU una costumbre semejante al día del santo? Explique.
2. Sustituya sus propias palabras por las palabras subrayadas en la tarjeta para crear unas líneas originales. Haga todos los cambios necesarios.

B. **Enhorabuena, ¡y largos años más!** Si Ud. es mexicano(a) y es el día de su cumpleaños, al despertarse aquella mañana escuchará a toda la familia cantándole «Las mañanitas». Luego, celebrará con fiestas, comidas especiales y regalos... y claro con mucha atención de sus amigos y familiares.

1. Tradicionalmente, ¿cómo se celebra el cumpleaños en los EEUU? ¿Se suele pasar el día con la familia o con los amigos? Explique.
2. Describa Ud. un cumpleaños memorable.

C. **Los quince son muy especiales.** Cuando una muchacha hispana cumple quince años, es costumbre en muchos países celebrarlo de una forma muy especial. Significa que se ha hecho mujer y en ciertos círculos las celebraciones pueden ser muy lujosas y grandes. Lea el siguiente anuncio y conteste las preguntas.

DORADOS QUINCE AÑOS. Largos años más, plenos de alegrías y bendiciones, le auguramos[1] a la gentil señorita Ailin López, hija del señor Ysmelio López y señora, Olga de López, y alumna consagrada del Colegio Francisco Baldor. Para la dulce quinceañera, nuestra enhorabuena y votos porque cumpla muchos, y muy dichosos, años más.

1. ¿Cuál es el cumpleaños que se celebra en los EEUU de una forma semejante? ¿Cree Ud. que es una edad más especial que las otras? ¿Por qué sí o por qué no?
2. Si se decidiera adoptar esta costumbre para los muchachos, ¿a qué edad se celebraría? Explique.

---

1. we predict

ADEMÁS

A. La familia. Aquí se ofrecen algunas observaciones de la vida familiar hispánica. Indique si las frases también se refieren a la cultura de Ud. y explique por qué sí o no.

1. El aspecto más importante de la vida es la familia.
2. Muchas veces la familia extensa vive en una casa. Es decir, además de los padres e hijos, también viven con ellos los abuelos y a veces unos tíos o primos.
3. El tener «novio» significa que se van a casar. O sea, es una relación muy seria.
4. En muchos pueblos pequeños, las chicas solteras[1] no pueden salir solas de noche con un chico. Han de salir en grupo.
5. Los hijos casi siempre viven en casa de los padres hasta casarse.

B. Siendo latino. Lea Ud. la siguiente cita y conteste las preguntas.

"Siendo latino, es muy importante que cuando regreso a casa del trabajo mi esposa tenga la comida en la mesa y una cerveza fría esperándome".

Lorenzo Lamas

1. ¿Cuál es la imagen que Ud. tiene del hombre latino? ¿y de la mujer latina? ¿A qué se deben estas imágenes? ¿Qué otras frases se pueden añadir a esta cita de Lorenzo Lamas? Siendo latino...
2. Termine Ud. la frase siguiente con tres ideas diferentes. Siendo estadounidense, es muy importante...

C. La tienda «La Piñata».
Refiriéndose al anuncio, ¿cree Ud. que la tienda «La piñata» es sólo para fiestas de tipo hispano? Explique. Además de las piñatas, ¿qué se vende en esta tienda? ¿Qué otros servicios se ofrecen?

---

1. unmarried

D. **La piñata.** Para saber algo sobre la costumbre de la piñata en las fiestas, termine Ud. la frase en la primera columna con una frase de la segunda columna.

1. La piñata es...
2. Es una vasija[1] de cartón o cerámica...
3. Está decorada...
4. Las piñatas pueden tener la forma de...
5. Está llena[2]...
6. Un niño tiene los ojos vendados[3]...
7. Los otros niños esperan...
8. Al romper la piñata, los niños...

a. de frutas, dulces, juguetes y monedas.
b. su turno con impaciencia.
c. estrellas, animales o juguetes.
d. e intenta romperla con un palo.[4]
e. la parte más emocionante de cualquier fiesta de niños en México y muchos otros países hispanos.
f. de papel de muchos colores.
g. que se cuelga del techo o de un árbol.
h. corren para obtener los dulces que han caído de la piñata.

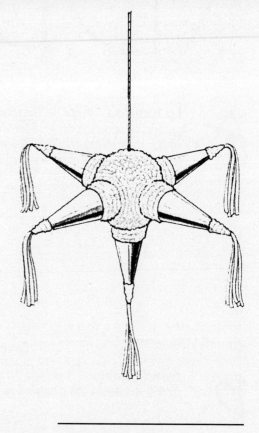

1. receptacle   2. full
3. blindfolded   4. stick

E. **Los juegos infantiles.** Conteste Ud. las siguientes preguntas.

1. ¿Ha roto Ud. una piñata alguna vez? Describa la celebración. ¿Qué hubo dentro de la piñata?
2. Si Ud. pudiera llenar una piñata de cualquier cosa, ¿de qué la llenaría? ¿Por qué?
3. ¿Por qué no es fácil romper una piñata?
4. ¿Cuáles son algunos otros juegos que requieren que las personas sean vendadas?
5. ¿Puede Ud. comprar piñatas en alguna tienda de su pueblo? ¿Dónde puede comprarlas?

ASI EMPEZO LA COSA Y ASI SE CONSERVA

¿Cómo llegaron los hispanos al Nuevo Mundo?

¿Cuáles son los elementos étnicos que se combinaron para formar la rica cultura hispanoamericana? *Revista* **se convierte en historiador para investigar los orígenes.**

PARA COMENZAR...

Forme Ud. una lista de todas las palabras y todos los nombres que Ud. asocia con el descubrimiento de América.

I. TODO EL MUNDO ESTIMA A CRISTOBAL COLON

Cristóbal Colón, ¿Dónde Estás?

¿EN SANTO DOMINGO, SEVILLA O LA HABANA?

CRISTOBAL COLON

Muchos lectores nos han pedido una ampliación sobre la nota que hablaba de las investigaciones que se están realizando con respecto al lugar donde realmente reposan[1] los restos de Cristóbal Colón... si en Santo Domingo o en Sevilla. Parece como si la historia quisiera guardar su secreto, como insinuando que Cristóbal Colón no es patrimonio de ningún país en particular, sino de toda la comunidad cristiano-occidental.

Sabemos, sí, dónde murió: en Valladolid y allí fue su primera sepultura.[2] Luego su cuerpo fue trasladado a Sevilla, pero recordando los deseos del descubridor, la nuera[3] de Colón hizo mandar sus restos a La Española.*

Desgraciadamente, su tumba no llevaba ni busto ni lápida de identificación y por eso la sepultura cayó en el olvido por más de un siglo. En 1795 cuando la parte oriental de La Española pasó a ser posesión francesa (Haití), se cree que la urna con los restos de Colón fue enviada a Cuba. De allí se complican las cosas. Algunos historiadores creen que los restos fueron divididos —unos se quedaron en Santo Domingo y otros fueron llevados a Sevilla en 1899 y allí fueron inhumados.[4]

—Sevilla, Santo Domingo o La Habana—... Ignoramos si los adelantos[5] científicos lograrán descifrar[6] el misterio de quién nos legó[7] la tierra de su descubrimiento... Pero se debiera hacer.

*Una isla en el Mar Caribe que está compuesta por los países de Haití y la República Dominicana.

1. rest   2. grave   3. daughter-in-law   4. buried   5. advances   6. solve   7. bequeathed

---

Quinto centenario del Nuevo Mundo

El Gobierno de San Cristóbal y Nieves ha comenzado a programar las celebraciones del quinto centenario del descubrimiento de América por Cristobal Colón, que será en 1992. Se espera que estas dos islas antillanas que forman un solo Estado, alcancen pronto su independencia de Gran Bretaña. San Cristóbal, oficialmente conocida como St. Christopher, hace alarde de ser el único lugar que Colón bautizó en honor suyo y de su santo patrono. Colombia, la nación, Columbus, la capital de Ohio, Colón una ciudad en el norte de Panamá, y otras ciudades han sido llamadas así en honor al explorador. Con este motivo, el Primer Ministro de San Cristóbal y Nieves, Kennedy Simmonds, ha sido anfitrión[1] de una conferencia en Basseterre y ha visitado varias capitales del Nuevo Mundo, España, El Vaticano e Italia para sugerir que todas las naciones interesadas coordinen sus celebraciones. "Lleva mucho tiempo planificar, financiar y ejecutar un proyecto que valga la pena", dijo el Primer Ministro. "El legado que nos dejó Colón bien lo merece".

1. host

REPÚBLICA DOMINICANA
Barbara Currie Maguire

De todas las islas que Cristóbal Colón visitó en sus viajes por el Caribe, La Española fue la preferida. Se enamoró de ella a primera vista y la impresión que le hizo su belleza la envió a España en su diario.

Los anuncios de viaje sostienen que la República Dominicana es uno de los secretos mejor guardados de las Antillas. Conserva aún la belleza exuberante, panoramas montañosos espectaculares y magníficas playas doradas que fascinaron a Colón.

A. **Cristóbal Colón.** Este famoso hombre juega un papel enorme en la historia de muchos países. Nombre Ud. cinco hechos relacionados con el descubridor. ¿Cómo lo recordamos en los EEUU? ¿Qué celebraciones se asocian con Colón? ¿Cuál es la imagen de Colón que se enseña en las escuelas en los EEUU?

B. **¿Realidad o ilusión?** No es fuera de lo común encontrar un poco de exageración mezclada con los hechos históricos. Dé ejemplos de a exageración con referencia al descubrimiento de América.

C. **El quinto centenario.** De todos los países mencionados en el artículo sobre la celebración, ¿cuál debe ser el centro de las actividades? ¿Por qué? ¿Cómo debe los EEUU conmemorar la ocasión?

D. **El país de Colondia.** En grupos, inventen la historia de un país imaginario llamado «Colondia». ¿Qué papel hizo Colón en la historia de este país? ¿Dónde está el país? ¿Qué tipo de gobierno hay? ¿Cuáles son los productos más importantes del país?

MINIDRAMA

En grupos, representen una escena entre Cristóbal Colón y la Reina Isabel de España. (El Rey Fernando puede estar presente si quieren incluirlo.)

DEBATE

En grupos, representen a los países de Cuba, España y la República Dominicana. Apoyen la teoría que dice que los restos de Colón están en su país. Pueden inventar «hechos históricos».

II. EL ELEMENTO INDIO

ANTES DE LEER...

Relacione Ud. el nombre de los indios en la primera columna con una región geográfica de la segunda columna.

1. arauacos
2. incas
3. mayas
4. taínos
5. aztecas
6. caribes

a. México
b. Perú
c. islas caribeñas
d. sur de México, Honduras y Guatemala

José Ferrer: "El encanto español y la herencia artística india aún florecen[1] bajo el sol de Puerto Rico."

Cuando los españoles abandonaron Puerto Rico después de 400 años, dejaron tras de sí muchos tesoros. Entre ellos, ciudades de bella arquitectura y una rica cultura hispana.

Pero los españoles, en realidad, eran unos recién llegados a esta isla elegida por el sol. Dos mil años antes que ellos, los indios Arcaicos ya pescaban en las azules aguas de Puerto Rico. A estos les sucedieron los Arauacos y más tarde surgieron las civilizaciones Igneri y Taína. Ellos crearon una sociedad artística y productiva.

Hoy día se conserva evidencia de estas civilizaciones indígenas en el Parque Ceremonial de Caguana, en las cercanías[2] del pueblo de Utuado y en el Centro Ceremonial de Tibes, al este de la ciudad de Ponce.

Cuando visite Puerto Rico, se encontrará rodeado tanto de antigüedades como de los lujos más modernos. Para la gente de esta isla crear un futuro pacífico y próspero es tan importante como conservar sus tesoros del pasado.

1. flourish   2. vicinity

*José Ferrer es un famoso actor de origen puertorriqueño de cine y teatro.

EN OTRAS PALABRAS...

Refiriéndose a la lectura anterior, nombre Ud.:

1. dos tesoros que los españoles dejaron en Puerto Rico.
2. dos tribus de indios que vivían en Puerto Rico.
3. dos muestras de la conservación de la herencia india.
4. dos cosas que se encontrarán al ir a Puerto Rico.

CONVERSEMOS

A. **Opiniones.** Conteste Ud. las siguientes preguntas.

1. ¿Cómo se conserva hoy día en los EEUU la rica herencia de las civilizaciones indias norteamericanas?
2. ¿Cuáles son algunos de los «tesoros» de la historia estadounidense?

B. **Nuevas fronteras.** ¿Quedan nuevas tierras por explorar? ¿Cuál va a ser la próxima colonia? ¿Irá Ud. a vivir allí? ¿Le habría gustado estar entre los primeros colonizadores del Nuevo Mundo? ¿Cuáles son algunos de los inventos modernos que hubieran ayudado mucho a los primeros colonizadores?

C. **La historia de mi país.** Vuelva a escribir el artículo anterior, llenando los espacios para que se refiera al estado o a la ciudad de Ud.

El _____ y la _____ aún florecen bajo el sol de _____ _____. Cuando los _____ abandonaron _____, dejaron tras sí muchos tesoros. Entre ellos, _____ y _____. _____ años antes, los indios ya _____. Hoy día se conserva evidencia de estas civilizaciones indígenas en _____. Para la gente de mi (estado, cuidad) de _____, _____ es tan importante como _____.

COMPOSICION

Ud. va a escribir un artículo sobre los viajes a través del tiempo. Incluya lo siguiente.

1. Si Ud. pudiera visitar por unos días una época en el pasado, ¿cuál escogería y por qué?
2. Si Ud. pudiera vivir en cualquier época en el pasado, ¿cuál escogería y por qué?

MINIDRAMA

En grupos, representen un grupo de colonizadores del futuro o del pasado que están intentando coexistir felizmente a pesar de todos los obstáculos inesperados de su nueva civilización.

III. EL ELEMENTO AFRICANO

El elemento negro es de mucha importancia en la formación de algunas culturas hispanoamericanas, sobre todo de la caribeña. En el siglo XVI los africanos fueron traídos a las islas y forzados a trabajar como esclavos. Trajeron con ellos sus lenguas y su cultura, sus religiones y su música, sus instrumentos musicales, sus bailes y sus cantos. Estos se ven reflejados en el siguiente poema escrito por Luis Palés Matos, un puertorriqueño que consiguió recrear la sensualidad y los ritmos africanos. Lea Ud. el poema en voz alta.

CANTO NEGRO

¡Yambambó*, yambambé!*

Repica el congo* solongo*,
repica el negro bien negro:
congo solongo del Songo
baila yambó* sobre un pie.

Mamatomba*
serembe* cuserembá.*

El negro canta y se ajuma,[1]
el negro se ajuma y canta,
el negro canta y se va.

Acuememe* serembó*,
aé,
yambó*,
aé.

Tamba*, tamba, tamba, tamba,
¡tamba del negro que tumba!
tumba del negro, caramba,
caramba, que el negro tumba:
yamba, yambó, yambambé.

---

*Onomatopoetic words.

---

1. gets drunk

CONVERSEMOS

Opiniones. Conteste Ud. las siguientes preguntas.

1. ¿Por qué es importante leer este poema en voz alta? ¿Qué siente Ud. al leerlo? ¿En qué instrumentos musicales piensa Ud. al leer este poema? Señale Ud. todas las palabras que tienen el sonido de estos instrumentos.
2. ¿Por qué cree Ud. que el autor decidió representar estos instrumentos musicales y no los de cuerda, por ejemplo?

NUESTRO ORGULLO

Ser hispano es un orgullo

"Estoy muy orgulloso de ser hispano. Mi familia es de Nuevo México y mi padre nos crió enfatizando nuestra herencia hispana y enseñándonos a ver con orgullo lo que han hecho los hispanos en aquel Estado de la Unión", dijo para El Pregonero el Mayor[1] Sidney Gutiérrez, el segundo hispano seleccionado por la NASA para formar parte del Programa Espacial.

Ser hispano es una ventaja

Dijo el Mayor Gutiérrez que siente mucha admiración por España, ese pequeño país que envió exploradores, colonizadores y misioneros literalmente a todas partes del mundo y en cada lugar mezcló su cultura con la cultura local, haciendo que además de una herencia hispana general, existan facetas que son únicas para cada área específica.

Preguntado si su condición de hispano no ha constituido un obstáculo para avanzar en su carrera, el astronauta afirmó que no.

"Por el contrario, dijo, yo creo que mas bien ha sido una ventaja desde el punto de vista del apoyo que he recibido de mi familia. Creo que algo único y universal, en la cultura hispana, es el fuerte nexo que existe en la familia y, ciertamente, la influencia que mis padres han ejercido sobre mi y el apoyo que he recibido de hermanos, hermanas y demás familiares, me han ayudado mucho para alcanzar mis metas".

"Los hispano-americanos estuvieron entre los primeros colonizadores del nuevo mundo y muchos de ellos llegaron a Norte América mucho antes de que los Estados Unidos se convirtiera en un país independiente", dijo el Presidente en su mensaje.

Reconoció además que en muchas comunidades, a lo largo de todo el país, "los hispanos son un elemento vital para promover los logros norteamericanos en las artes y la educación, la industria y la agricultura, la religión y las empresas, la ciencia y la política, y en todos los demás campos".

"Nancy y yo, dijo el Presidente, estamos muy contentos de sumarnos a nuestros compatriotas para rendir tributo[2] a los logros de los hispano-americanos y les enviamos nuestros mejores deseos de éxito y felicidad".

---

1. Major   2. to pay tribute

Termine Ud. las siguientes frases de tres maneras diferentes, de acuerdo con la información mencionada en el artículo.

1. El mayor Sidney Gutiérrez...
2. Gutiérrez admira a España porque...
3. Reagan reconoce que los hispanoamericanos...

A. **Yo aprendí lo siguiente.**   Termine Ud. las siguientes frases de tres formas originales.

1. Antes de leer sobre los hispanos yo creía que...
2. Ahora yo sé que...

B. **Ud., el (la) orador(a).**   Dé Ud. un breve discurso sobre la cultura de Ud.

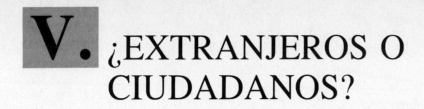

V. ¿EXTRANJEROS O CIUDADANOS?

Como extranjeros en Nuestra patria

Puerto Rico tiene una relación muy única con los EEUU. Es oficialmente un Estado Libre Asociado.

Los puertorriqueños recibieron la ciudadanía de los EEUU en 1917. Desafortunadamente, los puertorriqueños que viven en la isla no gozan de todos los derechos de los demás ciudadanos.

He sabido que uno de los limitados atributos inherentes a la ciudanía norteamericana es el derecho a votar por el Presidente de los Estados Unidos. Cualquier residente en los estados puede recibir asistencia económica, préstamos y becas para cursar[1] estudios, trabajar y expresarse libremente, en fin están en igual posición que los ciudadanos norteamericanos. Lo que distingue a los extranjeros y ciudadanos que conviven en Estados Unidos es precisamente que a los primeros no se les permite votar por el Presidente.

En Puerto Rico la situación es muy distinta. A nosotros tampoco se nos permite votar por el Presidente. Somos como extranjeros en nuestra tierra. Esta injusticia cobra mayor realce[2] porque los puertorriqueños han derramado su sangre[3] y perdido sus vidas en defensa de la nación norteamericana. Para morir en la guerra somos ciudadanos, pero para elegir al funcionario que nos envía al frente de batalla[4] no tenemos participación alguna.

Esto me recuerda cuando en la época de las colonias éstas se revelaron contra Inglaterra, alegando[5] que no podían aceptar la imposición de tributos sin representación.

¿Qué podemos hacer?

En primer término, unirnos al Movimiento Pro Voto Presidencial, cuyas oficinas principales se encuentran en Bayamón,

¡Dejemos de ser extranjeros en nuestra tierra!

1. undertake   2. highlight   3. have spilled their blood   4. battle   5. alleging

EN OTRAS PALABRAS...

¿Verdad o mentira?   Si la frase es falsa, corríjala.

1. Los puertorriqueños son ciudadanos de los EEUU.
2. Todos los residentes de los EEUU pueden votar por el Presidente.
3. Todos los residentes de los EEUU pueden expresarse libremente.
4. Todos los puertorriqueños pueden votar por el Presidente de los EEUU.
5. Los puertorriqueños no tienen que hacer servicio militar en caso de una guerra.
6. El autor de este artículo cree que la situación es justa.

CONVERSEMOS

A. **Opiniones.**   Conteste Ud. las siguientes preguntas.

1. ¿Ha votado Ud. alguna vez? ¿Piensa Ud. votar en todas las elecciones?
2. ¿Por qué es importante para Ud. el derecho a votar?
3. ¿Deben todos los ciudadanos votar? ¿Es un derecho o una responsabilidad? Explique.
4. ¿Puede un solo voto hacer una diferencia? Explique.
5. ¿Cuáles son los derechos que Ud. considera más importantes? ¿Por qué?

B. **Tres opciones para Puerto Rico.**   Desde el punto de vista de un puertorriqueño, ¿cuál de las tres opciones políticas es mejor? Dé tres razones. Desde el punto de vista de los otros ciudadanos de los EEUU, ¿cuál de las opciones políticas es mejor? Explique.

1. independizarse
2. convertirse en estado
3. seguir como Estado Libre Asociado

A. **Tradiciones puertorriqueñas.**
Cada cultura tiene sus tradiciones únicas y sus costumbres especiales. Aquí se ofrecen algunas de las tradiciones y costumbres puertorriqueñas. ¿Cuáles son las costumbres de la cultura de Ud. que corresponden a éstas?

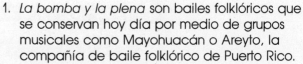

COMPAÑÍA de Baile Folklórico
MAYOHUACAN
AREYTO BOMBA Y PLENA
invitado especial: YOMO TORO
y su COMBO SHOW

1. *La bomba y la plena* son bailes folklóricos que se conservan hoy día por medio de grupos musicales como Mayohuacán o Areyto, la compañía de baile folklórico de Puerto Rico.
2. *Asopao* es un guisado[1] de pollo que se come durante la Navidad.
3. «*Bendición*[2] papá, bendición mamá» es lo que les pide a sus padres un niño puertorriqueño al salir de la casa. Los padres contestan, «Que Dios te bendiga».
4. *El coquí* es un animalito que se parece al sapo[3] y que canta su nombre todas las noches... «co – quí, co – quí». Según la leyenda popular, si deja la isla, deja de cantar.

Ahora, invente Ud. una leyenda relacionada con el águila[4] de los EEUU.

---

1. stew   2. Blessing   3. toad   4. eagle

Tradiciones de Puerto Rico

B. **Ya no estamos en los trópicos.**
Lea Ud. el siguiente artículo.

Escriba Ud. el resto del artículo que comienza así. Describa lo que pasó aquel día, cómo solucionaron todos los problemas y explique la ironía de la primera frase.

Conmemoran 493 Aniversario De Puerto Rico

No fue fácil celebrar el 493 Aniversario del Descubrimiento de Puerto Rico en Boston debido a la tormenta de nieve que se desató[1] en la ciudad el mismo día de la conmemoración.

---

1. broke

LOS HISPANOS EN LOS EEUU: LOS PROBLEMAS Y LAS SOLUCIONES

Para muchos hispanos en los EEUU han surgido[1] problemas relacionados con la lengua, la pérdida de la cultura y los prejuicios.[2] Pero cada problema tiene una solución.

1. have come up   2. prejudices

PARA COMENZAR...

Imagínese que, por razones políticas o económicas, Ud. tiene que salir de los EEUU e ir a vivir en un país extranjero donde no se habla inglés.

1. ¿En qué país viviría? ¿Por qué? ¿Cómo se sentirá Ud. al salir de los EEUU? Explique.
2. ¿Cuáles van a ser los problemas mayores con los que Ud. se va a enfrentar? Arréglelos en orden de importancia y explique sus respuestas. ¿Qué es lo que Ud. puede hacer para hacer más fácil la transición?
   a. los prejuicios
   b. el idioma
   c. la falta de comprensión de la cultura
   d. la comida extraña
   e. la dificultad en conservar su propia cultura
   f. el clima
   g. otro

SIGUE CRECIENDO LA POBLACION

Hispanos Doblarán En El Año 2020

Los hispanos residentes de los EEUU doblarán su número hacia el año 2020, se informó. Hacia el año 2080, los hispanos representarán el 19 por ciento de la población, de acuerdo con una predicción de la Oficina del Censo. Actualmente se estima que la población hispana alcanza el 7 por ciento de la población de los EEUU. Dicen que las primeras proyecciones a largo plazo[1] de las poblaciones de habla española de origen hispano, que serán publicadas el mes entrante, mostrarán un crecimiento de los 17,3 millones de hispanos que hay ahora a 36,5 millones en 2020, y a más de 51 millones en el año 2046.

La población blanca no hispana, por otro lado, alcanzará su máximo nivel en el año 2020 y después decrecerá.

Los hispanos constituyen actualmente el 21,6 por ciento de la población de California. Los estimados del estado muestran que la proporción aumentará al 32,3 por ciento en el año 2020.

---

1. long-term

EN OTRAS PALABRAS...

¿Cuál es el significado de las siguientes cifras?

1. 36,5 millones 2. 19 por ciento
3. 17,3 millones

CONVERSEMOS

Opiniones. Conteste Ud. las siguientes preguntas.

1. ¿Cuántas personas hay en su familia? ¿Cuántos hijos quiere Ud. tener después de casarse? ¿Cuáles son algunas ventajas y algunas desventajas de tener una familia grande?

2. ¿Qué le parece a Ud. la idea de un país bilingüe? Nombre Ud. otros países en que se hablan varios idiomas. ¿Cree Ud. que todos los ciudadanos de los EEUU deben hablar español e inglés? ¿Por qué sí o por qué no? ¿Cuáles son las ventajas de hablar más de un idioma?

3. ¿Qué efectos va a tener el crecimiento de la población hispana en la sociedad estadounidense? ¿Cómo va a influir en:
   a. los negocios?
   b. la educación?
   c. la política?
   d. los medios de comunicación?

4. Dicen que para principios de la década de los noventa, los hispanos van a ser el grupo minoritario más grande de los EEUU. ¿Qué cambios traerá este hecho? Explique.

II. ¡QUE LOS NIÑOS APRENDAN!

ANTES DE LEER...

A ver si Ud. puede adivinar el significado de las palabras subrayadas, según el contexto.

1. Debemos ayudar a los jóvenes a <u>superar</u> dificultades en sus estudios.
   a. find   b. overcome   c. strengthen
2. Hay que supervisar la <u>asistencia</u> a clases y buscar los motivos de las ausencias.
   a. help   b. interest   c. attendance
3. Es necesario ayudar económicamente a las escuelas vocacionales para que éstas puedan <u>contar con</u> todos los medios indispensables para la enseñanza.
   a. count on   b. take into account
   c. tell about

¿POR QUE ABANDONAN LA ESCUELA ALUMNOS HISPANICOS?

Esa es la pregunta que todas las personas sensatas[1] se están planteando en estos momentos, cuando acaba de conocerse un informe de 163 páginas del Proyecto de Desarrollo de Politica Hispana (HPDH) de Washington, D.C.

En el referido informe se llega a una conclusión terrible: "Estudiantes cubanoamericanos y otros hispánicos en todo el pais están desertando de las escuelas a una tasa asombrosa y en proporciones de crisis".

"Esta conclusion es el resultado de más de un año de investigaciones sobre los jóvenes hispánicos en las escuelas secundarias del pais. Fueron escogidas para la encuesta, Miami y otras cuatro zonas de alta concentración hispánica: San Antonio, Los Angeles, Nueva York y Chicago". Asi dice textualmente la información al respecto.

—Los problemas que experimentan muchos estudiantes hispánicos en la escuela secundaria proceden de sus primeros años de escuela elemental. Creemos que son esenciales las reformas en el nivel elemental e inicial de secundaria , dice la Comisión Nacional de Enseñanza Secundaria para Hispánicos.

Una y otra vez hemos venido señalando desde esta columna, sobre la imperiosa necesidad que tenemos los hispanos residentes en EE.UU., de unirnos estrechamente a través de una organización nacional basada en un programa realmente efectivo para la comunidad hispana. Y este es el momento adecuado para ese paso, deponiendo[2] toda ambición personal y uniéndonos a quienes como la Comisión que acaba de terminar y publicar el informe a que nos referimos hoy, buscan fórmulas para impedir un desastre en el futuro.

Esta organización nacional que propugnamos,[3] podria ser un agente muy eficaz para ayudar a resolver el problema de la elevada deserción de alumnos hispanos de la escuela. Bien proporcionándoles trabajos a sus padres; ayudando a los jóvenes a superar dificultades en sus estudios; estableciendo comités que supervisaran la asistencia a clases y que buscaran los motivos de las ausencias; ayudando, económicamente si fuere necesario, a las escuelas vocacionales para que estas pudieran contar con todos los medios indispensables para la enseñanza; interesando más aun a los padres en la escuela; haciendo más factible[4] y continúa la comunicación entre padres, hijos y maestros; haciendo que la comunidad en general tome parte en el plan de aprendizaje para garantizar la calidad de la enseñanza a todos los niveles.

1. wise   2. putting aside   3. propose   4. feasible

EN OTRAS PALABRAS...

Termine Ud. las siguientes frases.

1. Según un estudio reciente, muchos estudiantes hispanos...
2. Algunas ciudades en los EEUU que tienen un gran número de hispanos son...
3. Los problemas que tienen los estudiantes empiezan...
4. Hay que tener...
5. Cinco medidas que se pueden tomar inmediatamente para empezar a resolver el problema son...

CONVERSEMOS

Opiniones.   Conteste Ud. las siguientes preguntas.

1. ¿Qué otros problemas puede tener un niño hispano en la escuela?
2. ¿Qué es lo que las siguientes personas pueden hacer para ayudar a los niños hispanos?
   a. los maestros   b. los alumnos no hispanos
   c. los padres de los niños hispanos
   d. los administradores   e. los consejeros

MINIDRAMA

En grupos, representen la siguiente escena: Ud. es alumno(a) en una escuela en México y no habla español. Las otras personas son otros alumnos, el (la) maestro(a) y el (la) consejero(a).

III. EL MERCADO HISPANO

EL MERCADO HISPANO DE LOS E.U.: ¡El Conjunto[1] Tiene Muchas Partes Individuales!

Detroit, Mi., Hartford, Ct., Colorado Springs, Co., Boston, Ma., Philadelphia, Pa., Washington, D.C. ¿Qué tienen en común estas ciudades? Pues, que están siendo ignoradas por las compañías que promueven sus productos en el Mercado Hispano. ¿Por qué? Porque el Mercado Hispano de los E.U. se entiende que comprende las diez áreas metropolitanas más grandes, que como todo el mundo sabe, comienzan con Los Angeles y terminan con Albuquerque.

Sin embargo, el Estudio del Mercado Hispano (1987), publicado recientemente por la compañía Strategy Research Corp., de Miami, está tratando de acabar con ese mito, entre otros, concerniente al Mercado Hispano. El estudio tajantemente dice: "No importa donde Ud. vaya, el Mercado Hispano está ahí." Por supuesto, los hispanos están concentrados fuertemente en Los Angeles, New York, Miami, San Antonio, San Francisco, Chicago, Houston, Brownsville, El Paso y Albuquerque. De un total de 18,900,000 hispanos, 11,699,700, o el 62%, vive en esas áreas metropolitanas. ¿Pero y qué de los otros 7,200,300? Pues, ellos están vivitos y coleando[2] en todas partes de los E.U., desde Walla Walla, Washington hasta Atlanta, Georgia.

El 91% de los hispanos que viven en el suroeste son de origen mexicano, mientras que el 79.2% de aquellos que viven en el sureste son de origen cubano. En el noreste, los puertorriqueños-americanos componen el 59.2% de la población hispana, y los dominicanos constituyen un 24.2%. En la región de California, 75.3% de los hispanos son descendientes de mexicanos, y 16.8% son de Centro y Suramérica. En la parte central de los E.U., el 63.1% de la población es mexicano-americana, 21.4% son puertorriqueño-americanos y el 11.9% son de Centro y Suramérica.

¿Qué significan todas estas cifras? Significan que una película de video en español pudiera ser un tremendo éxito en California, Texas y Arizona, y un fracaso total en New York y New Jersey. El estudio de la Strategy Research sobre el Mercado Hispano puede que no sea gran ayuda para aquellos productores de videos hispanos que ya conocen esta realidad a través de sus "éxitos" y "fracasos."

¡El Mercado Hispano se extiende a lo largo de toda la nación, pero el conjunto tiene muchas partes individuales!

EN OTRAS PALABRAS...

A. Explique Ud. la frase, «El conjunto tiene muchas partes individuales».

B. ¿En qué partes de los EEUU se encuentra la mayor concentración de...

1. puertorriqueños?
2. mexicano-americanos?
3. cubano-americanos?

CONVERSEMOS

A. **Opiniones.** Conteste Ud. las siguientes preguntas.

1. ¿Por qué puede una película en español ser un fracaso completo en Nueva York y un éxito tremendo en California? Aparte de los diferentes factores culturales entre los diferentes grupos de hispanos, ¿qué otros factores pueden afectar el éxito de un producto?
2. Nombre Ud. algunas películas o programas de televisión en inglés que pueden ser un gran éxito en los EEUU y un fracaso total en Inglaterra o Sudáfrica. ¿Cómo se explica este hecho?
3. ¿Cuáles son algunos productos que pueden ser muy populares en algunos países y no muy populares en otros? Explique.

B. **Algunas diferencias culturales.** ¿Cuáles son algunas diferencias culturales entre los siguientes grupos de personas?

1. un español, un puertorriqueño, un mexicano
2. un estadounidense, un inglés, un australiano

---

1. whole   2. moving about

IV. LOS ABOGADOS BILINGÜES

Cuando Ud. necesita consultar un buen abogado, llame a la oficina de SIMS y SIMS P.C. Ud. necesita a alguien que comprenda su problema y que hable su idioma. La primera consulta es gratis.

Accidente de auto

Accidente de moto, taxi, tren o autobús

Resbalones[1]/caídas

Víctimas de quemaduras[2]

Explosiones/incendios

Daños por asbesto

Heridos en el trabajo

Pleitos contra médicos

Productos defectuosos

Víctimas de asaltos

Víctimas de pintura de plomo[3]

1. Slips   2. burns   3. lead
4. Bienes Raíces = Real Estate

EN OTRAS PALABRAS...

¿A qué abogado acudiría Ud. con los siguientes problemas? Explique sus elecciones.

1. Ya no le gusta su nombre. Quiere que todos la (lo) llamen «Luna» o «Sol».
2. Se cayó sobre el hielo en las escaleras de su escuela y se le rompió la pierna.
3. Su esposo(a) se ha enamorado de otra(o).
4. Ud. compró un coche de segunda mano y descubrió que no tiene motor.
5. Su primo argentino quiere estudiar en la Universidad de Harvard.
6. Su tía es una famosa bailarina rusa y quiere vivir en los EEUU.
7. Ud. fue a ver a un médico porque le dolía la garganta. El le sacó el apéndice.

CONVERSEMOS

A. **Mi problema es éste.**   Ud. busca un abogado por los motivos siguientes. Explíquele los detalles del caso, según el modelo.

> **MODELO**   visa de estudiante
> **Mi sobrino español quiere estudiar en los EEUU.**

1. cierres de bienes raíces
2. caso criminal
3. visa de comerciante
4. testamento
5. herido en el trabajo
6. accidente de auto

B. **Opiniones.**   Conteste Ud. las siguientes preguntas.

1. ¿Cuáles serán los problemas legales más comunes que tienen los hispanos que no hablan inglés? ¿Por qué es importante que los abogados sepan hablar español?
2. Además del idioma, ¿qué otras cosas debe el abogado saber sobre sus clientes hispanos?

C. **Todo pre-grabado.** Ud. acaba de llamar a esta oficina con un grave problema. ¿Cuál es el mensaje pre-grabado que oye? ¿Cuál es el mensaje que Ud. deja? ¿Qué problemas legales tendrá una persona que tiene que llamar a un abogado a medianoche y que no puede esperar hasta que se abra la oficina?

V. LA COMIDA DE MI PATRIA

¿A qué restaurante irían las siguientes personas? Explique sus respuestas.

1. un hombre de Madrid que quiere comer la comida de su país
2. una mujer gorda que está a dieta
3. una pareja que quiere ver mozos talentosos
4. una familia que quiere probar mariscos chilenos
5. una persona que tiene hambre y vive en la Florida
6. una mujer que planea una fiesta en casa

CONVERSEMOS

A. **Opiniones.** Conteste Ud. las siguientes preguntas.

1. ¿Cuáles son algunas de las comidas típicas que se asocian con la cultura de Ud. o de sus abuelos? ¿Se puede conseguir esta comida fácilmente en los EEUU?
2. ¿Hay muchos restaurantes que sirven la comida de su cultura? ¿Sabe Ud. prepararla? Describa el proceso.

B. **Me gusta comer.** Arregle Ud. en orden de su preferencia la comida siguiente y describa en qué consiste. La comida...

1. china
2. francesa
3. italiana
4. estadounidense
5. alemana
6. mexicana
7. española
8. japonesa

ADEMAS

A. **La discriminación**

ES LA LEY

No se le puede negar Vivienda Justa por razones de raza, la colór, religión, sexo, nacionalidad, edad, o estado civil.

Igualdad de oportunidades y la ley garantizan sus derechos a considerar cualquier apartamento o casa anunciado publicamente en cualquier sitio.

¡Que comprenda sus derechos! La ley está por parte de usted.

Póngase en contacto con la
GREATER BOSTON REAL ESTATE BOARD
24 School Street
Boston, Mass. 02108
(617) 523-2910

1. Nombre Ud. las siete razones mencionadas en el anuncio para la discriminación.
2. ¿Cuáles son otras razones para la discriminación que no se mencionan en el anuncio? ¿Han discriminado contra Ud. alguna vez? Cuente la experiencia. ¿Sabe Ud. algo sobre un caso de discriminación?
3. Cite Ud. un ejemplo de la discriminación por razones de:
   a. ser mujer u hombre.
   b. ser viejo o joven.
   c. ser soltero(a) o casado(a).

B. **Prácticas discriminatorias.** En grupos, representen una de las siguientes escenas.

1. Una familia con tres niños quiere alquilar un apartamento. El dueño no lo alquilará a causa de los niños.

2. Un hombre de cincuenta y ocho años es despedido de su trabajo. La compañía emplea a un hombre de veintiocho años.
3. Un hombre con calificaciones medias y una mujer muy capacitada, ambos de treinta años, solicitan el mismo puesto ejecutivo con una compañía multinacional.

C. **El centro hispano.** Lea Ud. el siguiente anuncio y conteste las preguntas.

CENTRAL PLAZA

EL PRIMER CENTRO COMERCIAL HISPANO DEL AREA

1. ¿Qué tiendas habrá aquí?
2. ¿Qué tipo de restaurantes habrá?
3. Además de los locales comerciales, el 10 por ciento del centro será dedicado a oficinas y consultorios. ¿Qué tipo de oficinas van a montar[1] aquí?
4. Describa el negocio que Ud. va a montar aquí. Incluya una descripción de la mercancía que venderá. ¿Es importada de algún país hispano?
5. ¿Son hispanos todos los empleados? ¿De dónde son? ¿y los clientes?
6. ¿Cómo va a publicitar su negocio para atraer al mercado hispano?

_____

1. set up

D. **Es urgente.** Con un(a) compañero(a), representen tres llamadas diferentes a este número. Incluyan el problema y la solución.

EMERGENCIA EN ESPAÑOL

SERVICIO DE 24 HORAS
DE LA
POLICIA DE LA CIUDAD
DE MIAMI

LLAME AL

372-0000

VOCABULARIO

Sustantivos

el **apoyo**	support
el **arco iris**	rainbow
la **asistencia**	attendance
el (la) **ciudadano(a)**	citizen
el **derecho**	right
el **descubrimiento**	discovery
el **encaje**	lace
la **faena**	task
la **franela**	flannel
la **fuente**	fountain; source
el **gaucho**	herdsman of the pampa *(Argentina, Chile, Uruguay)*
el **gobierno**	government
la **herencia**	heritage
la **isla**	island
la **lana**	wool
el **legado**	legacy
la **leyenda**	legend
el **logro**	achievement
la **madera**	wood
el **olor**	smell, odor
la **paja**	straw
el **público**	audience, public
el **rasgo**	trait
el **taller**	workshop
el **tesoro**	treasure
el **valor**	value
el **vaquero**	cowboy

Expresiones

al aire libre	open-air, out of doors
concerniente a	concerning
contar (ue) con	to count on
enhorabuena	congratulations
en voz alta	loudly
estar dispuesto a	to be ready to
hacer alarde de	to boast about
sin embargo	nevertheless
tener que ver con	to have to do with
valer la pena	to be worth the trouble

Verbos

apostar (ue)	to bet
cautivar	to captivate
criar	to raise
enriquecer	to enrich
mezclar	to mix, combine
promover (ue)	to promote
rodear	to surround
señalar	to point out, show
sospechar	to suspect
superar	to overcome
tender (ie)	to have the tendency

Adjetivos

analfabeto	illiterate
bilingüe	bilingual
complejo	complex
dichoso	fortunate
engañoso	deceitful, deceiving
étnico	ethnic
herido	wounded
hondo	deep
indígena	indigenous, native
leve	light
próspero	prosperous
sabio	wise
semejante	similar

A. **Sinónimos.**   Busque Ud. el sinónimo de las palabras siguientes.

1. hondo	a. mostrar
2. mezclar	b. apoyar
3. señalar	c. profundo
4. sabio	d. inteligente
5. leve	e. ligero
6. cautivar	f. combinar
7. promover	g. captar

B. **Antónimos.**   Busque Ud. el antónimo de las palabras siguientes.

1. bilingüe	a. diferente
2. indígena	b. sencillo
3. próspero	c. monolingüe
4. sabio	d. pobre
5. complejo	e. tonto
6. semejante	f. extranjero

C. **En mi opinión.**   Termine Ud. las siguientes frases de una forma original.

1. Yo siempre estoy dispuesto(a) a...
2. Mi padre hace alarde de...
3. No vale la pena... porque...
4. Yo sé que puedo contar con... porque...
5. ... no tiene nada que ver con...
6. Al ver... , Marta gritó... en voz alta.

D. **Formando otras palabras.**   Forme Ud. otra palabra, según los modelos.

VERBO	SUSTANTIVO
1. asistir	**asistencia**
2. resistir	_____
3. existir	_____
4. consistir	_____
5. persistir	_____
6. insistir	_____

VERBO	SUSTANTIVO
1. criar	_crianza_
2. tardar	_____
3. adivinar	_____
4. matar	_____
5. enseñar	_____
6. confiar	_____

A.

¡Buen provecho! Cuando Hernán Cortés llegó a México en el siglo XVI, los indios aztecas ya conocían el rico sabor del chocolate. Aquí se ofrece una receta para el chocolate caliente, la bebida favorita de Moctezuma, el famoso emperador azteca.

2 cuadros de chocolate amargo
½ cucharadita[1] de vainilla
1 cucharadita de canela molida[2]
4 cucharadas de crema
2 tazas[3] de leche
2 yemas[4] de huevo
2 cucharadas de azúcar
4 barras de canela

Cambie Ud. los infinitivos a la forma «Ud.» del imperativo.

En un cazo[5] pequeño (poner) _____ el chocolate, la vainilla, la canela molida y la crema. (Menear)[6] _____ la mezcla sobre fuego bajo hasta que se derrita el chocolate, sin hervir. (Mezclar) _____ bien. (Batir) _____ las yemas y el azúcar. Poco a poco, (agregar) _____ una parte de la mezcla de chocolate a las yemas. (Meter) _____ la mezcla de yemas en el cazo. (Servir) _____ el chocolate caliente inmediatamente con una barrita de canela en cada taza.

B.

¡Para hoy, lotería! Los españoles gastan millones de pesetas semanalmente en billetes de la lotería nacional. El sorteo[7] navideño, que se llama «el gordo» es el más grande — se puede ganar millones de pesetas.

Imprenta ESPEJO – Tel. 323 31 39 – 46011-VALENCIA

LOTERIA NACIONAL

FALLA ACTOR LLORENS
ARTES Y OFICIOS

Interesa 80 pesetas en el número

38.508

Sorteo 21 de diciembre 1985
SORTEO DE NAVIDAD

DEPOSITARIO:
Pagos: Banco Vizcaya
Cardenal Benlloch
Lunes a jueves de 9 a 11

Todo talón roto será nulo.
Caduca a los 3 meses

1. Diga Ud.:
   a. cuánto cuesta el billete.
   b. por cuánto tiempo es válido.

---

1. teaspoon   2. ground cinnamon   3. cups   4. yolks
5. saucepan   6. Stir   7. drawing

POR ULTIMO

   c. adónde se debe ir para presentarlo.
   d. por qué es importante no romperlo.
   e. cuándo se va a anunciar el ganador del «gordo».
2. ¿Qué opina Ud. de la lotería en general? ¿Qué hay en los EEUU que se puede comparar con esta lotería? Explique su función.
3. Si Ud. sacara el «gordo» de la lotería nacional de España, ¿qué haría con el dinero?
4. En grupos, representen un anuncio en la televisión para la lotería de Navidad.

C.

Reyes. Lea Ud. la siguiente caricatura y haga las actividades.

© P.B.O. & M. 1983

— ¿American Express? Mire, les llamo porque esta noche teníamos pensado salir de compras y...

AMERICAN EXPRESS
Es comodidad

1. Sigue una descripción de la tradición navideña hispana, El Día de los Reyes Magos. Llene Ud. cada espacio con la palabra apropiada para que el párrafo tenga sentido.

siguiente	nombres	mundo
enero	debajo de	se llama
niño Jesús	Belén	hicieron
Navidad	zapatos	
hispanos	regalos	

Aunque se están popularizando en los países _____ los _____ de Santa Claus y San Nicolás, en casi todo el _____ hispano, los _____ no se dan el día de _____ sino el 6 de _____. Este día _____ «Reyes», o El Día de los Reyes Magos, y se recuerda la visita que le _____ los tres reyes al _____ al nacer en el pesebre en _____. En España los niños dejan los _____ en el balcón, _____ la cama o en la puerta de su dormitorio la noche del 5, y allí encuentran los regalos al día _____.

2. Termine Ud. la conversación telefónica en este dibujo. ¿Qué más dice el rey y qué le dice la otra persona?
3. Describa Ud.:
   a. las Navidades más memorables.
   b. el regalo más memorable que ha recibido o que ha dado.
   c. su película favorita sobre la Navidad.

D. El encuentro.
En grupos, representen un encuentro entre los Reyes Magos y Santa Claus.

E. Una carta especial.
Termine Ud. esta carta: «Queridos Reyes Magos...»

F. ¿Quiere Ud. cambiar su nombre?
Para un español, el apellido español incluye primero el apellido del padre y luego el nombre de soltera de la madre. Por ejemplo, cuando Isabel Blanco Rivera se casó con Tomás Moreno Guerrero, ella perdió el apellido de su madre (Rivera) y añadió el de su marido. Ahora, ella se llama Isabel Blanco de Moreno. Su hijo se llama José Moreno Blanco.

Buscan el Nombre más Raro de España... y hay Muchos

MADRID, 28 de noviembre (EFE).—Los nombres y apellidos más extraños y las combinaciones más singulares de ambos, salen a la luz en un concurso organizado por una revista madrileña, que concederá a los ganadores tres premios por un valor total de tres mil dólares.

Son los propios dueños de los apellidos quienes se presentan al concurso con el riesgo de que la popularidad les ocasione los consiguientes problemas.

Entre los aspirantes, figuran:

Eduardo Barriga Valiente
Leon Cárcel Celda
Joaquín de Paz Guerra
Luis Conesa Cara
Ramona Ponte Alegre
Agustín Verdura Salada
Manuel Toro Bravo
Pedro Trabajo Cumplido
Marcos Redondo Cuadrado
García García García
José María Conde Poderoso y Rosa Naranja Limón
Invención Verde Feliz
Francisco Enamorado De los Reyes
Iluminado Imedio Barato

1. Escoja Ud. tres de las personas mencionadas en el artículo e intente describirlas, basándose en los nombres.
2. Dé Ud. nombres originales y apropiados para los siguientes profesionales.
   a. un(a) músico
   b. un(a) profesor(a)
   c. un(a) político
   d. otro(a)
3. ¿Qué nombre le daría Ud. a una persona que tiene las siguientes características?
   a. Se avergüenza fácilmente.
   b. Se ríe mucho.
   c. Siempre se olvida de todo.
   d. Es muy despistada.[1]
   e. Es muy crédula.
4. ¿Por qué es importante el nombre de una persona? ¿Qué criterio usaría Ud. al nombrar a un(a) hijo(a) suyo(a)?
5. ¿Cuáles son los motivos por los cuales una persona cambia su nombre? Si Ud. pudiera cambiar su nombre, ¿cuál escogería y por qué?
6. ¿Cuáles son los nombres y apellidos más extraños que Ud. conoce? ¿Sabe de un caso en que el nombre de una persona le ha afectado de una manera negativa? Explique. Si no lo sabe, invente un caso y los efectos que tuvo.

---

1. confused, muddled

De hombres y mujeres

- AMOR
- MUJER
- HOMBRE
- AMISTADES

ENTRE NOSOTROS...

1. Aunque las costumbres del noviazgo en el mundo hispánico van cambiando, especialmente en las grandes ciudades, todavía son diferentes a las costumbres estadounidenses. A partir de los catorce años, los jóvenes hispanos empiezan a salir con frecuencia en grupos para ir al cine o a las fiestas y otras actividades. Generalmente a una señorita no se le permite salir sola de noche con un hombre hasta los dieciocho años.

El concepto norteamericano de «boyfriend» o «girlfriend» no tiene equivalente en español. Cuando «se ponen de novios» eso quiere decir que la relación es íntima y seria y que se casarán en el futuro. El no-viazgo puede durar muchos años porque las parejas tienden a casarse después de terminar los estudios o cuando su situación económica es estable.

En España cuando los novios deciden casarse, el hombre le presenta a la mujer una pulsera generalmente de oro, aunque algunas parejas prefieren intercambiar regalos. Los padres del novio ayudan con los gastos del banquete nupcial, que casi siempre se sirve en un restaurante. Después de casarse se lleva el anillo de casado[1] en la mano derecha y el de compromiso en la izquierda.

Bajo la dictadura franquista (1939–1975), que seguía el dogma de la Iglesia Católica, el matrimonio se consideraba indisoluble. Hoy día, la nueva constitución permite el divorcio civil.

2. Si Ud. anda por las calles de algunos países hispánicos, es probable que escuche a algunos hombres expresando su admiración por las mujeres de una forma muy única... por medio de «piropos». Puede ser una mirada, un gesto o una expresión muy sencilla, como, por ejemplo, «¡Adiós, guapa!» Las mujeres hispanas no reaccionan a estas expresiones. Simplemente fingen una actitud de indiferencia y siguen caminando.

3. La primera presidenta en el hemisferio occidental fue Isabel Perón de la Argentina. Al morirse su esposo Juan Perón en 1974, ocupó la presidencia del país por dos años.

---

1. wedding band

CONTEXTOS CULTURALES

1. Explique el concepto norteamericano de «novio». ¿Cuáles son los beneficios de la costumbre hispana de salir en grupos? ¿Cree Ud. que la mujer también debe presentarle algo al hombre como símbolo de su amor? ¿Qué debe ser? ¿Cree Ud. que todas las personas casadas deben llevar anillos? ¿Por qué sí o por qué no? Se dice que hoy día en este país muchas personas no toman en serio el matrimonio. ¿Qué quiere decir esto? ¿Está Ud. de acuerdo? Explique.

2. Cuando Ud. quiere comentar sobre el aspecto físico de alguien, ¿qué le dice? *Para los hombres:* ¿Cuál es la cosa más bonita que Ud. le ha dicho a una mujer? Si Ud. quiere conocer a una mujer, ¿qué hace Ud.? ¿Produce buenos resultados? *Para las mujeres:* ¿Cuál es la frase más bonita o más original que le ha dicho a Ud. un hombre? ¿Se atreve Ud. a hablarle a un hombre que no conoce? ¿Qué le dice?

3. ¿Quién será la primera presidenta de los EEUU? ¿Cuándo será elegida? ¿Cuáles son algunas características que contribuyen a que las mujeres puedan ser mejores ejecutivas? ¿Hay algunas características que puedan ser obstáculos?

AMOR

Todos buscamos el amor.

Cómo y dónde encontrarlo es el problema. *Revista* comenta sobre el estado de la búsqueda.

PARA COMENZAR...

1. ¿Es necesario tener en su vida el amor romántico para ser feliz? Explique. Cite Ud. algunos ejemplos de personas que viven su vida sin el amor romántico. ¿Qué tienen ellos como sustitutos?
2. ¿Qué busca Ud. en una pareja? Arregle Ud. las cualidades siguientes en orden de su preferencia personal y explique por qué.

   a. atracción física
   b. compasión
   c. dinero
   d. educación
   e. profesión
   f. sentido de humor

   g. sensibilidad artística
   h. honradez
   i. madurez
   j. edad
   k. religión
   l. otra

I. ¿QUE SIGNIFICA SER SOLTERO(A)?

SER SOLTERO(A) SIGNIFICA...

- ...poder comer naranjas o tostadas en la cama con la conciencia tranquila: no está molestando a nadie.
- ...no tener que cerrar la puerta del baño cuando se ducha.
- ...no tener que dar explicaciones a nadie si regresa a casa a deshoras[1] o como le dé su gana...
- ...no tener que dar explicaciones de lo que hace o deja de hacer...
- ...no encontrarse con que alguien se tomó la leche que tenía en el refrigerador, o le acabó el té,[2] el jabón[3] o el papel de baño....
- ...poder dejar amontonados[4] ropa, zapatos, papeles, bolsas, periódicos y cuanto quiera junto a la cama sin que le molesten a nadie.
- ...nunca tener que esperar por nadie para regresar a casa cuando mejor le convenga.[5]
- ...poder quedarse todo el día en la cama o toda la noche despierta leyendo, haciendo solitarios[6] o lo que más le guste.
- ...poder ver tranquilamente la televisión sin que nadie intente cambiarle su programa favorito.

PERO TAMBIEN QUIERE DECIR QUE...

- ...o le conteste el teléfono cuando quiere evitar[7] hablar con cierta
- ...o le llame al médico cuando se siente enferma, o a su oficina para dar excusas cuando va a llegar tarde o no puede ir...
- ...la noche la puede sorprender sin cigarrillos y sin quién se los vaya a
- ...no tiene con quien comentar algo simpático que leyó.
- ...tiene que calentar[8] sus propias sábanas frías.
- ...no tiene excusa para no ir a casa de sus padres en las navidades.
- ...tiene que salir del baño cuando el cartero[9] toca a la puerta.
- ...tiene que quedarse en casa ajena[10] porque olvidó las llaves.
- ...sus fines de semana pueden resultar aburridísimos.
- ...su cafetera[11] siempre se queda medio llena.[12]

1. inconvenient times   2. used up the tea   3. soap
4. piled up   5. is convenient   6. solitaire   7. to avoid
8. to warm up   9. mailman   10. someone else's
11. coffeepot   12. full

Opiniones. Conteste Ud. las siguientes preguntas.

1. ¿Cuáles son las cinco razones más convincentes que mencionan para quedarse soltero(a)? Explique por qué lo (la) convencen a Ud.
2. ¿Cuáles son las cinco razones más convincentes para casarse? ¿Por qué?

3. Cuando Ud. está solo(a), ¿cuáles de las acciones de soltero(a) hace Ud.? ¿Qué otras cosas hace Ud. que quizás le molestarían a otra persona?

DEBATE

En grupos, hagan su propia lista de ventajas o desventajas de ser soltero(a). Intenten convencer a su profesor(a) o a otros estudiantes.

II. ¿DESCONOCIDO O AMIGO INTIMO?

¿CONOCE USTED BIEN A SU MEDIA NARANJA[1]?

Su esposo o su novio es la persona con la que usted comparte todo y usted más que nadie debe saber cómo es realmente su compañero. Le sugerimos que conteste este cuestionario y después lo muestre a su pareja, quien le dirá en qué preguntas acertó. Dése un punto por cada respuesta correcta.

1. ¿Cuál es el color favorito de su compañero?
2. ¿Prefiere bañarse él en la bañera[2] o en la ducha?
3. ¿Qué lugares prefiere para pasar sus vacaciones?
4. ¿En qué lugar nació?
5. ¿Cuánto mide[3] de estatura?
6. ¿Qué tipo de película le gusta ver?
7. ¿Qué cualidad le gusta más en usted?
8. ¿Qué cualidad le gusta menos en usted?
9. ¿Cuál es su plato[4] preferido?

10. ¿Qué posición le gustaría ocupar en su trabajo?
11. ¿Cuál es su programa de televisión favorito?
12. ¿Qué es lo que más lo irrita?
13. ¿Es políticamente conservador o liberal?
14. ¿Quién es su mejor amigo?
15. ¿Qué número de zapato calza?[5]
16. ¿Qué es lo que más teme?
17. ¿Cuánto pesa?[6]
18. ¿Cuál es su pasatiempo favorito?
19. Si quisiera cambiarse por una celebridad, ¿a quién escogería?
20. ¿Cuál es su deporte favorito?

1. other half   2. bathtub   3. does he or she measure   4. dish   5. does he or she wear   6. does he or she weigh

Clave

15 puntos o más: Ud. ha llegado a conocer bien a su pareja.

8–14 puntos: Ud. lo (la) conoce bastante bien pero debe conocerlo(la) mejor.

Menos de 7 puntos: Ud. no lo (la) conoce en absoluto. Trate de saber más acerca de él (ella) antes de que sea tarde.

CONVERSEMOS

Opiniones. Conteste Ud. las siguientes preguntas.

1. ¿Cuántos puntos recibió Ud.? ¿Cree Ud. que este cuestionario es bueno? Explique. ¿Cree Ud. que los resultados son correctos en su caso?
2. ¿Qué otras preguntas deben estar incluidas en este cuestionario?

III. LA INVITACION

Se complacen en invitar a Ud.(s) al matrimonio de sus hijos

Marta y Jeffrey

La ceremonia religiosa se efectuará el Sábado doce de Mayo
de mil novecientos ochenta y cuatro a las diez de la mañana en el
Santuario Nacional del Corazón de María, Ciudad de Panamá.

Los padres de la novia tendrán el placer de recibirles después
de la ceremonia religiosa en el Club de Oficiales de Fuerte Amador.

EN OTRAS PALABRAS...

Según la invitación, ¿dónde y cuándo se celebrará esta boda? ¿Qué harán los invitados después de la ceremonia?

CONVERSEMOS

A. **Los novios.** Marta es panameña y Jeffrey es de California. En grupos, provean la siguiente información referente a los novios. Sean creativos.

1. ¿Cómo y dónde se conocieron?
2. ¿Cuántos años tienen?
3. ¿Dónde van a vivir?
4. ¿Cuál es su trabajo?

B. **Cinco años más tarde.** Imagínese que ya han pasado cinco años. Conteste las preguntas siguientes.

1. ¿Tienen hijos? ¿Cuántos? ¿Qué idioma hablan?
2. ¿Siguen los dos trabajando? Explique.
3. ¿Cuáles han sido sus conflictos mayores durante los cinco años de casados?
4. ¿Cuáles han sido sus mayores placeres?
5. ¿Cuáles son las ventajas de ser una pareja intercultural?

IV. EL COLOR VERDE

PARRAFO 1

1. Algunas veces son signo de amor o admiración;
   demuestran los sentimientos que sentimos por
   una persona.
2. Pienso que es lógico tener celos, pero no de
   una forma exagerada.
3. Los celos son negativos cuando no estamos seguros de nosotros mismos, pues creemos que
   valemos poco.
4. Los celos pueden ser positivos o negativos, según el momento o la razón por la cual se sienten.

PARRAFO 2

1. Los celos en exceso se pueden convertir en una
   obsesión y de ninguna manera pueden ser beneficiosos.
2. Se transforman en dañinos cuando la persona
   piensa demasiado en ellos.
3. Los celos son sentimientos normales que sienten todos los seres humanos y que no son ne-
   cesariamente características de inseguridad ni
   de inmadurez.
4. Prueba de ello es que en algún momento todos
   los sentimos.

Los celos

En el mes de febrero presentamos un tema muy controverti-
do para la sección *LAS LECTORAS OPINAN*. El artículo
trataba sobre los celos —amorosos, profesionales, dentro de
la propia familia— y planteó estas preguntas: ¿Por qué
sentimos celos? En el plano amoroso: ¿son señal de amor o
muestra de inseguridad? Es obvio que el tema tocó un nervio
muy sensible[1] entre nuestras lectoras, pues nos llegaron
cientos de cartas. Computamos las respuestas, analizamos
los porcentajes... y aquí tienes TU veredicto[2] además de
algunas muestras de las distintas opiniones recibidas.

"Creo que todos sentimos celos. Si
alguien me dice que no cela a su
pareja, me parece que está min-
tiendo. Yo sí soy celosa".
J.M. Rodríguez, E.E.U.U.

"Todos tenemos algo de celosos; lo
importante es que sepamos manejar
esos sentimientos. La persona celosa
debe aprender a valorarse ella misma...
Si yo quiero a alguien, no puedo hacerlo sentirse amarrado o culpable".
M.C. Valdivia, Chile

"Yo he sentido celos de mi novio,
mi hermana (cuando obtuvo un
empleo fabuloso, me puse ¡verde!
de la envidia), de mis compañeras de clases... Es un sentimiento
muy destructivo. Me gustaría eli-
minarlo de mi vida.
Claudia Paz, México

"Casi todos comprendemos que los
celos son señal de inseguridad, pero ¡de todas formas los sentimos! Es
que aunque una sea inteligente y
comprenda la realidad, también es
humana y no siempre se pueden
controlar los sentimientos".
Patty G., México

"Creo que los celos pueden ser positivos o dañinos; depende de la situación. A veces son señal de amor, de que queremos a una persona. Pero son negativos cuando los sentimos por inseguridad, porque consideramos que valemos muy poco. Creo que es normal sentir celos, pero no en exceso"
II.C., Colombia

"Si mi novio no me celara, sentiría que no me quiere. Es la verdad. La gente 'muy' madura dirá lo que quiera[3]... pero los celos son la sal y la pimienta[4] de las relaciones. Cuando uno ama de verdad, le molesta que su novio coquetee con otras o que las chicas lo miren. ¡Esa es la realidad!".
Alicia B., Ecuador

"No creo que los celos son señal de inmadurez o inseguridad; me parece que son una parte normal del ser humano. La prueba está en que todos los sentimos. Lo que pasa es que se vuelven dañinos cuando la persona se concentra en ellos y los aumenta. Entonces se convierten en una obsesión y ya sabemos que los excesos son malos".
Clara Gil, Perú

1. sensitive   2. verdict   3. whatever they may like   4. salt and pepper

EN OTRAS PALABRAS...

¿Verdad o mentira?   Si la frase es falsa, corríjala.

1. Alicia cree que si uno ama de verdad, no se sentirá celos del amado.
2. H.C. dice que los celos resultan negativos cuando son muestra auténtica del amor.
3. Según Clara, los celos son dañinos cuando los sentimos en exceso.
4. Patty opina que sólo los más inmaduros son incapaces de controlar sus emociones.

CONVERSEMOS

A. **¿De acuerdo o no?**   Explique por qué.

1. Todos sentimos celos.
2. Si mi novio(a) no sintiera celos, yo sentiría que él (ella) no me quiere.

3. Los celos son dañinos cuando llegan a ser una obsesión.
4. Los celos pueden ser positivos.

B. **La prueba, por favor.**   Dé Ud. ejemplos de las siguientes ideas.

1. Los excesos son malos.
2. No se pueden siempre controlar los sentimientos.
3. Los celos son un sentimiento muy destructivo.

C. **¿Sólo por amor?**   ¿Por qué otros motivos, aparte del amor, puede una persona sentir celos? Arregle sus motivos en orden de importancia.

V. SE HA ACABADO LA LUNA DE MIEL

ANTES DE LEER...

EN EL HOTEL
—Caballero, aquí estará como en su casa.
—Entonces, me voy.
Javier Pérez Zuazaga - Vizcaya.

A. Conteste las siguientes preguntas.

1. ¿Por qué no quiere el hombre quedarse en el hotel?
2. ¿Cree Ud. que este hombre es recién casado? ¿Por qué sí o por qué no? ¿Cómo será su mujer?
3. ¿Qué puede hacer una pareja para que siempre haya romanticismo y amor en su matrimonio?

tips para ser felices

B. Aquí ofrecemos algunas sugerencias para que Ud. y su novio(a) nunca se sientan aburridos.

1. ¿Qué «tips» ya conoce y practica Ud.?
2. ¿Cuáles pueden ser más beneficiosos?
3. ¿Qué otros «tips» pueden ser útiles para siempre ser feliz con su pareja?

- **Vuelvan juntos al lugar donde se conocieron.**
- **Escríbanse noticas de amor.**

- **Ofrézcanse regalos cuando menos los esperan.**
- **Vayan a ver una vieja y sentimental película.**

- **Hagan algo infantil. Visiten un parque de diversiones, patinen[1] juntos, visiten una "casa encantada".**
- **Díganse piropos.**

1. skate

ADEMAS

A. **¿Qué posibilidades hay para... ?**
Lea el siguiente párrafo y conteste las preguntas.

1. ¿Cuáles son los problemas más comunes que encara[1] un matrimonio joven?

2. ¿Qué recomendación específica le ofrecería Ud. a una pareja joven que está pensando casarse?
3. ¿Cree Ud. que consultar a un consejero matrimonial sería beneficioso? Explique.
4. ¿Cuál considera Ud. que sea la edad «apropiada» para casarse? ¿Por qué?

LOS MATRIMONIOS JOVENES

Mucho se ha escrito y hablado sobre cuál es "la mejor edad" para contraer matrimonio. Sin embargo, ¡no hay reglas en este difícil tema! ¿Cuándo es el momento adecuado? Todo depende de la madurez emocional que tenga la pareja, y no de su edad cronológica.

1. faces

B. **La boda... paso a paso.** Con un(a) compañero(a), hagan los papeles de novio y novia y planeen su boda. Complete la siguiente lista de preparativos.

1. Un mes antes...
   a. preparar la lista de los invitados
   b. escoger las invitaciones
   c. planear la luna de miel y hacer las reservaciones
   d. _____
   e. _____
2. Dos semanas antes...
   a. enviar el anuncio de boda a los periódicos

b. solicitar los documentos y la licencia de matrimonio
   c. _____
   d. _____
   e. _____
3. Tres días antes...
   a. preparar el equipaje para la luna de miel
   b. _____
   c. _____
   d. _____
   e. _____
4. La noche anterior...
   a. _____
   b. _____
   c. _____

C. **Parejas.** Ud. es consejero(a) del amor y quiere buscar la pareja perfecta para las siguientes personas. ¿Cómo será la pareja perfecta para...

1. una abogada de derecho internacional?
2. un actor guapísimo?
3. un pastor tímido?
4. una mujer piloto?
5. un obstétrico?

Incluya su profesión y su carácter.

SECCION

MUJER

¿Ha cambiado la mujer en los últimos cincuenta años? *Revista* estudia el asunto.

PARA COMENZAR...

Los siguientes chistes retratan[1] a la mujer de una forma no muy positiva. ¿Cree Ud. que son chistes recientes? ¿Por qué sí o por qué no? ¿Cuál será el origen de estas imágenes de la mujer? Ahora, llene Ud. los espacios de los chistes que corresponden al hombre.

1. portray

EL LLANTO[1] DE LA MUJER
NO ES DE CREER

1. El _____ del hombre es abominable.

SIN BOLSA LLENA
NI RUBIA NI MORENA

2. Sin _____ _____, ni rubio ni moreno.

LA MUJER Y LA SARTEN[2]
EN LA COCINA ESTAN BIEN

3. El hombre y _____, en _____
_____.

1. crying   2. frying pan

I. OPINIONES

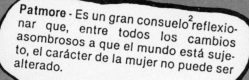

Patmore - Es un gran consuelo[2] reflexionar que, entre todos los cambios asombrosos a que el mundo está sujeto, el carácter de la mujer no puede ser alterado.

Balzac - Todo el mundo en todas partes toma en cuenta el valor de su mujer para formar opinión sobre un hombre.

San Jerónimo - Una mujer se atreve a todo cuando ama u odia.

Frost - A una mujer le lleva[3] veinte años hacer un hombre de su hijo, y otra mujer hace un estúpido de él en veinte minutos.

LO QUE OPINARON DE LA MUJER, HOMBRES ILUSTRES

Michelet - Si queréis arruinaros,[1] casaos con una mujer rica.

De Jouy - Sin mujer el comienzo de nuestra vida es desvalido,[4] el medio de ella sin placer y el final sin consuelo.

Lessing - La naturaleza quiso hacer de la mujer su obra maestra.

Stendhal - La mujer es un delicioso instrumento musical, del cual el amor es el arco[5] y el hombre el artista.

Plauto - Las esposas tienen muchas faltas; de las muchas, ésta es la mayor: se complacen demasiado a sí mismas, y a su marido demasiado poco.

1. to be ruined   2. consolation   3. it takes her   4. dull   5. bow

CONVERSEMOS

A. Superlativos. ¿Cuál de estas opiniones es...

1. la más romántica?
2. la más estereotipada?
3. la más machista?
4. la más exagerada?
5. la más acertada?[1]

Explique sus respuestas.

B. ¿Por qué lo dirían? ¿Es verdad que...

1. como dice Patmore, el carácter de la mujer no puede cambiar? Explique.
2. como dice Frost, una mujer puede hacer un estúpido de su hombre en veinte minutos? ¿Cómo lo hace?
3. como dice Balzac, todos juzgan al hombre por su mujer? Dé Ud. un ejemplo.

C. Conjeturas. ¿Qué opinarán los siguientes hombres de las mujeres?

1. Julio Iglesias
2. John McEnroe
3. George Burns
4. Michael Jackson

¿Qué opinarán las siguientes mujeres de los hombres?

5. Gloria Steinem
6. Sandra Day O'Connor
7. Elizabeth Taylor
8. Julieta

D. ¿Y Ud.? ¿Qué opina Ud. del sexo opuesto? Escriba dos o tres líneas.

1. correct

II. COMO CAZAR[1] AL HOMBRE

¿AMOR?... O ALGO MAS

No basta querer, es necesario comprender, aceptar al ser amado como es, reconocer sus virtudes, levantarle la moral y... "amarrarlo" sin que se dé cuenta

Para atraerlo:

- *Mírelo directamente a los ojos.* Una mujer que mira a los hombres de esta manera y le sostiene la mirada, está diciéndole que le gusta, pero de una forma muy elegante.

- *Converse con él.* A los hombres les siguen gustando las ya conocidas frases como: "¿Este asiento está ocupado?" o "¿No lo comprometo si me siento a su lado?"[2] siempre que vengan de una mujer. Una vez roto el hielo[3] entre ustedes, no vaya a hablarle de usted. Deje que él sea quien le pregunte primero.

- *Hágasele notar.*[4] Invítelo a tomar un helado o a comer unas empanadas[5] hechas por usted. Esta es una forma nada agresiva, pero sí efectiva de atraerlo. Ese viejo dicho de que "el amor entra por la cocina" es muy cierto.

- *Estimule su olfato.*[6] Use un perfume suave, pero muy personal. Mezcle, por ejemplo, un aroma de almizcle[7] con otra fragancia. Y úselo siempre que lo vea para que él siempre la identifique por el mismo agradable olor.

Para amarrarlo:[8]

ESTE SIEMPRE DE SU PARTE

Todas las personas necesitamos de un aliado[9] en nuestros "malos ratos", pero para los hombres, esto es casi imprescindible. Si él discute[10] delante de usted, nunca se ponga de parte del otro, aunque crea que éste tiene la razón.

■

ENTIENDALO Y ACEPTELO COMO ES

Esta es una de las mejores fórmulas para hacérsele muy necesaria. El matrimonio debe ser la unión de una mujer y un hombre que, susceptibles de cometer errores, se aman "por encima y a pesar de todo". Claro que eso no es nada fácil. Pero cuando se logra, se obtienen muy buenos resultados. Solidifica verdaderamente el matrimonio.

■

SUELTELE LAS RIENDAS[11]... APARENTEMENTE

Ellos pueden vivir toda una vida atados a una sola mujer, pero, sin darse cuenta. En cuanto se empiezan a sentir "amarrados", ¡saltan como un resorte![12]

---

1. to hunt   2. at your side   3. Once the ice is broken   4. Make yourself noticed.   5. meat pies   6. sense of smell
7. musk   8. to tie him   9. ally   10. argues   11. Let go of the reins   12. they jump like a spring

---

CONVERSEMOS

Opiniones.   Conteste Ud. las siguientes preguntas.

1. ¿Son éstas buenas ideas de cómo atraer a un hombre?

   Para las mujeres: ¿Cuáles de estas técnicas ha usado Ud.? ¿Cuál ha producido los mejores resultados? ¿Por qué?

   Para los hombres: ¿Han usado estas técnicas algunas de sus amigas? ¿Cuál de éstas le atraería más a Ud.? ¿Por qué?

2. ¿Son éstas buenas sugerencias de cómo «amarrar» a un hombre? ¿Hay algunas aquí que Ud. no recomienda? ¿Por qué?

3. ¿Cuáles son sus técnicas personales de atraer a un hombre o a una mujer?

MINIDRAMA

Con un(a) compañero(a), hagan los papeles de una mujer que quiere atraer a un hombre y del hombre en cuestión. Usen algunas de las técnicas sugeridas en la lectura y otras ideas originales.

III. TRIUNFANTES

LO QUE DICEN LAS TRIUNFADORAS

Las mujeres que han triunfado en este mundo machista lo han logrado con esfuerzo e inteligencia... y con una filosofía muy especial de la vida. Veamos qué dicen algunas:

☆ **Diane von Furstenberg (diseñadora):** *"Yo soy mi propia 'madrina'. Hubo gente importante en mi vida, claro, pero creo que la mejor fuente de fortaleza[1] está dentro de una misma."*

☆ **Barbra Streisand (cantante y actriz):** *"Me encanta ser mujer. Para mí es un reto,[2] y mis propios horizontes no tienen límites."*

☆ **Chris Evert Lloyd (la tenista número uno del mundo):** *"Casarme no me volvió dependiente, sino que me liberó. No estoy de acuerdo con quienes dicen que no es suficiente ser madre y ama de casa. Yo creo que toda mujer tiene derecho a escoger lo que quiere."*

☆ **Erica Jong (escritora):** *"Una ve a muchos hombres inteligentes con mujeres estúpidas, pero rara vez se ve a una mujer inteligente con un hombre estúpido."*

☆ **Dolly Parton (cantante y actriz):** *"El hecho importante es que, aunque dependo de mi marido para que me dé amor, dependo de mí misma para darme fuerzas."*

☆ **Carol Burnett (actriz cómica):** *"Para mí, triunfar significa levantarse, ir al trabajo y ser feliz con lo que una hace. Yo trato de que no me toque el éxito ni el fracaso me altere; hay que conservar un equilibrio dentro de una misma."*

☆ **Katharine Hepburn (actriz):** *"Yo me puse pantalones hace 50 años, cuando pocas mujeres los usaban. He hecho lo que he querido y siempre me he mantenido yo sola".*

---

1. source of strength   2. challenge

CONVERSEMOS

Opiniones. Conteste Ud. las siguientes preguntas.

1. ¿Conoce Ud. a estas mujeres? ¿A cuáles? ¿A cuáles admira Ud. más? ¿Por qué?
2. ¿Está Ud. de acuerdo con algunas de estas filosofías? ¿Con cuáles? Explique.
3. ¿Cuál es su filosofía de la vida?
4. ¿Es más difícil triunfar para la mujer que para el hombre hoy día? ¿Por qué sí o por qué no? Dé Ud. ejemplos.

IV. ¿DONDE ESTAN LOS CABALLEROS?

Mi marido es todo un caballero....Siempre me abre la puerta cuando saco la basura.

CONVERSEMOS

A. **Opiniones.** Conteste Ud. las siguientes preguntas.

1. ¿En qué consiste ser «caballero»? ¿Es importante hoy día que un hombre sea caballero? Explique. ¿Existe todavía el caballero?

2. *Para las mujeres:* ¿Cuáles son tres gestos corteses que Ud. espera que un caballero haga? ¿Por qué?

Para los hombres: ¿Es Ud. caballero? Explique. ¿Cuáles son tres gestos que Ud. siempre hace para una mujer?

B. **Costumbres.** En grupos, explíquenle a la clase el origen de una de las siguientes costumbres. Si no tienen idea, inventen el origen.

1. abrirle la puerta a una mujer
2. encenderle el cigarrillo
3. sentarla a la mujer
4. comprarle flores
5. pagar por ella cuando salen

A. **Los enamorados.** No podemos siempre saber por seguro si estamos enamorados. Aquí se ofrecen algunas muestras. ¿Cuáles son cinco más?

1. No puede recordar su propio nombre.
2. Se encuentra frecuentemente mirando al vacío[1] con una sonrisa de idiota pegada a la cara.
3. Cuando baja a la cocina para preparar el desayuno, se da cuenta de que son las seis de la tarde.

1. staring into space

B. **El amor verdadero.** ¿Y cómo saber si él (ella) siente lo mismo? Aquí se ofrecen unas muestras. ¿Cuáles son cinco más?

1. Cuando Ud. lo (la) llama por teléfono, al reconocer su voz, él (ella) no cuelga.
2. Si Ud. lo (la) ve en la cafetería con otra(o), siempre le dice a Ud. que la persona es su prima(o) de Tucson.

C. **El papel de la mujer está cambiando.** En grupos, formen una lista de los cambios más radicales que ha sufrido la mujer en los últimos veinte años. ¿Son todos cambios positivos? Explique.

D. **La mujer que trabaja.** En grupos, defiendan uno de los siguientes puntos de vista.

1. La mujer que trabaja no puede ser una buena madre.
2. Es importante que la mujer trabaje para ser un buen modelo para sus hijos.
3. Trabajar medio tiempo es la única solución viable para la mujer de hoy.

Igual que la mujer, parece que el hombre está pasando por unos cambios muy interesantes.

PARA COMENZAR...

¿Cuáles son los cambios más notables en la imagen del hombre en esta década? ¿Son cambios positivos o negativos? Explique.

1. *Para los hombres:* ¿En qué sentido es Ud. diferente de su padre o de su abuelo?

2. *Para las mujeres:* ¿Cuáles son las tres cualidades que más busca en un hombre hoy día? ¿Son diferentes de las que buscaba su madre o su abuela? Explique.

¿Cómo serán los papeles del hombre y de la mujer para sus hijos?

I. SOLTEROS

ANTES DE LEER...

Llene Ud. los espacios en la lectura siguiente con la(s) palabra(s) apropiada(s), según el contexto.

cariñoso
del teatro
castaño oscuro
moderna
especializado
las esperanzas
maravillosa

José Antonio Figueroa, de «la isla del Encanto» (Puerto Rico), tiene treinta años y es Virgo (ordenado, perfeccionista, suave, _____, formalito...). Es ingeniero hidráulico _____ en diseño de puentes y profe-

EL SOLTERO DEL MES

José Antonio Figueroa,

sor de química para ingenieros civiles. En resumen: un buen partido.[1]

Pero, además de eso, tiene los ojos verdes, el pelo _____ y una estatura ¡_____! Aficionado a la fotografía y las artes plásticas, amante del cine y _____, adora todo tipo de música pero especialmente la _____. Si quiere comprobar todo esto, puede encontrarlo en las discotecas de San Juan. No prefiere un tipo de mujer en especial (por lo visto, le gustan ¡todas!). Así es que no pierda _____ y ¡no deje que otra mujer le tome la delantera![2]

1. a good catch   2. beat you to it

EN OTRAS PALABRAS...

Busque Ud. en la lectura la siguiente información referente a José Antonio.

1. su empleo o profesión
2. dos datos referentes a su nacimiento
3. tres características de su personalidad
4. cuatro características físicas
5. cinco de sus intereses

CONVERSEMOS

Opiniones. Conteste Ud. las siguientes preguntas.

1. ¿Es este anuncio una buena manera de encontrar amigos? ¿Por qué sí o por qué no?

2. ¿Cuáles son algunos otros métodos de buscar a la pareja ideal?
3. ¿Cómo y dónde ha conocido Ud. a algunos(as) de sus amigos(as)?

COMPOSICION

Ud. es el (la) próximo(a) soltero(a) del mes. Escriba su propio anuncio personal. Incluya todos los datos personales —por ejemplo, sus intereses, talentos y todo lo que Ud. considera importante.

II. ¡TANTA VANIDAD!

Cirugía plástica en hombres

Actualmente el hombre ya no debe basar su mentalidad y su físico en la famosa frase de que «el hombre como el oso,[1] mientras más feo más hermoso». El progreso de la civilización y el continuo competir con la juventud ha hecho que sea importantísimo, desde el punto de vista socio-económico, lucir,[2] sentirse y estar bien.

La cirugía plástica-estética ya no es un campo reservado exclusivamente para las mujeres, sino que es necesaria para los hombres.

Las arrugas[3] de la cara, las fastidiosas[4] bolsas de los párpados[5] inferiores y la molesta y envejecedora papada[6] pueden corregirse fácilmente sin que quede cicatriz[7] muy notable y sin que haya necesidad de alejarse[8] mucho tiempo del trabajo.

El abdomen, que tanto hace perder la figura, también se puede solucionar con la misma rapidez y sin perder tiempo laborable.

La clínica López Brillante es una entidad seria y única en el país que le ofrece todos los servicios. En ella, será atendido por personal altamente calificado.

1. bear   2. to look good
3. wrinkles   4. bothersome
5. eyelids   6. old-looking double chin   7. scar   8. to be away

EN OTRAS PALABRAS...

Empleando los siguientes cognados, resuma el anuncio.

competir   el abdomen
el progreso   notable
la cirugía plástica la clínica
la mentalidad

CONVERSEMOS

A. **Opiniones.**   Conteste Ud. las siguientes preguntas.

1. ¿Deben los hombres preocuparse por su aspecto físico? ¿Por qué? En siglos pasados, los hombres llevaban maquillaje[1] y pelucas.[2] ¿Deben los hombres llevar maquillaje hoy día? Explique.

2. ¿Quiénes son más vanidosos, los hombres o las mujeres? Dé Ud. ejemplos.

3. *Para los hombres:* ¿Se haría Ud. la cirugía plástica? ¿Por qué sí o por qué no?

   Para las mujeres: ¿Saldría Ud. con un hombre que se ha hecho la cirugía plástica? ¿Por qué sí o por qué no?

4. ¿Qué es lo que más le gusta de su aspecto físico? ¿y lo que menos le gusta? ¿Lo cambiaría por medio de la cirugía plástica? ¿Por qué?

5. ¿Cree Ud. que su personalidad cambia cuando cambia su aspecto físico? Explique.

B. **La vejez.**   ¿Por qué quiere nuestra sociedad hacernos pensar a todos que es malo envejecer?[3] ¿En qué culturas son muy respetados los viejos?

MINIDRAMA

Con un(a) compañero(a), hagan los papeles de recién casados[4] que quieren confesar que se habían hecho la cirugía plástica en su juventud para cambiar su aspecto físico.

---

1. makeup   2. wigs   3. to get old   4. newlyweds

III. EL DIVORCIO

recetas para un divorcio seguro

Los norteamericanos, expertos en el asunto de los divorcios, tienen sus teorías sobre cómo conseguir que éstos se produzcan.

ANTES DE LEER...

¿Cuáles son los tres motivos más comunes para el divorcio?

Según un estudio realizado recientemente en los EE.UU., donde existe una larga experiencia en materia de divorcios, hay doce comportamientos masculinos que, casi infaliblemente conducen al divorcio. Así pues, si de lo que se trata es precisamente de lo contrario, lo mejor es tomarse esta serie de «recetas» al revés.

Contar mentiras. La mujer puede perdonar una pequeña mentira sobre lo que su esposo ha perdido apostando en los caballos[1] o sobre lo que le ha costado una potente moto. Pero, por el contrario, no aceptará nunca que le engañen sobre algo relacionado con otra mujer. Una inocente comida de trabajo con una cliente puede desatar[2] los celos de la mujer más calmada. En estos casos y para evitar problemas, lo mejor es comentar la comida al regresar a casa.

Ser desordenado y sucio. Aunque no esté casada con Mister Universo, una mujer desea que su esposo sea limpio y ordenado. No hay nada más desagradable que un hombre sin afeitar, con los zapatos sucios o que lleva la misma camisa durante tres días, con el agravante de que se ha olvidado de que existe la ducha.

Comer ruidosamente. Pese a[3] haber recibido una buena educación hay hombres que, por alguna extraña razón, son unos auténticos desastres a la hora de comer. No comprenden lo molesto que puede llegar a ser el compartir la mesa con alguien que, por ejemplo, come con la boca llena o hace ruidos al masticar.[4]

Burlarse de su figura. Después de que una mujer haga enormes sacrificios para perder unos kilos de más, sin un éxito muy visible, no hay nada más desalentador[5] que decirle que pierde el tiempo. No cuesta nada decir que, después de todo, está mejor algo llenita.[6]

Ignorar su new-look. Nada molesta más a una mujer que, después de haberse pasado horas en la peluquería[7] el marido llegue a casa y no descubra su nuevo peinado.[8] Vale más un comentario, por pequeño que sea,[9] incluso crítico, que ignorar olímpicamente el cambio.

1. betting on horses   2. unleash   3. In spite of   4. chewing
5. discouraging   6. full-figured   7. beauty parlor   8. hairdo
9. as small as it may be

EN OTRAS PALABRAS...

Refiriéndose al artículo, diga por qué las siguientes acciones de parte del hombre pueden resultar en un divorcio.

1. mentir
2. hacer ruido al comer
3. no fijarse bien en un cambio en su mujer
4. no cuidar de su apariencia física
5. reírse de la línea de su mujer

CONVERSEMOS

Opiniones. Conteste las siguientes preguntas.

1. ¿Qué opina Ud. del divorcio? Explique su respuesta.
2. ¿Por qué hay tantos divorcios hoy día?
3. ¿Puede Ud. pasar cincuenta años con una persona que comete los errores mencionados en el artículo? ¿Cuál es el más molesto? ¿Por qué?
4. Nombre Ud. cinco de las cosas más molestas que un(a) esposo(a) puede hacer.

IV. LA MAMA QUE ES TODO UN HOMBRE

ANTES DE LEER...

A. Según el título, ¿de qué tratará el artículo?

LA MAMA QUE ES TODO UN HOMBRE

Padres separados a cargo de sus hijos

Con la enorme cantidad de separaciones y divorcios en el mundo se ha formado una clase de padre que debe hacer también el papel de mamá, al quedar a cargo de los hijos: cambiar pañales, pegar botones, dar afecto, preparar comidas. La mayoría sufren problemas laborales.

Cada vez hay más hombres aprendiendo a trenzar cabellos[1] y a coser botones,[2] en la medida que aumenta la custodia de niños entregada[3] a padres solos. Hombres divorciados que pelean[4] legalmente por quedarse con sus hijos están ganando el 23 por ciento de los casos, según un estudio del Departamento de Salud y Servicios Humanos de Estados Unidos.

En 1983 había cerca de 600 mil divorciados o separados, padres solos que tenían a su cargo a hijos menores de 18 años. La cifra[5] significa un aumento del 180 por ciento desde 1970 y los expertos predicen[6] que la tendencia seguirá.

Para los hombres solos no es un esfuerzo tan terrible tener que cambiar pañales[7] o limpiar narices infantiles. El verdadero problema es cómo equilibrar los deberes de la paternidad con el trabajo.

PAPA-MAMA A LA CRIOLLA

Los casos, hoy ya corrientes en el resto del mundo, del hombre que luego de una ruptura[8] matrimonial debe o quiere hacerse cargo de los hijos, son aún poco frecuentes en nuestro medio machista, donde se sigue considerando que los hijos siempre deben permanecer con la madre. Bajo cualquier circunstancia, incluso cuando ella no cuenta con los ingresos[9] necesarios para sostener el hogar.

Sin embargo, ya empiezan a verse en Colombia los "papá-mamás", tan corrientes en Estados Unidos y en Europa.

El caso del médico inmunólogo y profesor universitario Carlos Palencia es un hermoso ejemplo de cómo el padre separado puede asumir el cuidado de los hijos sin grandes problemas ni para él ni para los niños.

El doctor Palencia decidió hacerse cargo de sus tres hijos, hoy de 9, 14 y 16 años, respectivamente, cuando se hizo evidente,[10] luego de la separación formal, que no era justo que su esposa quedara de por vida con una responsabilidad tan grande (tienen además una niña).

"Pensé que a partir de[11] cierta edad los hijos hombres estarían mejor con el padre, por identidad sexual y que por el ejemplo que la actividad dentro de mi trabajo podía darles", dice el doctor Palencia.

El doctor Palencia cuenta que al comienzo tuvo que afanarse[12] más para organizar su tiempo y permanecer más con los niños.

"Llegué a la conclusión de que debía sacrificar la vida social. Me di cuenta de que era preferible comer con los hijos y no con amigos que no me necesitaban tanto".

Este papá-mamá ejemplar dice que nunca se sintió "mártir" y que por el contrario ha disfrutado enormemente la situación.

Los niños también se han adaptado a la situación y han aprendido a cocinar, lavar y planchar.[13] Hacen el mercado con la plata[14] que él les deja, la cual también han aprendido a manejar.

Todos gozan en la cocina: el padre haciendo langostinos al ajillo,[15] su especialidad, y los hijos preparando el mejor arroz con coco[16] del país, según el doctor Palencia.

El cansancio[17] que pueda sentir al llegar al hogar luego de terminar la faena diaria no ha sido nunca obstáculo para que el entrevistado rehúya[18] la tarea de ayudarle a los niños a corregir los deberes escolares.

"Ser papá-mamá es fácil: sólo es cuestión de ver lo positivo de las cosas". **C**

---

1. braid hair   2. sew buttons   3. given   4. fight
5. number   6. predict   7. diapers   8. break
9. income   10. it became evident   11. after
12. to work   13. to iron   14. money   15. in garlic
16. coconut   17. exhaustion   18. rejects

En cinco frases, resuma Ud. este artículo.

En grupos, representen la escena de una noche típica en casa del papá-mamá del artículo.

Opiniones. Conteste las siguientes preguntas.

1. ¿Quién puede mejor cuidar a los niños, el hombre o la mujer? Explique.
2. ¿Cómo puede el divorcio de los padres afectar a los niños? ¿Qué se puede hacer para ayudar a los niños?
3. En caso de falta de amor entre los padres, ¿es mejor que se queden juntos a causa de los niños? ¿Por qué sí o por qué no?

En grupos, defiendan una de las ideas siguientes o elijan su propio tema. En caso de un divorcio:

1. la mamá debe cuidar de todos los niños porque biológicamente está más preparada.
2. la mamá sólo debe cuidar de las hijas y el papá de los hijos porque cada género necesita su «modelo».
3. el (la) hijo(a) debe tener el derecho de escoger entre los dos padres porque él o ella sabrá mejor que nadie con quién se siente más feliz.

 ¿Como Kojak? Lea Ud. el siguiente anuncio y conteste las preguntas.

1. **Para los hombres:** ¿Va Ud. a ser calvo algún día? ¿Es calvo su padre? ¿Cree Ud. que es hereditario? Si Ud. empezara a perder el pelo, ¿usaría el tratamiento[2] X3? ¿Por qué?
2. **Para las mujeres:** ¿Podría Ud. enamorarse de un hombre calvo? ¿Por qué sí o por qué no? ¿Cree Ud. que es «sexy» ser calvo? Nombre Ud. a algunos calvos famosos. ¿Son guapos algunos de ellos? ¿Cuáles?
3. **Para los dos:** ¿Cree que este producto da buenos resultados? ¿Cuáles son otras soluciones para la calvicie? ¿Qué otros cambios físicos experimentamos al envejecer?

1. baldness   2. treatment

¿LE AMENAZA LA CALVICIE?
LA SOLUCIÓN ESTÁ A SU ALCANCE.

Use el nuevo tratamiento X3 cada noche para conseguir buenos resultados en menos de un mes. Las mujeres tendrán los mismos buenos resultados con X3. Es fácil de aplica. Pruébelo hoy.

"El tratamiento X3 ha salvado mis cabellos."

actor y cantante

B.

El hombre macho... ¿animal extinto? En grupos, hagan una lista de las características del hombre macho. ¿Existe hoy día? ¿Ha cambiado de forma solamente? Explique.

C.

Para parecer más joven. En nuestra sociedad, parece que cuanto más joven se es, más éxito se tiene en muchos sentidos. ¿Cuáles son las ventajas de parecer más joven? Además del campo amoroso, ¿en qué otras áreas tiene ventajas el parecer joven? ¿Hay ventajas en parecer más viejo? ¿Cuáles son?

D.

El doble mensaje. Con un(a) compañero(a), representen la escena siguiente: Un hombre (Una mujer) de unos cuarenta y cinco años solicita un trabajo con una agencia de relaciones públicas. En la entrevista, él (ella) quiere parecer joven y dinámico(a), pero al mismo tiempo quiere mencionar los años de experiencia que tiene en ese campo.

AMISTADES

Revista cree que no sólo

son importantes las rela-

ciones amorosas, sino

también las relaciones

amistosas y familiares.

PARA COMENZAR...

¿Sabe Ud. juzgar a las personas? Si desea comprobar su habilidad para escoger a sus amigos, conteste este sencillo cuestionario.

1. ¿Capta o no los siguientes rasgos[1] cuando conoce a una persona?
   a. voz
   b. ojos
   c. expresión facial
   d. forma de vestir
2. ¿Cree que se puede captar las siguientes características de una persona sin conocerla muy bien?
   a. inteligencia
   b. humor
   c. sinceridad
   d. lealtad

3. ¿Son sus amigos:
   a. muy parecidos a Ud.?
   b. muy variados?
   c. como Ud. por la mayor parte, aunque algunos son diferentes?
4. Cuando Ud. se enamora:
   a. ¿es a menudo y en seguida se le pasa?
   b. ¿es poco a poco y por mucho tiempo?
   c. ¿es algo entre *a* y *b*?

Puntuación

1. a. sí = 3, no = 0
   b. sí = 3, no = 0
   c. sí = 3, no = 0
   d. sí = 3, no = 0
2. a. sí = 3, no = 1
   b. sí = 3, no = 0
   c. sí = 3, no = 0
   d. sí = 3, no = 2
3. a = 5   b = 3   c = 1
4. a = 1   b = 5   c = 3

Resultado

Menos de 10 puntos:

Obviamente Ud. no es buen(a) juez para poder juzgar a la gente.

De 11 a 20 puntos:

Usted posee algunas áreas de perceptividad, pero en otras áreas su criterio sobre la gente es bastante pobre.

Más de 20 puntos:

Usted es un(a) excelente juez, con una real percepción de la naturaleza y personalidad de la gente.

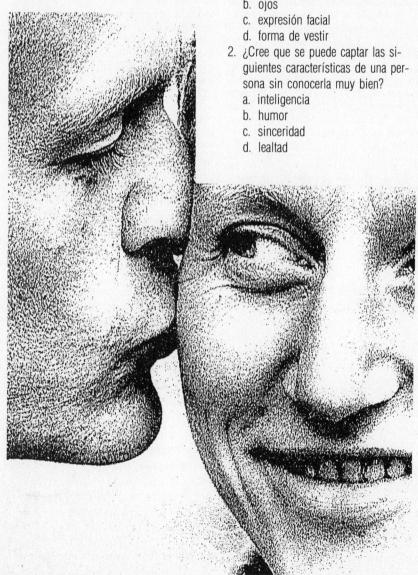

1. traits

I. LOS AGUAFIESTAS[1]

TECNICAS PARA TRIUNFAR EN UNA FIESTA

Salude efusivamente a los anfitriones.[2] No les pase de largo[3] saludando simple y cortésmente. Sea muy cariñosa y converse un rato con ellos, se sentirán obligados a presentarle a todo el mundo.

No se quede junto a la pared. Una vez en el salón, manténgase en el centro, donde el resto de los invitados pueda *tropezar*[4] con usted. La posición, al principio, puede parecerle vulnerable, pero pronto tendrá una red girando[5] a su alrededor.

No hable en tono pesimista. Nunca suene como si estuviera al borde del llanto.[6] La gente va a una fiesta a divertirse, no a escuchar tragedias. Quizás la oigan un minuto, después le huirán como a la peste.

Vaya acompañada. Si las fiestas son tan aterrorizantes, lleve a una amiga (nunca a su mamá). Funcionen en equipo, preséntese, hablen animadamente entre sí, y rían bastante. Todos querrán saber el chiste que se están perdiendo.

¡Relájese! Nadie espanta[7] más que una persona con expresión nerviosa que se muerde desde las uñas hasta las cutículas. Quizás le parezca una exageración, pero existen técnicas de relajamiento que funcionan. Los expertos en Yoga advierten que se respire lenta y rítmicamente. Otra advertencia, evite tomar tranquilizantes; no combinan bien con el alcohol.

Haga algo... No se limite a un papel pasivo: si no canta ni baila, por lo menos pase la bandeja[8] de los aperitivos o presente a quienes no se conocen. Todos verán lo sociable y útil que es y la invitarán ¡siempre!

★★★★★★★★★★★★★★★★★★★★★★★★

---

1. party poopers   2. hosts   3. pass without stopping   4. to trip over   5. network turning   6. on the verge of tears
7. scares   8. tray

EN OTRAS PALABRAS...

Refiriéndose a la lectura, nombre Ud...

1. una manera de relajarse en una fiesta.
2. dos razones para no parecer pesimista en una fiesta.
3. tres cosas positivas que puede hacer para triunfar en una fiesta.
4. cuatro cosas que no debe hacer en una fiesta.

CONVERSEMOS

A. **Opiniones.**   Conteste Ud. las siguientes preguntas.

1. ¿A Ud. le gustan las fiestas? ¿Siempre se siente cómodo(a) o se queda pegado(a)[1] a la pared? ¿Qué consejos le daría a una persona que se siente nerviosa antes de ir a una fiesta?
2. De todas las técnicas de cómo triunfar en una fiesta, ¿cuál es la más efectiva? ¿Por qué?
3. Nombre cinco técnicas originales de cómo fracasar en una fiesta.

B. **El más pesado de todos.**   José Pesado es uno de los aguafiestas más famosos del mundo. Imagínese que Ud. está con él en una fiesta. Describa sus acciones, su forma de ser, su manera de vestir y su conversación.

---

1. glued

II. ¿NECESITA UD. MAS AMISTADES?

Amplie el círculo de sus amistades

Si Ud. pertenece al grupo de las personas sociables, seguramente no se queda en la casa esperando que aparezcan los amigos. Probablemente Ud. hace todo lo posible por hacer que sus amigos sepan que desea compartir su compañía en reuniones sociales, comidas, bailes, etcétera. Pero, para muchas personas el hacer amistades resulta muy difícil. Además, si viven en ciudades grandes, los contactos entre las personas son ocasionales y generalmente nadie tiene mucho tiempo para socializar.

¿Qué hacer? Pues, ¿sabe Ud. que las personas adquieren un aspecto más atractivo e interesante cuando están absortas en una actividad que las motiva mucho? Por supuesto, debe ser una actividad que a Ud. le interese genuinamente, donde emplee su talento e inteligencia. Además, es importante que Ud. establezca asociaciones con aquellas personas que realizan sus mismas actividades, coincidiendo con Ud. en los mismos lugares y a las mismas horas. Digamos, por ejemplo, en su propio trabajo. Tenga presente que Ud. no vive aislado... vive en una sociedad con otras personas. Los contactos sociales alivian[1] la soledad que conduce a la depresión. El saber iniciar y cultivar amistades es considerado por muchos como un arte.

---

1. relieve

USTED Y SUS PADRES: COMO COMENZAR DE NUEVO ¡EN ARMONIA FAMILIAR!

Una vez que pasa la época rebelde de la adolescencia, no tiene por qué continuar la guerra de las generaciones. Convertirnos en amigas de nuestros padres es una señal de madurez y, además, una experiencia maravillosa.

CONVERSEMOS

A. **Mis queridos padres.**   ¿Cuál de las siguientes descripciones caracteriza más la relación entre Ud. y sus padres? Explique.

1. Mis padres siempre están allí si los necesito.
2. Nuestra relación está en un estado de transición.
3. Mis padres me tratan como un(a) niño(a).
4. Entre nosotros existen hostilidad y barreras emocionales.
5. Nos comprendemos perfectamente.
6. Todavía considero a mis padres como «mis protectores».

B. **La armonía familiar.**   ¿Está Ud. de acuerdo con las siguientes frases referentes a la armonía familiar? Explique sus respuestas.

1. Una muestra de madurez es poder tener una amistad genuina con nuestros padres.

2. El contacto frecuente con los padres hace que la amistad sea más difícil.
3. No es normal que nuestros padres nos traten como niños(as) de vez en cuando.
4. El resolver los problemas es la responsabilidad de los padres.
5. Nunca debemos hablar con nuestros padres sobre nuestra vida íntima.
6. Hay que reconocer que nuestros padres son seres humanos, con defectos y virtudes.

C. **Opiniones.**   Conteste Ud. las siguientes preguntas.

1. ¿Cuáles son los mayores conflictos entre Ud. y sus padres? ¿Cuáles son algunas posibles soluciones?
2. Todos hablan de los defectos de los padres y de los errores que cometieron al criarlos. ¿Cuáles son las virtudes de sus padres? ¿Cuáles son algunas de las cosas por las cuales Ud. quisiera agradecer a sus padres?

¿Sabe Ud. expresarse bien? ¿Siempre sabe Ud. decir la cosa más apropiada en el momento más apropiado? En respuesta a las muchas cartas que hemos recibido de nuestros lectores, *Revista* presenta Don Rafael, a sus órdenes.

Experto en la sicología y los modales sociales y dominador del idioma español, don Rafi ayudará a todos con el «qué decir y cuándo decirlo», para quedar bien y dejar una impresión inolvidable. En esta sección don Rafi les enseñará las expresiones más correctas y comunes relacionadas con el trabajo, la diversión, el viaje, el amor y la salud.

CIELITO LINDO

Sí, ya lo sé. El saber qué decir y cuándo decirlo en las siguientes situaciones sentimentales puede resultar muy difícil.

1. Antes de la primera cita y lleno(a) de ilusiones, Ud. puede servirse de estas expresiones útiles.

encontrar su pareja	to find one's match
el príncipe azul	knight in shining armor
hacerse ilusiones	to kid oneself (engage in wishful thinking)
Es muy bien parecido.	He's very good-looking.
Es guapísima (muy mona, muy maja).	She's very pretty (cute).

2. Pero, desafortunadamente, la primera impresión no es siempre la más fiel.

No lo (la) puedo ver.	I can't stand him (her).
Me tiene por un(a)...	He (She) takes me for a . . .
Se da aires (mucho farol).	He (She) puts on airs.
Anda ligando siempre.	He (She) is always playing around.
Es un donjuan.	He's a playboy.

3. Pero, si todo ha salido bien, será necesario saber estas expresiones.

Es un amor.	He (She) is a love.
querido(a)	darling
cielito (cariño)	dearest

Quiero quedarme siempre a tu lado.	I want to be with you always.
mi vida (amor, corazón)	my honey (love, sweetheart)
Te quiero.	I love you.
Te adoro.	I adore you.
Estoy locamente enamorado(a) de ti.	I'm madly in love with you.
Cásate conmigo.	Marry me.

4. Siempre habrá personas que, quizás por envidia, tienen que criticar a la pareja.

Es un(a) sinvergüenza.	He (She) is a good-for-nothing.
Le va a hacer daño.	He's going to hurt her. (She's going to hurt him.)
Lo pone por las nubes.	She praises him to the skies.
Siempre van cogidos de la mano.	They're always holding hands.
Es un flechazo.	It's puppy love (an infatuation).
Se quieren con locura.	They're madly in love.

5. Por otro lado, yo sólo puedo desearle a la pareja mucha felicidad por medio de estas expresiones.

Enhorabuena.	Congratulations.
Mis (Nuestros) mejores deseos para los dos.	My (Our) best wishes to you both.

USTED TIENE LA PALABRA

A. **Su primera cita.** Su hermana mayor sale con un chico por primera vez. Después de algunas semanas, las siguientes personas comentan al nuevo compañero. Dé Ud. un comentario para:

1. el vecino de al lado.
2. su papá.
3. su amigo(a) más íntimo(a).
4. las compañeras de su hermana.
5. su hermanito menor.

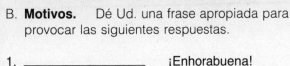

B. **Motivos.** Dé Ud. una frase apropiada para provocar las siguientes respuestas.

1. _____ ¡Enhorabuena!
2. _____ Es un sinvergüenza.
3. _____ Te va a hacer daño.
4. _____ ¿Buscas a tu príncipe azul?
5. _____ Es un donjuan.

C. **¿Otro Shakespeare?** Escriba Ud. una versión original del encuentro de Romeo y Julieta en el jardín (un diálogo de ocho a diez líneas). Luego, escriba un diálogo entre los padres cuando descubren el enlace. Represente los dos diálogos con un(a) compañero(a).

VOCABULARIO

Sustantivos

el (la) **aguafiestas**	party pooper
el **ama** *(f)* **de casa**	housewife
la **amistad**	friendship
los **celos**	jealousy
el **cuidado**	care
el **dicho**	saying
la **envidia**	envy
el **equilibrio**	balance
la **fragancia**	fragrance
la **(in)madurez**	(im)maturity
la **(in)seguridad**	(in)security
la **luna de miel**	honeymoon
el **matrimonio**	matrimony, married couple
la **mirada**	look, glance
la **muestra** (la **señal**)	sign
la **pareja**	couple; partner
la **pesadilla**	nightmare
el **piropo**	flirtatious remark
el **placer**	pleasure
la **prueba**	proof
el **sentimiento**	feeling
la **soledad**	loneliness
el (la) **soltero(a)**	single person

Adjetivos

agradable	pleasing, pleasant
amarrado	tied up (down)
asombroso	astonishing, surprising
calificado	qualified
calvo	bald
cariñoso	affectionate
celoso	jealous
corriente	common
culpable	guilty
infantil	childish
insoportable	unbearable
suave	soft, subtle
único	unique
vanidoso	vain

Verbos

atraer	to attract
atreverse a	to dare
aumentar	to increase
burlarse de	to make fun of
complacer	to please
comprobar (ue)	to prove
coquetear	to flirt
enamorarse de	to fall in love with
encargarse de	to be in charge of
guiar(se)	to guide (oneself)
juzgar	to judge
molestar	to bother
odiar	to hate
opinar	to be of the opinion
permanecer	to remain
soñar (ue)	to dream
valer	to be worth
valorarse	to value oneself
volverse (ue)	to become

Adverbios

actualmente	nowadays
ruidosamente	noisily

Expresiones

al revés	backward
a su cargo	in one's charge
los **buenos ratos**	the good times
en lugar de	instead of
tener derecho a	to have the right to
tener presente	to bear in mind
tomar en cuenta	to take into account

A. **Sinónimos.** Busque Ud. el sinónimo de las palabras siguientes.

1. corriente	a. gustar
2. envidia	b. quedarse
3. guiar	c. media naranja
4. permanecer	d. celos
5. muestra	e. conducir
6. pareja	f. señal
7. complacer	g. común

B. **Antónimos.** Busque Ud. el antónimo de las palabras siguientes.

1. suave	a. odiar
2. fracaso	b. frío
3. infantil	c. inocente
4. amar	d. repeler
5. cariñoso	e. duro
6. culpable	f. maduro
7. atraer	g. éxito

C. **Sentidos.** ¿Qué parte del cuerpo se asocia con:

1. el dicho?	a. los ojos
2. la pesadilla?	b. el corazón
3. el amor?	c. la nariz
4. la mirada?	d. la boca
5. la fragancia?	e. el cerebro

D. **Formando otras palabras.** Forme Ud. otra palabra, según los modelos.

POSITIVO	NEGATIVO
1. madurez	**inmadurez**
2. capacidad	_____
3. habilidad	_____
4. seguridad	_____
5. disposición	_____

POSITIVO	NEGATIVO
1. agradable	**desagradable**
2. igual	_____
3. afortunado	_____
4. equilibrado	_____
5. compuesto	_____

POR ULTIMO

A.
Resolviendo el problema de los celos.
Lea Ud. la caricatura y conteste las preguntas.

—Mi mujer se encarga de contratar[1] el personal femenino.

1. ¿Por qué contrató la mujer a estas dos secretarias? ¿Quiénes tienen más fama de ser celosos, las mujeres o los hombres? Explique.
2. ¿Son los celos un sentimiento universal o cultural? Explique.

B.
Una conversación de amor. Con un(a) compañero(a), terminen el siguiente diálogo romántico y representen la escena delante de la clase.

Suena el teléfono...
EL   ¿Halo?
ELLA   ¿Leíste mi cartita?
EL
ELLA
EL
ELLA
EL

C.
La cita. Llene Ud. los espacios o termine la frase, según sea necesario.

Cuando yo salgo con un(a) chico(a) por primera vez...

1. me gusta _____ porque es romántico.
2. nunca vamos _____ porque...
3. es divertido _____ porque...
4. _____ a la biblioteca porque...
5. _____ porque es aburrido.
6. insisto en _____ porque...
7. a veces _____ porque es fascinante.
8. casi nunca _____ porque es muy caro.

1. to hire

D.

Su personalidad. ¿Cómo lo (la) describirían a Ud. las siguientes personas?

1. su profesor(a)
2. su novio(a)
3. sus padres
4. su hermano(a)

¿Son parecidas las descripciones? ¿Por qué sí o por qué no? ¿Hay algunas descripciones que sean más correctas que otras? ¿Cuáles?

E.

Llevándose bien con la gente. ¿Verdad o mentira? Si la frase es falsa, corríjala.

1. Se puede conocer bien a una persona por medio de la primera impresión.
2. Una persona es tímida porque se cree inferior a los demás.
3. La mejor manera de sentirse feliz es tener muchos amigos.
4. No es normal sentirse nervioso antes de ir a una fiesta.
5. Se puede resolver cualquier problema entre padres e hijos si ambos lo desean.
6. Hoy día muy pocas personas tienen conflictos con sus padres.

F.

Aconséjeme. Escríbale Ud. una carta a la consejera sentimental de un periódico, pidiéndole ayuda para tener más éxito en las fiestas y para conocer a gente nueva. Cambie su carta con un(a) compañero(a), que va a escribirle a Ud. unas recomendaciones.

G.

En la oficina del (de la) terapeuta. En grupos, representen la escena siguiente: Ud. y su familia no pueden resolver sus conflictos. Deciden consultar a un(a) terapeuta. Es el primer día de terapia y todos tratan de explicarle cuál es el problema principal.

A su salud

- DIETA
- RELAJACION
- MEDICOS Y MEDICINA

ENTRE NOSOTROS...

1. Cuando los conquistadores volvieron a España desde América en el siglo XVI, llevaron productos como el maíz, los tomates, las patatas y el chocolate y se introdujeron muchos cambios en la cocina española. España ya era el imperio más poderoso del mundo y su cocina se había popularizado por toda Europa, inclusive en Francia. De hecho, uno de los primeros libros de cocina fue escrito en España en el siglo XIV.

2. Comer en España es una experiencia fantástica. Al español le gusta mucho comer y, en general, consume más calorías que el norteamericano.

Su desayuno es ligero:[1] consiste en café con leche y galletas. A eso de las once, toman un bocadillo, que es pan con carne o queso. A las dos se hace la comida más fuerte del día. El primer plato es sopa o arroz, luego carne o pescado y después algo de fiambres[2] como jamón o chorizo. Siempre hay tres platos. De postre, por lo general, se toma fruta. La cena es a las diez y es más ligera que la comida. Puede ser carne, pescado con legumbres o huevos con patatas. Ya que la cena se sirve muy tarde, los españoles toman el aperitivo a partir de las siete.

3. Tomar «tapas» es una costumbre española que se originó a finales del siglo XIX y que hoy se mantiene con entusiasmo. A eso de las siete o al salir del trabajo, la gente se reúne con amigos para dar un paseo y charlar. Entra en los bares y mientras goza del ambiente informal, toma una bebida y prueba las variadas tapas que hay en los mostradores. Hay tapas que son típicas de cada región de España, pero generalmente son de gambas, albóndigas,[3] croquetas, calamares fritos,[4] etcétera.

4. En España y en algunos países hispanoamericanos, las medicinas se venden mayormente en las farmacias. Para comprar productos como jabón o champú, hay que ir a una perfumería. Muchas de las medicinas que en los EEUU requieren receta (antibióticos, penicilina, etcétera) se pueden comprar sin receta.

Si uno se siente enfermo, es común ir a la farmacia en vez de ir al médico. Los farmacéuticos pueden poner inyecciones y recomendar tratamientos. Las farmacias que se quedan abiertas por la noche y los días festivos se llaman «farmacias de guardia» y sus direcciones y números de teléfono se encuentran en el periódico. En caso de emergencia hay que buscar un «médico de urgencia». Se les debe pagar a los médicos y las ambulancias inmediatamente.

---

1. light   2. cold cuts
3. meatballs   4. fried squid

CONTEXTOS CULTURALES

1. En general, ¿qué sabe Ud. acerca de la comida de la América Latina? ¿Qué sabe acerca de los típicos platos españoles? ¿Qué otras cocinas extranjeras se han hecho populares en los EEUU? ¿Cuál es su preferida y por qué? Si Ud. llevara algunos de los platos típicos de los EEUU a otro planeta, ¿cuáles serían y por qué?

2. Compare el horario de comer de Ud. con el de los españoles. En su opinión, ¿cuál es el más sano? ¿Por qué? ¿Cómo cambiaría su estilo de vida si adoptara el horario español?

3. ¿A Ud. le gusta la costumbre de tomar tapas? ¿Por qué sí o por qué no? ¿Qué aspecto de la manera de vivir de los españoles se refleja en esta costumbre?

En la cultura de Ud., ¿con qué costumbre se puede comparar el tomar tapas?

4. ¿Qué cosas se venden en las farmacias norteamericanas? ¿Cuáles son las funciones de los farmacéuticos norteamericanos? ¿Qué clases de medicinas requieren recetas en los EEUU? ¿Qué hace Ud. en caso de una emergencia médica?

SECCION
DIETA

Parece que hoy día la mayoría de las personas no están contentas con su línea... o se creen demasiado gordas, o demasiado flacas. Aquí se ofrecen algunas soluciones.

PARA COMENZAR...

Sigue una encuesta sobre sus hábitos de comida. Conteste Ud. las siguientes preguntas y dé ejemplos.

1. ¿Come Ud. cuando no tiene hambre?
2. ¿Tiene Ud. la tendencia a picar entre comidas?
3. ¿Come Ud. para escaparse de sus problemas?
4. ¿Es errático e inconstante su horario de comer?
5. ¿Le gusta picar al preparar sus comidas?
6. ¿Come Ud. rápido?
7. ¿Consume Ud. una gran cantidad de dulces?
8. ¿Está Ud. demasiado ocupado(a) para hacer ejercicios?

I. ¿QUE TIPO DE DIETA NECESITA UD.?

ANTES DE LEER...

Imagínese Ud. que su amigo(a) acaba de decirle que está a dieta y que la dieta se llama «la dieta anti-flacas». ¿En qué piensa Ud.? ¿En qué consistirá su dieta? ¿En qué consistirá una dieta que se llama «Microdieta»?

Este es un anuncio.

1. backed   2. team   3. have proved

La dieta anti-flacas

Aunque la moda es para estar delgada y la mayoría de las chicas se cuidan de no engordar, hemos recibido muchas cartas de lectoras que por más que coman,[1] ¡no pasan de la talla[2] 5! Aquí les damos este **supermétodo** para engordar en un dos por tres.[3]

Antes de empezar queremos decirte que para poder llegar a la talla que quieres no es necesario comer por dos, ni llenarte de azúcar, pan o grasas, ya que esto se te convertirá en celulitis (¡ufff...!) y seguramente tendrás problemas con tu cutis.[4]

A continuación te damos unos tips que te serán de gran ayuda:

● Toma toda la leche que quieras. Incluye en tu dieta diaria: quesos, crema y productos lácteos.[5]

● Puedes usar diariamente hasta 6 cucharadas[6] de azúcar.

● Si te gusta el dulce... ¡adelante! Los mejores son los hechos con leche como las natillas,[7] el flan, los helados, etc.

● Es importante que duermas bien, por lo menos 8 horas diarias. El sueño y el descanso te ayudarán a asimilar mejor tus alimentos.

● Por último, no estés nerviosa, generalmente las personas delgadas son muy inquietas... ¡ten calma! Recuerda que los nervios son tu peor enemigo.

1. as much as they may eat   2. size   3. quickly
4. complexion   5. dairy   6. tablespoonfuls   7. custard

EN OTRAS PALABRAS...

¿Verdad o mentira?   Si la frase es falsa, corríjala.

1. Para aumentar de peso es recomendable tener calma y dormir bien.
2. Con la Microdieta uno consume la mitad de las calorías de una dieta convencional.
3. Para perder peso es necesario comer grandes cantidades de productos lácteos.
4. Con la Microdieta uno pierde peso rápido pero le falta la energía.
5. En general, la persona delgada tiene un carácter calmado.
6. La Microdieta se ha hecho muy popular entre los norteamericanos.

CONVERSEMOS

A. **Opiniones.**   Conteste Ud. las siguientes preguntas.

1. ¿Cuál es el mejor método de controlar el peso? ¿Cuál es el peor? ¿Qué opina Ud. de las fórmulas líquidas como forma de adelgazar? ¿y de las píldoras?
2. ¿Está Ud. de buena salud? ¿En qué consiste estar de buena salud? ¿Cómo puede una persona mantenerse en buenas condiciones? Describa Ud. una dieta equilibrada.

3. Ud. desea bajar de peso, pero sin tener que seguir una dieta estricta. ¿Qué comidas va a eliminar? ¿Qué cosa va a ser la más difícil de eliminar? ¿Por qué?

B. **Hay una dieta para todos.**   Describa Ud. la dieta ideal para:

1. una modelo profesional   2. un futbolista
3. Ud.

C. **¿Y qué comió Ud.?**   Escriba Ud. una lista de todos los alimentos que comió ayer. Compare su lista con las de los otros estudiantes de la clase. ¿Es lo que Ud. come normalmente en un día? Un(a) compañero(a) va a analizar su dieta y hacerle recomendaciones.

MINIDRAMA

En grupos, representen una de las siguientes escenas.

1. El (La) director(a) de un instituto de salud les aconseja a sus clientes sobre cómo comer bien y mantenerse en forma.
2. En el programa de televisión «Salud y Nutrición», el (la) anfitrión (anfitriona) entrevista a varios «expertos» sobre las dietas más populares de hoy.

CÓMO DEJAR DE PICAR

La peor hora para mucha gente que trabaja y hace dieta es el tiempo entre la llegada a la casa y la hora de comer... Pero hay trucos[1] que la ayudarán a no caer en la tentación.

1 Lávese los dientes. Al sentir la frescura en la boca, le será mucho más fácil mantenerla así.

2 Ponga la comida a hacer y empéñese de inmediato[2] en ejercicios. Corra, estírese[3], salte la cuerda[4], pedalee una bicicleta estacionaria. El ejercicio, contrariamente a lo que se cree, hace perder el apetito.

3 Cambie su rutina de "¡al fin en casa!" Haga algo que mantenga ocupada su mente durante aquel tiempo que antes dedicaba a desplomarse[5] en un sillón, bolsa de papitas[6] en mano. Por ejemplo, revise la correspondencia, dése un baño, vea las noticias en la televisión.

4 Sustituya su "comidachuchería[7]" por "lecturachuchería", esas novelitas superfáciles de leer que uno no puede abandonar hasta que no las acaba.

1. tricks   2. begin immediately   3. stretch   4. jump rope   5. collapse   6. bag of potato chips   7. junk food

EN OTRAS PALABRAS...

Usando las siguientes palabras, escriba Ud. un resumen del artículo.

tentación	ejercicios	apetito	televisión
dientes	correr	rutina	novelitas

CONVERSEMOS

A. **¿Qué suele Ud. comer... ?**   Descríbale a la clase qué come Ud. en las siguientes situaciones y por qué.

1. al estudiar para un examen
2. cuando se reúne con sus amigos
3. después de hacer algún ejercicio físico
4. al despertarse de noche
5. cuando sale con su novio(a)

B. **Opiniones.**   Conteste Ud. las siguientes preguntas.

1. ¿Siempre pica Ud. entre comidas? ¿Cuál es «la peor hora» para Ud.? ¿Por qué? ¿Qué hace para resistir la tentación de comer?
2. Se dice que los estadounidenses tienden a picar más que otras gentes. ¿Por qué será? ¿Está Ud. de acuerdo? Explique.

C. **Trucos.**   Las siguientes personas tratan de dejar de picar pero no tienen éxito con las técnicas convencionales. Recomiende Ud. una técnica «original» que corresponda a cada persona.

1. su mejor amigo(a)   3. su abuelo(a)
2. su novio(a)   4. otra

MINIDRAMA

En grupos, representen la siguiente escena: A su novio(a) no le gusta que Ud. pique entre comidas. Ud. inventa mil maneras para esconder su hábito.

III. ¿TIENE HAMBRE?

ANTES DE LEER...

¿En qué consiste la comida china? ¿A Ud. le gusta? ¿Por qué sí o por qué no? ¿Cuál es su plato chino favorito? ¿Cómo se siente después de comer una comida china? ¿y una hora más tarde?

¿Da hambre la comida china?

No es que a uno le dé hambre más pronto, sino que se siente «vacío» con más facilidad. ¿Por qué? Como la comida china es rica en fibras que crean un bolo estomacal,[1] y además se fríe[2] en aceite que se adhiere a las paredes del estómago, hace que éste se distienda y que usted se sienta lleno. Como el estómago se vacía después de un tiempo prudencial, el vacío se siente aún más,[3] en contraste con la llenura[4] que se había sentido antes.

---

1. a ball in the stomach   2. it is fried
3. even more   4. fullness

EN OTRAS PALABRAS...

Refiriéndose a la lectura, diga Ud. por qué:

1. la comida china es buena para la salud.
2. uno se siente lleno después de comer una comida china.
3. se cree que da hambre la comida china.

CONVERSEMOS

Opiniones.   Conteste Ud. las siguientes preguntas.

1. En los EEUU la comida china se ha hecho muy popular. ¿Por qué será?
2. ¿Cree Ud. que la comida china es buena para la salud? ¿Por qué sí o por qué no? ¿Le afectan a Ud. de una manera negativa algunas comidas? ¿De una manera positiva? Explique.

COMPOSICION

1. Ud. no está de acuerdo con la información que se presenta en el artículo. Escriba otro artículo en el cual Ud. ofrece su propia explicación.
2. Escriba Ud. un breve artículo sobre algún aspecto interesante de otro tipo de comida.

MINIDRAMA

En grupos, representen una de las siguientes escenas:

1. En un restaurante chino un(a) cliente insiste en que le devuelvan su dinero porque se siente «vacío(a)» después de comer.
2. Los dueños del restaurante nuevo «La estrella china» quieren lanzarlo con una campaña publicitaria. Se reúnen para planear la campaña y deciden basarla en la información que se presenta en el artículo.

IV. EL TOQUE MAESTRO[1]

Hicieron una tortilla con cinco mil huevos

ABBEVILLE, Estados Unidos, Agosto 12 (UPI).—

Una tortilla de 5.000 huevos no fue bastante para el cocinero Paul Prudhomme de Luisiana, así que agregó el toque maestro: varios galones de salsa Tabasco. Cinco cocineros franceses lo ayudaron a preparar la tortilla enorme, añadiendo 420 cebollas, 75 pimientos verdes, 26 kilos de mantequilla,[2] cuatro galones de escalonias[3] y dos de perejil.[4]

1. finishing touch 2. butter
3. scallions 4. parsley

CONVERSEMOS

A. **Otra comida para la historia.** Llene Ud. los espacios con sus propias palabras para crear un artículo nuevo.

Hicieron _____ con _____

_____, Estados Unidos, agosto 12 (UPI).—

Un(a) _____ no fue bastante para el (la) cocinero(a) _____ de _____, así que agregó el toque maestro: varios galones de _____. _____ cocineros(as) _____ lo (la) ayudaron a preparar el (la) _____, añadiendo 420 _____, 75 _____, 26 _____ y _____.

B. **Opiniones.** Conteste Ud. las siguientes preguntas.

1. Seguramente la tortilla del cocinero Prudhomme podría figurar entre los sucesos increíbles mencionados en el libro de Guinness. ¿Conoce Ud. otra historia semejante? ¿Qué plato estupendo produciría su ciudad o pueblo? Explique.

2. ¿A Ud. le gusta cocinar? ¿Por qué sí o por qué no? ¿Cuál es su receta favorita?

COMPOSICION

Ud. es el (la) periodista que escribió el artículo sobre la tortilla. Sus lectores quieren saber más. Escriba otro artículo en el cual incluye:

1. la razón por la cual hicieron la tortilla.
2. quiénes la comieron.
3. qué personas famosas asistieron a esta celebración.

MINIDRAMA

En grupos, representen una de las siguientes escenas:

1. Ud. hace una entrevista «en vivo» con el cocinero Prudhomme para un programa de televisión.
2. Un famoso cocinero de Tejas acaba de hacer una enorme olla[1] de chile con carne. Ud. le pide información para un artículo que está escribiendo para el periódico.

1. pot

V. UNA FRUTA VERSATIL

ANTES DE LEER...

¿Qué es un limón? ¿Para qué sirve? ¿A Ud. le gusta el limón? ¿Cuáles son algunos usos del limón no relacionados con la comida?

1. ally   2. rubbing alcohol
3. gums   4. peel   5. tartar
6. enamel   7. blood vessels
8. scurvy   9. hiccups   10. gargle
11. burns

Por Graziella González

M EL LIMON

Muchas personas usan el limón, pero si conocieran la inmensa variedad de sus aplicaciones lo harían su principal aliado[1] en el hogar. Como antiséptico, sustituye al alcohol de fricciones[2] y al agua oxigenada. Su jugo es ideal como dentífrico y como bactericida para las encías.[3] Y si la cáscara[4] se mastica despacio, ayuda a remover la placa y el sarro,[5] pero no debe abusarse de esto porque dañaría el esmalte[6] de las piezas. Además de vitamina C y ácido cítrico, contiene calcio, potasio y un buen número de otros factores, que benefician la elasticidad de los capilares.[7] Su mayor prestigio lo ha ganado combatiendo el escorbuto,[8] enfermedad de las encías producida por extrema deficiencia de vitamina C. Su jugo es un diurético y un sudorífico extraordinario, lo que le ha ganado una buena fama contra el reumatismo, los catarros, la gripe y el ácido úrico. Se usa como sustituto de la quinina en la malaria, en los ataques agudos de hipo,[9] como gárgaras[10] (con agua tibia) para la laringitis, en las quemaduras[11] de sol y una gota de su jugo en una onza de agua tibia alivia la irritación de los ojos.

EN OTRAS PALABRAS...

Refiriéndose a la lectura, explique Ud. la relación entre el limón y las siguientes partes del cuerpo humano.

1. los dientes
2. las encías
3. la garganta
4. los ojos

CONVERSEMOS

A. **Opiniones.**   Conteste Ud. las siguientes preguntas.

1. ¿Qué otros usos hay para el jugo y la cáscara del limón que no están incluidos en el artículo? ¿Cuáles son algunas otras frutas y legumbres que se pueden usar fuera de la cocina? ¿Para qué se usan? ¿Qué producto es su «principal aliado»?
2. El doctor le dice a Ud. que para curarse necesita tomar limones a diario y en grandes cantidades. ¿En qué formas va a tomar esta fruta?

3. Hoy día muchas personas prefieren los alimentos y los productos «naturales». Explique Ud. la diferencia entre un alimento natural y un alimento procesado. ¿Cuál prefiere Ud. y por qué?

B. **Los alimentos... hay buenos y malos.**
¿Cuáles son algunos alimentos que...

1. garantizan la buena salud?
2. hacen que la gente sea más susceptible al cáncer?
3. causan problemas dentales?
4. ayudan a controlar el peso?

Explique Ud. sus respuestas.

COMPOSICION

1. Escriba Ud. un breve artículo sobre el valor nutritivo o curativo de otro producto o alimento.
2. El título de su próximo artículo es «El azúcar». Escriba Ud. un breve artículo sobre este alimento.

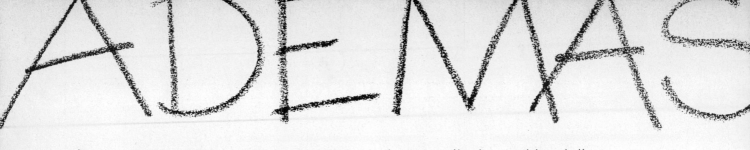

A. Sano y salvo.

Aquí se ofrecen algunos métodos sanos y recomendables que pueden ayudarlo(la) a bajar de peso sin mucho esfuerzo. ¿Cuáles prefiere Ud.? Explique. ¿Qué otros métodos hay?

1. comer sólo dos comidas al día
2. reducir el consumo de calorías a la mitad
3. consumir la mayoría de las calorías por la mañana
4. beber jugo de toronja[1] o comer media toronja antes de cada comida

1. grapefruit

B. Tengo mis propias ideas.

Ud. tiene unas teorías únicas referentes a la buena salud y a cómo mantenerla. Exprésele a un(a) compañero(a) las siguientes ideas y defiéndalas. Su compañero(a) va a expresar su desacuerdo.

1. Comer chocolate y papas fritas es muy sano y son elementos importantes en muchas dietas.
2. El ejercicio físico no es necesario para los mayores de quince años. Puede ser dañino.
3. La comida más importante del día es la cena.

C. Uno es lo que come.

¿Qué significa esta expresión? Describa Ud. su propio carácter. ¿Qué es lo que le gusta comer más que nada? ¿Cómo caracteriza Ud. a las personas que comen lo siguiente?

1. el chocolate
2. el biftec
3. el caviar
4. los perros calientes
5. la ensalada
6. el helado

D. El aperitivo al estilo español.

Lea Ud. el siguiente artículo y conteste las preguntas.

Tapas: Nueva Moda En Boston

«Tapas» provocativas, la nueva moda en Boston. Pueden ser camarones asados con ajo,[1] o pedazos de chorizo,[2] o pimientos. Lo importante es que sean creativas. Es una manera de reemplazar al aburrido queso que se sirve siempre como aperitivo, o a las papitas fritas.

En España se sirve antes de las comidas con vino para engañar[3] el apetito hasta la hora de comer.

Históricamente las tapas nacieron en las tabernas españolas. Se ponían pedazos de pan para cubrir las botellas abiertas de aceite de oliva[4] o de vino para evitar que se entraran las moscas.[5] Más tarde se les ponía encima del pan un pedazo de pimiento o frutas del mar, queso u olivas. Más tarde los taberneros comenzaron a ofrecer a los clientes platos de tapas para acompañar al vino.

1. En sus propias palabras explique lo que son las tapas.
2. En su casa, ¿se toma el aperitivo? ¿Por qué sí o por qué no? En su opinión, ¿cuál sería un aperitivo «aburrido»? ¿y un aperitivo creativo?
3. Use la imaginación y crea Ud. una historia que explique cómo se originó la costumbre de tomar el aperitivo en nuestra cultura.

1. garlic   2. sausage   3. deceive   4. olive oil   5. flies

SECCION

RELAJACION

¿Cómo aliviar la tensión

diaria? Siguen algunas

soluciones posibles.

PARA COMENZAR...

¿Está Ud. demasiado tenso(a)? ¿Cómo se define la palabra «tensión»? ¿Cómo reacciona Ud. física y emocionalmente cuando está tenso(a)? Aquí se ofrecen algunos efectos típicos producidos por la tensión. ¿Cuáles son algunos otros efectos?

1. Se irrita fácilmente.
2. Sufre de dolores de cabeza o de estómago.
3. Se queja con frecuencia de cosas muy triviales.
4. Tiene dificultades en dormirse por la noche.
5. Se come las uñas.

I. ¿ADICTOS A LA TENSION?

El siguiente grupo de frases forma el segundo párrafo de la lectura. Arregle Ud. las frases en el orden apropiado para que tenga sentido.

1. También las mujeres tienen la tendencia a darle una alta prioridad a todo.
2. «Necesitamos cierto grado de tensión para sentirnos bien. Es la fuente de nuestros retos[3] y triunfos», asegura el doctor Robert S. Brown, profesor de siquiatría de la Universidad de Virginia.
3. Tienen las mismas tensiones profesionales que ellos, más aquéllas dictadas por su papel tradicional.
4. Las mujeres corren mayor riesgo que los hombres.
5. El problema es conocer la diferencia entre la cantidad de tensión beneficiosa que nos insta[4] a funcionar a nuestra capacidad máxima y el exceso de tensión que es dañina para la salud física y mental.

EL FACTOR MENTAL

Hay personas adictas a las substancias

químicas que sus cuerpos producen

cuando se sienten tensos y nerviosos...

¿Cómo es posible? La mayoría de nuestras reacciones ante la tensión son controladas por el hipotálamo[1], la parte del cerebro que controla las emociones, el apetito, la sed y ayuda a regular las hormonas. Cuando hay tensión, el hipotálamo le ordena al cuerpo a que desate[2] una variedad de substancias químicas, incluyendo la adrenalina. Con esa dosis de adrenalina recorriendo el organismo, el pulso se acelera, el nivel de azúcar en la sangre se eleva, poniéndonos en un estado de excitación fisiológica general, parecido al efecto estimulante de la cafeína o la nicotina, o los efectos del alcohol.

---

1. hypothalamus   2. unleash   3. challenges   4. causes

Las siguientes palabras cognadas aparecen en la lectura. Empléelas para resumir el artículo.

hipotálamo	substancias químicas	diferencia
controlar	pulso	máxima
emociones	excitación fisiológica	exceso
tensión	cafeína	tradicional

CONVERSEMOS

Opiniones. Conteste Ud. las siguientes preguntas.

1. Cuando Ud. se pone nervioso(a), ¿siente los «síntomas» que se mencionan en el artículo? ¿Cree Ud. que es adicto(a) a la tensión? ¿Por qué sí o por qué no?
2. Describa los síntomas externos de la persona más nerviosa que Ud. conoce. Describa su estado de ánimo general. ¿Qué recomendaría que hiciera esta persona para relajarse?
3. Según el artículo, las mujeres tienen las mismas tensiones profesionales que los hombres. Hay otros que dicen que los hombres y las mujeres

reportan diferentes causas de tensión en sus trabajos. ¿Qué opina Ud.? Aparte del trabajo, ¿cuáles serán otras causas de tensión para los hombres y las mujeres? En general, ¿quiénes suelen ser más tensos, los hombres o las mujeres? Explique.

MINIDRAMA

En grupos, representen a unas personas que se sienten exageradamente nerviosas y tensas en las siguientes situaciones.

1. hablando en público
2. haciendo una entrevista importante
3. saliendo con alguien por primera vez
4. viajando en avión por primera vez
5. compitiendo en algún deporte o actividad escolar
6. explicándole al (a la) profesor(a) por qué no está preparado(a) para la clase

DEBATE

Defiendan o refuten el siguiente punto de vista: Las técnicas para relajarse son un sustituto para la medicina.

II. TERAPIA MUSICAL

ANTES DE LEER...

Use Ud. las siguientes palabras cognadas para adivinar el tema del artículo.

terapia
problema
rápido
tranquilidad
forma
aliviar
favorable
tensiones
violín
reacción

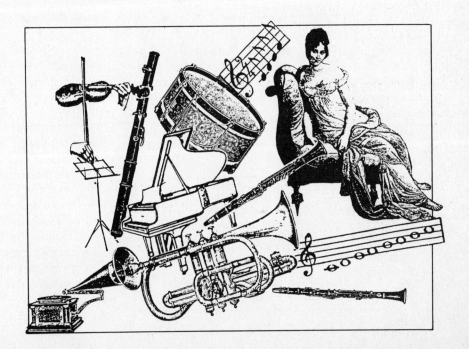

MUSICA: UNA CONEXION EMOCIONAL

Terapia musical: un disipador[1] de problemas rápido, barato y sumamente agradable. Disfrutar de una buena música en la tranquilidad de su hogar es una de las mejores formas de aliviar las tensiones y entrar en un exquisito *relax*. Esta terapia se usa en siquiatría para producir cambios favorables en la siquis[2] y en el estado de ánimo de las personas. Que la música nos relaje y estimule a la vez, responde a motivaciones exclusivamente personales. La música nos evoca nuestras experiencias emocionales por las características atribuidas a los sonidos. Por eso el triste gemido[3] de un violín nos puede entristecer y la alegre música de una flauta alegrarnos. Esta influencia de la música es muy usada en el teatro y en el cine para provocar diferentes reacciones entre los espectadores. Se dice que nuestra conexión emocional con la música se origina en la etapa intrauterina, no sólo por los latidos[4] internos de la madre.

1. dissipator 2. psyche 3. groan 4. heartbeats

EN OTRAS PALABRAS...

Refiriéndose a la lectura, termine Ud. las frases de una forma lógica.

1. Escuchar música en casa...
2. Los siquiatras...
3. La manera en que una persona responde...
4. En el teatro...
5. La conexión emocional...

CONVERSEMOS

A. **Terapia de visualización.** Cierre Ud. los ojos. Tranquilícese. Respire lentamente. Imagínese que está en un lugar muy tranquilo y que se siente completamente cómodo(a) y relajado(a). Describa este lugar. ¿Está solo(a)? ¿Qué está haciendo? ¿Qué está escuchando, oliendo, etcétera?

B. **Opiniones.** Conteste Ud. las siguientes preguntas.

1. ¿Qué tipo de música lo (la) relaja a Ud.? ¿Qué tipo de música lo (la) estimula? Explique.
2. ¿Qué canción o pieza musical escucha Ud. cuando se siente:
   a. feliz?
   b. triste?
   c. deprimido(a)?
   d. nervioso(a)?
   e. romántico(a)?

Explique sus respuestas.

MINIDRAMA

En grupos, representen la siguiente escena: Todos los miembros de una familia tienen reacciones muy distintas cuando prueban la «terapia musical».

Vence la fatiga con un cepillo

¿Te sientes fatigada, nerviosa, tensa? Cepíllate las palmas de las manos con un cepillo de cerdas[1] suaves durante cinco minutos o más si notas que te hace falta. Ya verás cómo en seguida te sientes perfectamente relajada y descansada y, sobre todo, totalmente tranquila y sin nervios. Pruébalo, está al alcance de tu mano sentirte bien.

Cepíllate las manos y notarás un gran alivio.

1. bristles

CONVERSEMOS

A. **Opiniones.** Conteste Ud. las siguientes preguntas. ¿Alguna vez ha probado esta técnica para relajarse? Describa los resultados.

B. **¡Control!** Siguen algunas de las técnicas más convencionales para controlar la tensión. Arréglelas en el orden de su efectividad y explique. Luego, diga Ud. cuál ha probado y explique el resultado.

1. masaje
2. sauna
3. ir de vacaciones
4. meditación
5. medicamentos
6. practicar un deporte
7. hacer ejercicios
8. tomar una clase de «control mental»

C. **¡Cálmese!** Ud. tiene que hablar en público por primera vez y se siente excesivamente nervioso(a). Su amigo(a) quiere ayudarlo(la) a calmarse y le explica la técnica de cepillarse las manos. ¿Cómo reacciona Ud.? Llene los espacios con las palabras o frases necesarias para que el párrafo tenga sentido.

¿Cepillarme las manos? ¡Qué va! Eres una persona _____ y me parece que ésta es otra idea _____. Como ves, estoy _____. ¡Ay, cómo están temblando _____! No puedo _____. Bien, dame _____. ¿Por sólo cinco minutos, dices?... Me siento _____. Esta técnica es _____. Voy a decirles a nuestros amigos que _____, y seguramente ellos _____ cuando te vean. Hasta luego.

COMPOSICION

1. Se pueden sustituir las siguientes palabras por «cepillo» en el artículo. Escoja Ud. una y escriba un artículo nuevo.
   a. frijoles
   b. tren eléctrico
   c. agua fría
   d. otra

2. Escriba un artículo sobre un suceso o situación que le causó mucha tensión. ¿Qué hizo Ud. para aliviar la tensión? ¿Cuál fue el resultado?

IV. UNA TARJETA INDISPENSABLE

para controlar la tensión

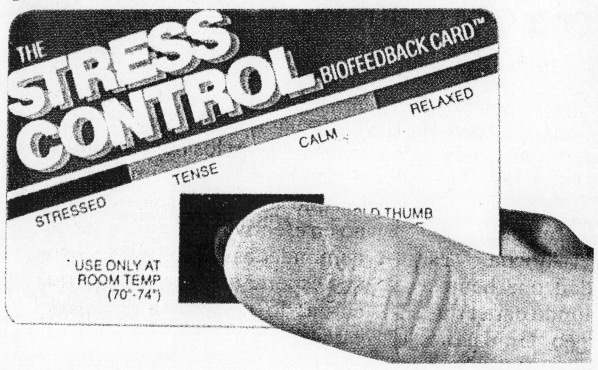

¿Está muy tenso? ¿O relajado? Averígüelo[1] tocando el centro de sensibilidad al calor de esta Tarjeta de Control de la Tensión. Si el líquido que se ve por la ventanita se pone rojo, ¡hay problemas! Si está azul, ¡siga tranquilo! Según el Doctor Alfredo Barrios, sicólogo de Los Angeles, ésta marca su nivel de tensión registrando la cantidad de calor en la punta[2] de sus dedos. Pero no basta con saberla. Para relajarse hay que hacer los ejercicios que se indican.

---

1. Find out   2. tip

EN OTRAS PALABRAS...

En una frase, explique Ud. lo que es la Tarjeta de Control de la Tensión.

CONVERSEMOS

A. **Opiniones.**   Conteste Ud. las siguientes preguntas.

1. Si Ud. se siente tenso(a) o nervioso(a) en la escuela o en su lugar de trabajo, ¿qué técnicas puede emplear inmediatamente para aliviar la tensión?

2. Los expertos recomiendan que uno «medite» acerca de sus actitudes hacia el trabajo. ¿Qué tipo de actitud podría causar tensión? ¿Cuál es la actitud de Ud. hacia su trabajo? ¿Le causa tensión? ¿Qué otras facetas de la vida le causan tensión?

B. **Preferencias.**   Cuando Ud. se siente nervioso(a),

1. ¿a qué lugares le gusta ir?
2. ¿qué deporte practica?
3. ¿qué le gusta comer?
4. ¿qué comidas o bebidas evita?
5. ¿con qué personas prefiere estar?
6. ¿en qué actividades participa?

A.

¿Está Ud. de acuerdo?   Los artículos anteriores tratan de los problemas causados por el exceso de tensión. Diga si Ud. está de acuerdo con las siguientes frases y defienda sus respuestas.

1. Algunas enfermedades están relacionadas con la tensión.
2. Algunas personas no saben relajarse. Es algo que tienen que aprender.
3. Hoy día el estar continuamente ocupado es un símbolo de status.
4. Una persona necesita cierto grado de tensión para ser productiva.
5. El exceso de tensión es producto de nuestra sociedad moderna.
6. Para controlar la tensión, sólo hay que tomar vitaminas.

B.

En el consultorio del (de la) terapeuta.   Se reúnen los participantes de un grupo de terapia. Todos sufren de una forma u otra de las tensiones mentales, físicas y emocionales. Quieren comparar sus problemas y compartir soluciones. En grupos, representen esta escena.

C.

Un curso sobre la tensión.   Su amigo está siguiendo un curso que se llama «La tensión y la salud». Como Ud. ya sabe mucho sobre este tema, él le pide que lo ayude a terminar las siguientes frases. Termínelas de una manera lógica y original.

1. La tensión emocional y el exceso de preocupación...
2. Las personas nerviosas o las que viven bajo un estado de tensión continuo...
3. Muchas de las enfermedades, desde el catarro hasta el cáncer...
4. Las investigaciones han demostrado...
5. Una de las formas más adecuadas para combatir...
6. Otras medidas...

D.

¿De qué trata?   Ud. está hojeando unas revistas mientras espera su turno para ver al dentista. En una página ve el título «Gusta, da placer y relaja: ¿será pecado?». Se interesa mucho en leer el artículo, pero no tiene suficiente tiempo. ¿De qué tratará este artículo? Use su imaginación y escriba un breve artículo usando este título.

MÉDICOS Y MEDICINA

¿Cómo mejor cuidar el cuerpo? Lea los siguientes artículos y decida.

PARA COMENZAR...

Hay muchos chistes referentes a los médicos y las enfermedades. Lea el al lado y conteste las preguntas.

1. ¿Es gracioso este chiste? ¿Por qué sí o por qué no?
2. ¿Es verdad que los médicos cobran demasiado? ¿Por qué cobran tanto? ¿Es injusto? Explique.
3. ¿Cuáles son algunas alternativas al cuidado médico tradicional?

DE MEDICOS

Un médico dice a otro:
—Desde hace un tiempo estoy mal del estómago. Tendré que hacerme ver por un especialista.
—¡Pero si tú eres especialista en estómago!
—Sí, pero cobro[1] demasiado caro.

1. I charge

I. MIEDO AL DENTISTA

Le Tiene Miedo al Dentista? Le Entendemos.

Proveemos cuidado dental en un ambiente de comodidad y entendimiento. Precios razonables. Horas de sábados y noches. Parqueo gratis.

$19 Especial Para Pacientes Nuevos

Incluye limpieza, rayos x, exámenes, diagnosis y plan de tratamiento, cuidado de flouride para niños. (Regularmente $54.00). Compare y ahorre.

EN OTRAS PALABRAS...

Refiriéndose al anuncio, conteste las preguntas.

1. ¿Cómo ayuda este dentista a aliviar el miedo de sus pacientes?
2. ¿Qué beneficios ofrece este dentista?
3. ¿Qué servicios provee? ¿Iría Ud. a este dentista? ¿Por qué sí o por qué no?

El cuidado dental. Termine Ud. las siguientes frases de una forma original.

1. Es necesario ir al dentista... veces al año para...
2. No me gusta ir a la oficina del dentista porque...
3. No necesito ir al dentista porque...
4. Si no como... no tendré problemas dentales.
5. Tengo una sonrisa... porque...
6. Cuando yo era pequeño(a), el dentista siempre...
7. Cuando yo voy al dentista, yo siempre...

En grupos, representen una de las siguientes escenas:

1. La madre o el padre lleva al (a la) niño(a) al (a la) dentista por primera vez.
2. La madre o el padre tiene una cita con el (la) dentista y tiene mucho miedo. Está con sus niños y por eso tiene que portarse de una forma valiente.

 ¿ES UD. HIPOCONDRIACO?

OBTENGA LAS RESPUESTAS

Recuerde, mientras más usted sabe sobre las medicinas que toma, mejor éstas le ayudarán a cuidar de su salud.

1. ¿ Cuál es el nombre de la medicina y cuál es su efecto indicado?

2. ¿ Cómo y cuándo debo tomar la medicina y por cuánto tiempo?

3. ¿ Qué alimentos, bebidas, y otras medicinas o actividades debo evitar mientras estoy tomando la medicina?

4. ¿ Hay algunos efectos secundarios relacionados con la medicina y qué debo hacer si estos efectos ocurren?

A. **Preocupaciones.** Para saber si Ud. es hipocondríaco(a), conteste las siguientes preguntas y explique sus respuestas.

1. Cuando a Ud. le duele la cabeza, ¿cree inmediatamente que sufre de alguna enfermedad incurable?
2. Cuando un(a) amigo(a) que está enfermo(a) le cuenta sus síntomas, ¿empieza Ud. a sentir sus dolores?
3. ¿Guarda Ud. un termómetro en su mesilla de noche?
4. ¿Lleva Ud. un guardapíldoras que tiene marcados todos los días de la semana?
5. ¿Sabe Ud. para qué sirven las vitaminas A, B_1, B_2, C, D y E? ¿Las toma Ud. todas diariamente?
6. ¿Bebe Ud. sólo agua de botella?
7. ¿Ha dejado Ud. de ir al laboratorio de lenguas porque ha oído que los micrófonos pueden transmitir microbios?

B. **Más quejas.** Invente Ud. cinco características más del hipocondríaco.

Con un(a) compañero(a), hagan los papeles del (de la) doctor(a) y del (de la) paciente. El (La) paciente le va a hacer las preguntas mencionadas en el anuncio anterior y el (la) doctor(a) las va a contestar.

III. LOS DERECHOS DE LOS ANIMALES

El referéndum de los animales

En Suiza,[1] país donde el referéndum es una práctica muy común, acaba de someterse[2] a la opinión popular si se acepta o no la utilización de animales para experimentos científicos. El pueblo suizo dijo que sí, porque es la única posibilidad para experimentar con seres vivos, lo que luego redundará[3] en beneficio de todos. Simultáneamente, la OMS, con sede en Ginebra, publicaba los principios básicos sobre los que habrá de regirse[4] esa experimentación animal. Entre otras cosas, dice: «Hay que *tratar a los animales como seres sensibles, evitándoles toda molestia, intranquilidad y dolor; toda manipulación dolorosa deberá hacerse previa sedación, analgesia o anestesia.»*

DEBATE

En cuatro grupos, hagan una lista de las ventajas y las desventajas de la utilización de los animales para experimentos científicos. Debatan la cuestión con los otros grupos desde el punto de vista de uno de los siguientes.

1. el (la) científico(a)   2. el animal
3. el (la) zoólogo(a)   4. la sociedad para la prevención de la crueldad hacia los animales

---

1. Switzerland   2. was just submitted   3. will redound
4. to be ruled

IV. TOMANDO EL SOL

ANTES DE LEER...

A. En grupos, hagan una lista de las ventajas de tomar el sol. Ahora, hagan otra lista de las desventajas. ¿Cuáles son los resultados? ¿Qué consejo pueden darle Uds. a la persona que se sienta bajo el sol todo el verano?

B. En grupos, hagan una lista de las precauciones que se deben tomar antes de salir al sol. ¿Cuáles producen los mejores efectos?

ASOLEATE[1] HOY... Y PAGA MAÑANA

Si regresas a casa después de esas sensacionales vacaciones con un delicioso color rojo langosta en lugar de un maravilloso bronceado. Sigue paso a paso estos consejos:

1. Quítate toda la ropa y siéntate tranquilamente durante algunos minutos, para permitir que tu cuerpo se enfríe.[2]
2. Relájate con un baño tibio.[3]
3. Toma cantidades industriales de agua, porque es posible que el sol te haya deshidratado.
4. Después del baño, aplica en toda tu piel una loción humectante,[4] y en seguida ponte talco.[5]
5. Vístete con alguna tela ligera (¡nunca tejida!)[6][7] y olvídate de la ropa interior por el resto del día.
6. Tómate una aspirina; te calmará el dolor y controlará la inflamación.
7. Durante los días siguientes, ¡aléjate[8] del sol como de tu peor enemigo! Dale a tu piel la oportunidad de recuperarse.
8. Adviérteles a tus amigos que no te den palmaditas en la espalda,[9] ¡puede ser terriblemente peligroso... para ellos!
OJO, OJO, OJO y MAAAAS OJO: Si la piel duele mucho, o si tienes ampollas,[10] tu quemadura[11] puede ser de segundo grado, en ese caso debes ir IN-ME-DIA-TA-MENTE con un médico.

---

1. Sun yourself   2. gets cold   3. tepid   4. moisturizing   5. talcum
6. fabric   7. woven   8. distance yourself   9. pats on the back
10. blisters   11. burn

Emplee Ud. los siguientes cognados para resumir el artículo.

color	cantidades	inflamación
delicioso	deshidratado	loción
bronceado	maravilloso	aspirina

Opiniones. Conteste Ud. las siguientes preguntas.

1. ¿Le gusta tomar el sol? ¿Por qué sí o por qué no? Cuando lo toma, ¿hace otras actividades también, como escribir cartas? ¿Cuáles son? ¿Adónde va para tomar el sol?
2. ¿Participa Ud. en muchas actividades al aire libre? ¿Cuáles son?
3. Ahora que los médicos nos hablan tanto de los peligros del sol, ¿qué precauciones va Ud. a tomar? ¿Cómo se puede evitar por completo los efectos dañinos del sol?

V. ¿FUMA UD. CIGARRILLOS?

ANTES DE LEER...

1. *Para los que fuman:* ¿Le gusta fumar? ¿Por qué? ¿Piensa dejar de fumar? ¿Cuándo? ¿Cómo? ¿Va a ser muy difícil? ¿Por qué? ¿Lo ha intentado alguna vez? ¿Qué pasó?

2. *Para los que no fuman:* ¿Ha fumado Ud. alguna vez? ¿Cuándo? ¿Por qué no fuma Ud. ahora? ¿Le molesta a Ud. cuando otros fuman? Explique.

1. lung   2. displaces
3. restricting

CONSEJOS EN QUITARSELO

DE TODOS LOS QUE SE LO HAN QUITADO CON ÉXITO, 50% LO HICIERON DE REPENTE. EL OTRO 50% SE LO QUITARON GRADUALMENTE. LAS PRIMERAS 48 HORAS, SON CRÍTICAS PARA LA MAYORÍA DE LA GENTE. YA PASÁNDOLAS SERÁ MÁS FÁCIL CADA DÍA. ASÍ ESCOJA LOS CONSEJOS QUE LE CONVENGAN[1] A USTED.

- FUME UN CIGARRILLO MENOS CADA DÍA.

- NO SE LO QUITE PARA "SIEMPRE"-SOLO DEJE POR UN DÍA-Y TRATE MAÑANA POR OTRO DÍA, Y MAÑANA, Y MAÑANA.

- DIGA A SUS AMIGOS Y FAMILIA QUE SE LO ESTÁ QUITANDO. UN COMPROMISO[2] PÚBLICO REFUERZA SU VOLUNTAD.

- ESCOJA EL DÍA Q (QUITAR) - Y QUÍTESELO.

- ESCONDA SUS CIGARRILLOS, CENICEROS,[3] CERILLOS,[4] ETC., ASÍ NO LE ESTÁN RECORDANDO SU HÁBITO.

- MANTENGA UN SURTIDO DE CHICLES,[5] PASTILLAS PARA LA TOS,[6] PEDACITOS DE ZANAHORIAS,[7] ETC.

1. that suit you   2. commitment   3. ashtrays   4. matches   5. gum   6. cough drops   7. carrots

EN OTRAS PALABRAS...

Nombre Ud.:

1. una ventaja de usar Smokeless para no fumar.
2. dos maneras en que Smokeless puede ayudar.
3. tres consejos para quitar el hábito de fumar.
4. cuatro enfermedades relacionadas con el fumar tabaco.
5. cinco razones para no fumar.

CONVERSEMOS

A. **Opiniones.**   Conteste Ud. las siguientes preguntas.

1. ¿Cuáles son los efectos negativos de fumar? ¿Cómo afecta la salud? ¿Cómo afecta el aspecto físico?
2. De los consejos para las personas que quieren dejar de fumar mencionados arriba, ¿cuáles son los más efectivos? ¿Por qué? ¿Cuáles son algunos no mencionados aquí?

B. **Censo de los cigarrillos.**   Entreviste Ud. a un(a) compañero(a) que fuma o que ha fumado cigarrillos. Incluya en la entrevista la siguiente información.

1. ¿Cuánto tiempo hace que fuma?
2. ¿Por qué empezó a fumar?
3. ¿Por qué sigue fumando o por qué ha dejado de fumar?
4. ¿Qué siente cuando fuma?
5. ¿Qué es lo más difícil para dejar de fumar?

MINIDRAMA

En grupos, representen una de las siguientes escenas.

1. En la oficina, los empleados quieren decirle al (a la) jefe(a) que les molesta mucho su puro.[1]
2. En un restaurante, una familia quiere decirle a la pareja famosa que está en la mesa de al lado que el humo de sus cigarrillos no les permite gozar de su comida.
3. En el ascensor, un grupo de personas quiere decirle al policía que no aguanta[2] su pipa.

1. cigar   2. cannot stand

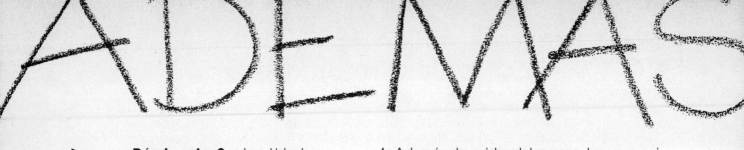

 ¿Dónde estoy?   Lea Ud. el siguiente chiste y conteste las preguntas.

AMNESIA

—Doctor, es alarmamente mi pérdida de memoria. Me olvido de todo.
—¿Y desde cuándo le ocurre?
—¿Me ocurre qué cosa?

1. Además de cuidar del cuerpo, hay que cuidar bien del cerebro. ¿Qué cosas se pueden hacer para mantener el cerebro en buenas condiciones?
2. ¿Qué es un siquiatra? ¿y un sicólogo? ¿Cuál es la diferencia entre los dos? ¿Ha ido Ud. alguna vez a uno de los dos? ¿Por qué?

 Todos se especializan.   Hoy día parece que todos los médicos se especializan en una sola parte del cuerpo. Invente Ud. unas especializaciones nuevas. Por ejemplo, «los uñistas» se especializan en el tratamiento de las uñas.[1]

_____

1. fingernails

 No fumar.   En grupos, escriban un anuncio comercial para convencer al público que deje de fumar. Represéntenlo delante de la clase.

 Autotratamiento.   Cuando uno se pone enfermo no es siempre necesario ir corriendo al médico. ¿Qué haría Ud. para tratarse a sí mismo(a) en los siguientes casos?

1. las picaduras de insectos
2. la indigestión
3. el insomnio
4. el hipo
5. la gripe
6. las erupciones en el cutis
7. los dolores de cabeza

 Una onza de prevención.   ¿Qué se puede hacer para evitar:

1. las caries?
2. los catarros?
3. la obesidad?
4. las enfermedades cardíacas?
5. las arrugas?[1]

_____

1. wrinkles

 Pregúntele al doctor. En casi todas las revistas populares hay secciones que se dedican a contestar las preguntas de los lectores. En la sección que se llama «Medicina» los lectores de una revista pueden dirigir sus preguntas al Doctor Villarroel. Hágale Ud. cuatro preguntas al doctor. Un(a) compañero(a) hará el papel del doctor y se las contestará.

¿Sabe Ud. expresarse bien? ¿Siempre sabe Ud. decir la cosa más apropiada en el momento más apropiado? En respuesta a las muchas cartas que hemos recibido de nuestros lectores, *Revista* presenta Don Rafael, a sus órdenes.

Experto en la sicología y los modales sociales y dominador del idioma español, don Rafi ayudará a todos con el «qué decir y cuándo decirlo», para quedar bien y dejar una impresión inolvidable. En esta sección don Rafi les enseñará las expresiones más correctas y comunes relacionadas con el trabajo, la diversión, el viaje, el amor y la salud.

Don Rafael a sus órdenes

¡QUE SE MEJORE!

El saludo más común es el que refleja interés en el estado de salud de una persona. Hay varias formas de expresar este interés.

1. Aquí se ofrecen varias maneras de preguntar por la salud de una persona y posibles respuestas a la pregunta.

¿Cómo está(s)? **¿Cómo le (te) va?**	How are you?
Estoy bien (mal, regular).	I'm fine (ill, OK).
¿Cómo se (te) siente(s)? **¿Cómo se (te) encuentra(s)?**	How do you feel?
Me siento mal (bien).	I feel bad (well).
Me encuentro fatal (fantástico[a]).	I feel awful (fantastic).
¿Qué le (te) pasa?	What's wrong?
¿Le (Te) duele algo?	Is something hurting you?
Se (Te) ve(s) muy pálido(a) (cansado[a]).	You look very pale (tired).
Estoy con fiebre.	I have a fever.
Tengo (el pie) hinchado.	My (foot) is swollen.
Me duele (la garganta).	My (throat) hurts.

2. Todo el mundo tiene algún consejo para la persona enferma.

Váyase (Vete) al médico.	Go to the doctor.
Debe(s) ir a que lo (la, te) vea un médico.	You should be seen by a doctor.
Guarde(a) cama un par de días.	Stay in bed for a few days.
No se (te) mueva(s).	Don't move.
Tómese (Tómate) una aspirina.	Take an aspirin.
No fume(s). Le (Te) hace daño.	Don't smoke. It's bad for you.
¡Que se (te) mejore(s)!	Get well soon!
¡Que no sea nada grave!	I hope it's nothing serious!

3. La tensión siempre puede afectar a una persona. Estas expresiones ayudan a identificar las causas y a encontrar las soluciones.

Este(a) ＿＿＿ me está dando la lata.	This ＿＿＿ is annoying me.
Este(a) ＿＿＿ me da rabia.	This ＿＿＿ makes me furious.
Este(a) ＿＿＿ me saca de quicio.	This ＿＿＿ drives me out of my mind.
Estaba fuera de sí.	He (She) was beside himself (herself).
No es para tanto.	It's not that bad.
No le haga(s) caso.	Don't pay attention to him (her).
¡Cálmese! (¡Cálmate!)	Calm down!
Tranquilo(a).	Take it easy.

4. Y por fin, es importante reconocer el papel fundamental que tienen la comida y la bebida para mantenerse en buena forma.

¡Buen provecho!	Bon appétit! Enjoy!
¡Salud!	To your health!
¿Ha(s) adelgazado (engordado)?	Have you lost (gained) weight?
Está(s) muy flaco(a) (gordo[a]).	He (She, You) look(s) very skinny (fat).
Ha(s) echado carnes.	He (She, You) has (have) gotten fat.
Está(s) hecho(a) un costal de huesos.	He (She, You) is (are) skin and bones.
Siempre come(s) a deshora.	He (She, You) always eat(s) between meals.
Le (Te) encanta picar.	He (She, You) love(s) to snack.
No me apetece nada.	I don't feel like eating anything.
No está(s) en forma.	He (She, You) is (are) out of shape.
No aguanta(s) nada.	He (She, You) has (have) no endurance.

USTED TIENE LA PALABRA

A. Hábitos. Describa a un(a) compañero(a) que tiene las siguientes malas costumbres.

1. Anda siempre en coche y no practica ningún deporte.
2. Come todo el día.
3. Duerme poco, fuma mucho y no practica ningún deporte.

B. Sentimientos y emociones. Termine Ud. las siguientes frases añadiendo un sujeto y una explicación. Luego, un(a) compañero(a) le dará un consejo.

1. Mi _____ me da rabia;...
2. Mi _____ me está dando la lata; siempre...
3. Este(a) _____ me saca de quicio;...

C. Descripciones. Ud. vuelve a ver a su compañero(a) de cuarto después de seis meses. Comente Ud. el cambio en su estado físico. Luego, su compañero(a) le explicará la causa de estos cambios.

MODELO   flaco
Usted: **María, estás muy flaca. Estás hecha un costal de huesos.**
Compañera: **Sí, estuve muy enferma y no podía comer.**

1. gordo   2. pálido   3. en forma

VOCABULARIO

Sustantivos

el **alimento**	food
el **alivio**	relief
el **azúcar**	sugar
el **catarro**	cold
la **cebolla**	onion
los **dulces**	sweets
la **enfermedad**	sickness, illness
el **esfuerzo**	force, effort
el (la) **espectador(a)**	spectator
la **frescura**	coolness, freshness
la **grasa**	grease, fat
la **gripe**	influenza (flu)
el **huevo**	egg
el **jugo**	juice
la **langosta**	lobster
el **pimiento**	pepper *(vegetable)*
el **sabor**	flavor, taste
el **ser**	being
el **signo**	sign
el **sillón**	armchair
el **sonido**	sound
la **tentación**	temptation
la **tortilla**	omelet
el **tratamiento**	treatment
la **voluntad**	will

Adjetivos

dañino (dañoso)	harmful
digno	worthy
fatigado	fatigued, tired
gratis	free of charge
ligero	light
lleno	full
mensual	monthly
realizado	accomplished
relajado	relaxed
saludable	healthful, wholesome
sano	healthy
sensible	sensitive
tenso	tense
testarudo	stubborn
vacío	empty

Verbos

actuar	to act
adelgazar	to get thin, lose weight
advertir (ie)	to warn
alegrar	to make happy
aliviar	to alleviate
averiguar	to find out
dañar	to hurt, harm
disminuir	to diminish, reduce
engordar	to get fat, gain weight
entristecer	to sadden
evitar	to avoid
masticar	to chew
picar	to snack; to chop
probar (ue)	to try; to taste
relajar	to relax
renunciar	to give up
respirar	to breathe

Expresiones

a la vez	at the same time
bajar de peso (perder peso)	to lose weight
darle hambre	to make one hungry
los **demás**	the rest
el **estado de ánimo**	mood
estar a dieta (hacer dieta, seguir una dieta)	to be on a diet
estar al alcance	to be within reach
hacer ejercicios	to exercise
pasar hambre	to feel hunger
paso a paso	step by step
por la fuerza	by force

REPASEMOS EL VOCABULARIO

A. Antónimos. Busque Ud. el antónimo de las palabras siguientes.

1. lleno
2. engordar
3. bajar
4. sano
5. relajado
6. alegrar
7. enérgico

a. adelgazar
b. vacío
c. tenso
d. entristecer
e. fatigado
f. subir
g. enfermo

B. Explicaciones. Explique Ud. en español el significado de las siguientes palabras y expresiones.

1. la cebolla   2. el jugo   3. masticar
4. testarudo   5. el estado de ánimo

C. Tratamientos. ¿Qué hace Ud. cuando...
1. tiene catarro?   2. está fatigado(a)?
3. tiene la gripe?

D. Formando otras palabras. Forme Ud. otra palabra, según los modelos.

SUSTANTIVO	ADJETIVO
	fatigado
1. fatigar	_____
2. relajar	_____
3. aliviar	_____
4. realizar	_____
5. lograr	_____
6. picar	_____
7. masticar	_____

VERBO	SUSTANTIVO
	tentación
1. tentar	_____
2. relajar	_____
3. salvar	_____
4. formar	_____
5. inmigrar	_____
6. respirar	_____

POR ULTIMO

A.

Mis ideas sobre la salud. Empiece Ud. la frase de una forma original.

1. ...porque no me gusta hacer dieta.
2. ...porque necesito consumir más proteínas.
3. ...porque aumenta demasiado mi apetito.
4. ...porque así puedo dejar de comer entre comidas.
5. ...porque contiene demasiadas calorías.
6. ...porque me irrito mucho y tengo dolores de estómago.
7. ...porque la música rock me estimula demasiado.
8. ...porque prefiero hacer ejercicios aeróbicos.
9. ...porque no quiero subir de peso.
10. ...porque quiero servir algo nuevo e interesante.
11. ...porque es necesario para la salud dental.
12. ...porque es malo para la salud.

B.

¿Qué sabe Ud. de la nutrición? Busque la descripción en la segunda columna de las palabras en la primera columna.

1. el calcio	a. Se encuentra en las frutas cítricas y, según algunos, sirve para prevenir los catarros.
2. el agua	b. Es un mineral que se encuentra en los productos lácteos.
3. la vitamina C	c. Se encuentran en abundancia en los dulces.
4. el vegetarianismo	d. Disminuyen el riesgo del cáncer del colon.
5. las fibras	e. Es esencial para la vista y abunda en las zanahorias.
6. la vitamina A	f. Seis u ocho vasos de este líquido al día deben ser una parte integral de cualquier dieta.
7. las calorías	g. Es una dieta rica en verduras y frijoles y no incluye la carne.

C.

La paz mental. ¿Está Ud. experimentando un exceso de tensión? Para combatir la tensión hay que identificar la causa. Lea Ud. la tabla siguiente. Los puntos (entre 1 y 10) indican la cantidad de tensión que corresponde a los siguientes cambios en la vida.

a.	la muerte de un familiar	10
b.	el divorcio	10
c.	el romper con un(a) novio(a)	7
d.	el perder el trabajo	8
e.	los problemas en el trabajo o en la escuela	7
f.	las vacaciones	1
g.	el cambio de vivienda	5
h.	los problemas financieros	9
i.	el comienzo de la escuela	4
j.	las Navidades	2

1. Indique los cambios que Ud. ha experimentado este año.
2. Según sus propias experiencias, ¿cuántos puntos daría Ud. a cada suceso? ¿Por qué?
3. ¿Cuáles son otros cambios en la vida que causan mucha tensión?

D.

La comida y el estado de ánimo. Llene Ud. el espacio con la(s) palabra(s) apropiada(s) y explique por qué.

1. Es difícil ser elegante cuando como _____ porque...
2. Es difícil estar triste cuando como _____ porque...
3. Es fácil sentirme culpable cuando como _____ porque...
4. Es imposible sentirme romántico(a) cuando como _____ porque...
5. Es difícil _____ cuando como un limón porque...
6. Es _____ cuando como a comida italiana porque...

E.

Opiniones. Conteste Ud. las siguientes preguntas.

1. ¿Tiene Ud. un equilibrio entre el trabajo y el recreo? ¿Qué hace Ud. (o qué puede hacer) para lograrlo? ¿Qué hace Ud. para controlar los nervios? ¿Qué hace para relajarse?
2. Una gran causa de tensión es la falta de relaciones cordiales entre amigos y familiares. ¿Se lleva Ud. bien con los suyos? ¿Qué se puede hacer para mejorar estas relaciones?

3. Hay muchas clases de dietas, programas de ejercicios, máquinas que ayudan a adelgazar. ¿Cuáles conoce Ud.? ¿Cuáles ha usado Ud.? ¿Cuál es el más absurdo? ¿Cuál funciona mejor?

4. ¿Qué es lo que aumenta su apetito? ¿Qué es lo que lo disminuye? ¿Qué es lo que más le hace a Ud. subir de peso? ¿Necesita Ud. hacer dieta para mantenerse en buena forma? Describa su rutina.

F.

Asociaciones libres.   ¿Qué asocia Ud. con las palabras siguientes?

1. adelgazar   2. salud   3. hambre
4. dentista   5. ejercicios   6. cigarrillos
7. dieta   8. chocolate

G.

Voces en la noche.   Lea Ud. la siguiente caricatura y conteste las preguntas.

1. ¿Qué es lo que lo (la) llama a Ud. de noche? ¿Contesta o vuelve a dormir?
2. ¿A qué hora come Ud. su último bocado?[2]
3. ¿Come Ud. más por la mañana o por la noche? ¿Por qué?

---

1. log   2. mouthful

VOCABULARIO ESPAÑOL-INGLES

Este vocabulario incluye todas las palabras mencionadas en las secciones de vocabulario de *Revista,* además de algunas otras que pueden ser desconocidas para los lectores. Las palabras cognadas por la mayor parte no están incluidas en este vocabulario. Se han usado las abreviaturas siguientes:

adj	adjetivo	*m*	masculino
adv	adverbio	*pl*	plural
f	femenino	*s*	sustantivo
		sing	singular

Para indicar un verbo con cambio en la raíz, se ha usado la siguiente técnica: **(ue)** = o → ue; **(ie)** = e → ie; y **(i)** = e → i.

A

a: a bordo on board; **a la vez** at the same time; **a partir de** after; **a pesar de** in spite of; **a propósito** on purpose; **a su cargo** in one's charge; **a través de** through, by means of
abandonar (un cuarto) to check out (of a room)
abogado(a) lawyer
abrochar to fasten
aburrimiento boredom
aburrirse to become bored
acomodador(a) usher
aconsejar to advise
actual *(adj)* present
actualmente nowadays, at present
actuar to act
acudir to go
achinado slanted
adelante forward, ahead
adelanto advance
adelgazar to become thin
adivinar to guess
adquirir (ie) to acquire
aduana customs
advertir (ie) to warn
aeromozo steward
aficionado *(adj)* fond of
aficionado(a) fan
afiche *(m)* poster
afueras *(f pl)* outskirts
agencia de viajes travel agency
agente de viajes *(m* and *f)* travel agent
agradable pleasing, pleasant
agradecer to thank
agregar to add
aguafiestas *(m* and *f)* party pooper
aguantar to stand, bear

águila eagle
ahorrar to save
ajeno *(adj)* pertaining to someone else
ajo garlic
al: al aire libre open-air, out of doors; **al alcance** within reach; **al aparecer** apparently; **al igual que** in the same way as; **al revés** backward
alcalde *(m)* mayor
alcanzar to reach, attain
alegrar to make happy
algodón *(m)* cotton
alimento food
aliviar to relieve
alivio relief
almacén *(m)* department store
almohada pillow
alojamiento lodging
alojarse to lodge, stay
alquilar to rent
alrededor de about, around
ama de casa housewife
amarrado tied up (down)
ambiente *(m)* atmosphere
ambos both
amistad *(f)* friendship
amistoso friendly
ampliarse to enlarge, extend
amplio full
analfabeto illiterate
anciano(a) elderly person
ancho wide
anfitrión (anfitriona) host(ess)
anillo ring
ansioso anxious
anticuado antiquated, out-of-date
antigüedad *(f)* antique
antillano Antillean
anuncio announcement; **anuncio comercial** commercial
añadir to add
aparato apparatus; appliance
aparte de aside from

apellido last name
apostar (ue) to bet
apoyar to support
apoyo support
aprovecharse (de) to take advantage (of)
árbitro(a) umpire, referee
arcilla clay
arco iris rainbow
arete *(m)* earring
arreglar to arrange
arriesgar(se) to risk (to take a risk)
arruga wrinkle
arrugado wrinkled
asegurar to ensure, assure
asignatura subject
asistencia attendance
asistir a to attend
asombroso astonishing, surprising
asustarse to be frightened
atender (ie) to wait on, attend to
atraer to attract
atrás backward, behind
atreverse (a) to dare
aula classroom
aumentar to increase
aumento increase
aventurero adventurous
averiguar to find out
ayuntamiento city hall
azafata stewardess
azafrán *(m)* saffron
azúcar *(m)* sugar

B

bajar de peso to lose weight
bandeja tray
bañera bathtub
barrio neighborhood

batir to beat
baúl *(m)* trunk
bebida drink
belleza beauty
bendecir to bless
bendición *(f)* blessing
beneficio benefit
bibliotecario(a) librarian
bienes raíces *(m pl)* real estate
bilingüe bilingual
billares *(m pl)* billiards
billete *(m)* ticket
billetera wallet
boina beret
boleto ticket
bolsa bag
bolsillo pocket
bolso pocketbook
bondadoso kind, nice
botella bottle
bregar con to contend with, cope with
brillante *(s m)* diamond
brindar to offer
burlarse (de) to make fun (of)
buzón *(m)* mailbox

C

cabalgar to ride
caber to fit
cadena chain
caja fuerte safe
cajero(a) cashier
cajón *(m)* drawer
calificación *(f)* grade
calificado qualified
caluroso hot
calvo bald
camarero(a) waiter (waitress)
campeonato championship
campo field
canal *(m)* channel
capacitado capable
carecer de to lack
caricatura cartoon
cariñoso affectionate
carrera career
cartel *(m)* poster
casero pertaining to the home
catarro *(s)* cold
cautivar to captivate
cazar to hunt
cebolla onion
célebre famous
celebridad *(f)* celebrity
celos *(m pl)* jealousy
celoso jealous
censura censorship
cepillar to brush

cepillo brush
cesta basket
cifra number
cinturón de seguridad *(m)* safety belt
ciudadano(a) citizen
claridad *(f)* clarity
clave *(f)* key
cobrar to charge
cocina cuisine, cooking
colgar (ue) to hang
colocar to place, locate
comerciante *(m and f)* merchant
comodidad *(f)* comfort
cómodo comfortable
compartir to share
complacer to please
complejo *(adj)* complex
comportamiento behavior
compra buying, purchase
comprador(a) shopper
comprobar (ue) to prove
compromiso commitment
concerniente a concerning
concurso race, game show
confiar (en) to trust
conocido known
conseguir (i) to obtain, receive
consejero(a) counselor
consejo advice
consumidor(a) consumer
consumo consumption *(of goods)*
contar (ue) con to count on
contratar to hire
coquetear to flirt
corazón *(m)* heart
correr riesgo to run the risk
corriente common
corromper to corrupt
costoso costly
costumbre *(f)* custom
creativo creative
criar to raise
crítica criticism
crucero cruise
cuenta account
cuero leather
cuerpo body
cuidado care
culpa blame, fault
culpable guilty

CH

cheque de viajero *(m)* traveler's check
chismes *(m pl)* gossip

D

dañar to hurt, harm
dañino harmful
dañoso harmful
dar: dar la bienvenida to welcome; **darle hambre** to make one hungry; **dar palmadas** to clap
deber *(s m)* duty
depender (de) to depend (on)
dependiente *(m and f)* clerk
deprimido depressed
derecho *(s)* right
derramar to spill
desarrollar to develop
descanso rest
desconfiar (de) to mistrust
desconocido unknown
descubrimiento discovery
descuento discount
desembarcar to disembark
desesperado desperate
desocupar (un cuarto) to check out (of a room)
despedir (i) to fire
destreza skill
desventaja disadvantage
deuda debt
de venta for sale
devolver (ue) to return *(an object)*
dicho saying
dichoso fortunate
digno worthy
discurso speech
diseñador(a) designer
disfrutar (de) to enjoy
disminuir to diminish, reduce
disquero(a) disc jockey
divertirse (ie) to have a good time
doblar to fold
dolor *(m)* pain
donante *(m and f)* donor
dorado golden
dormirse (ue) to fall asleep
dueño(a) owner
dulces *(m pl)* sweets
durar to last
dureza durability

E

echar de menos to miss
edad *(f)* age
eficaz efficient

elegir (i) to elect
elogiar to praise
emisora radio (television) station
emocionante exciting
emperador *(m)* emperor
empresa company
en: en el extranjero abroad; **en lugar de** instead of; **en voz alta** loudly
enamorarse (de) to fall in love (with)
encabezar to lead, head up
encaje *(m)* lace
encargarse (de) to be in charge (of)
encuesta survey
enemigo(a) enemy
enfermedad *(f)* sickness, illness
enfrentarse to face
engañar to deceive
engañoso deceitful, deceiving
engordar to become fat, gain weight
enhorabuena congratulations
enriquecer to enrich
enterarse (de) to find out (about)
entrenador(a) trainer
entrenamiento training
entretenerse to have a good time
entrevista interview
entrevistar to interview
entristecer to sadden
envejecer to become old
envidia envy
equilibrado balanced
equilibrio balance
equipaje *(m)* luggage
equiparse to equip oneself
equipo equipment; team
escasez *(f)* scarcity
escaso scarce
esclavo(a) slave
escoger to choose
esconder to hide
esfuerzo force; effort
esgrima fencing
espada sword
especializarse to specialize
espectador(a) spectator
esperanza hope
esquí de alta montaña downhill skiing
estadio stadium
estado state; status; **estado de ánimo** mood
estar: estar a dieta to be on a diet; **esta al alcance** to be within reach; **estar al tanto** to be informed; **estar dispuesto a** to be ready to, be willing to; **estar encargado** to be in charge; **estar en regla** to be in order
estereotipado stereotyped

estereotipo stereotype
estrecho narrow
estrella star
estrenar to debut; to use for the first time
eterno eternal
etiqueta label; etiquette
étnico ethnic
evitar to avoid
exigir to require, demand
éxito success
extranjero *(adj)* foreign
extranjero(a) foreigner
extrañar to miss

F

fabricar to manufacture
facturar to check *(luggage)*
faena task
fatigado fatigued, tired
fecha date
fiarse (de) to trust
fijarse (en) to notice
firmar to sign
flaco skinny
florero vase
folleto pamphlet
formulario form
fortalecer to strengthen
fracaso failure
fragancia fragrance
franela flannel
freír to fry
frescura coolness, freshness
fuente *(f)* fountain, source

G

gafas *(f pl)* glasses
ganado cattle
ganga bargain
garganta throat
gastar to spend; to waste
gasto expense
gaucho herdsmen of the pampa *(Argentina, Chile, Uruguay)*
gira tour
gobierno government
grabar to tape, record
gracioso funny
grasa grease, fat
gratis free of charge
gratuito free of charge
gripe *(f)* influenza (flu)
gritar to yell, shout
guardar to keep

guía *(f)* guidebook
guía *(m and f)* guide
guiar(se) to guide (oneself)
gusto taste; pleasure

H

habilidad *(f)* ability
hacer: hacer alarde de to boast about; **hacer autostop** to hitchhike; **hacer cola** to stand in line; **hacer dieta** to be on a diet; **hacer ejercicios** to exercise; **hacer falta** to be lacking; **hacer juego** to match; **hacer la maleta** to pack a suitcase; **hacer las compras** to do the shopping; **hacerle daño a uno** to hurt someone
hamburguesa hamburger
helado frozen
herencia heritage
herida injury, wound
herido wounded
hervir (i) to boil
hierro steel
hogar *(m)* home
hondo deep
huésped(a) guest
huevo egg

I

imponer to impose
importar to matter, be important
impresionar to impress
inagotable inexhaustible
incómodo uncomfortable
indígena indigenous, native
infantil childish
ingenuo naive
ingreso income
inmadurez *(f)* immaturity
innovador innovative
inscribirse en un hotel to check into a hotel
inseguridad *(f)* insecurity; uncertainty
insoportable unbearable
intentar to try
inútil useless
inversión *(f)* investment
ir de compras to go shopping
isla island

J

jinete *(m and f)* horseman, horsewoman, rider
juego game; gambling
juez *(m and f)* judge
jugo juice
juguete *(m)* toy
juicio judgment
juventud *(f)* youth
juzgar to judge

L

ladrón (ladrona) thief
lana wool
langosta lobster
lata can; *(slang)* problem
lavandería laundry
lector(a) reader
lectura reading
legado legacy
lema *(m)* slogan
leve *(adj)* light
ley *(f)* law
leyenda legend
ligero *(adj)* light
lograr to achieve; **lograr metas** to achieve goals
logro achievement
lucir to show off; to display; to shine
lujo luxury
lujoso luxurious
luna de miel honeymoon

LL

llamar la atención to call attention
llegar con retraso to arrive late
lleno full

M

madera wood
madurez *(f)* maturity
magia magic
mago wizard
maleta suitcase
mandamiento commandment

mantel *(m)* tablecloth
marca brand
marcar to dial
marisco shellfish
masticar to chew
matrícula tuition; enrollment
matricularse to enroll
matrimonio matrimony; married couple
medalla medal
medida measure, measurement
mejorar to improve
mensaje *(m)* message
mensual monthly
mentir (ie) to lie
mentira lie
mercancía merchandise
merecer to deserve
meter la pata to put one's foot in one's mouth
mezclar to mix, combine
microbio germ
mirada look
mitad *(f)* half
moda style
molestar to bother
mueble *(m)* piece of furniture
muestra sign
mundano mundane
mundial worldwide
muñeca doll

N

negocio business
nivel *(m)* level
nota grade
noticias *(f pl)* news

O

obra work *(literary)*
ocio leisure
ocioso lazy
odiar to hate
oferta offer
olor *(m)* smell
opinar to be of the opinion
optar to choose
ordenador *(m)* word processor
orgulloso proud
oscuro dark

P

paja straw
pantano swamp
papel *(m)* paper; role
paraíso paradise
parar to stop
pareja couple; partner
párrafo paragraph
pasaje *(m)* ticket
pasajero(a) passenger
pasar hambre to feel hunger
pasatiempo hobby, pastime
paso a paso step by step
pata paw
pelearse to fight
peligro danger
peligroso dangerous
perder peso to lose weight
permanecer to remain
perseguir (i) to pursue; to follow
pertenecer to belong
pesadilla nightmare
pesado heavy; boring
picar to snack; to chop
pimiento pepper *(vegetable)*
piropo flirtatious remark
piscina swimming pool
pista track, court
placer *(s m)* pleasure
planificar to plan
poder *(s m)* power
ponerse al día to be informed, be up to date
por la fuerza by force
portátil portable
precio price
prejuicio prejudice
premio prize
prenda article of clothing
prensa press
presión *(f)* pressure
préstamo loan
prestar to lend
prevenir to prevent
príncipe *(m)* prince
principiador(a) beginner
probar (ue) to try; to taste
probarse (ue) to try on
profesorado faculty
prometedor promising
promover (ue) to promote
propina tip
propio own
proporcionar to offer; to supply
propósito purpose
próspero prosperous
proteger to protect
prueba proof
público *(s)* audience; public
punta tip

Q

quedarse to stay
queja complaint
quejarse (de) to complain (about)
quemadura burn
quemar to burn

R

radio-reloj *(m)* clock-radio
rascacielos *(m sing and pl)* skyscraper
rasgo trait
realizado accomplished
realizar to achieve, accomplish
recibo receipt
reconocer to recognize
reconocimiento recognition
recorrer to travel
recuerdo souvenir; memory
recurrir a to resort to
red *(f)* net
redondo round
referente a referring to
reforzar (ue) to reinforce
refrescar to refresh
regatear to haggle, bargain
regla rule
regresar to return
regreso return
relajado relaxed
relajar to relax
remo rowing; oar
renunciar to give up
reñir (i) to argue, fight
respirar to breathe
retrato portrait
revisar to inspect
revista magazine
riesgo risk
rodear to surround
rogar (ue) to beg
ruidosamente noisily
rutinario routine

S

sábana sheet
sabio wise
sabor *(m)* flavor, taste
sacar to take out; **sacar fotos** to take pictures
salario salary

saltar to jump
saltos *(m pl)* high jump
saludable healthy; wholesome
salvar to save
sano healthy
secador de pelo *(m)* hair dryer
seco dry
seda silk
seguido in a row
seguir una dieta to be on a diet
seguridad *(f)* security; certainty
seguro *(adj)* safe, certain, sure; *(s)* insurance
sello stamp
semejante similar
semejanza similarity
sensible sensitive
sentido sense; meaning; **sentido común** common sense
sentimiento feeling
señal *(f)* sign
señalar to point out; to show
ser *(s m)* being
servir (i) de to serve as
siglo century
significado meaning
signo sign
silbar to whistle
sillón *(m)* armchair
sin embargo nevertheless
sobrevivir to survive
soledad *(f)* loneliness
solicitar to apply for; to ask for
solicitud *(f)* application
solitario lonely
soltero(a) single person
solucionar to solve
sonar (ue) to ring
sonido sound
soñar (ue) (con) to dream (about)
sorpresa surprise
sospechar to suspect
suave soft; subtle
suceder to happen
suceso event
sueldo salary
sugerencia suggestion
sugerir (ie) to suggest
suizo(a) *(s)* Swiss
superar to overcome
suponer to suppose
surgir to appear
sutil subtle

T

taller *(s m)* workshop
tamaño size
tela material

telecomedia situation comedy
telenovela soap opera
televisor *(m)* television set
temporada season
tender (ie) to have the tendency
tener: tener derecho a to have the right to; **tener presente** to bear in mind; **tener que ver con** to have to do with
tenso tense
tentación *(f)* temptation
tesoro treasure
testarudo stubborn
testigo *(m and f)* witness
tira cómica comic strip
titular *(s m)* headline
toalla towel
tomar en cuenta to take into account; **tomar una decisión** to make a decision
torero(a) bullfighter
tormenta storm
tortilla omelet *(Spain)*
trasladar to move
tratamiento treatment
tratar con to deal with
truco trick
turista *(m and f)* tourist

U

único unique; only
uña fingernail
útil useful
utilizar to use

V

vacío empty
valer to be worth; **valer la pena** to be worth the trouble
valor *(m)* value
valorarse to value oneself
vanidoso vain
vaquero(a) cowboy(girl)
vejez *(f)* old age
vela sailing; candle
vendar to blindfold
vendedor(a) salesperson
venta sale
ventaja advantage
vergonzoso embarrassing
vestuario wardrobe
viajar to travel
viaje *(m)* trip
viajero(a) traveler
vista view

volar (ue) to fly
voluntad *(f)* will
volverse (ue) to become;
  volverse (ue) loco to go crazy
vuelo flight

Y

ya que since

Z

zafiro sapphire

The authors wish to thank the following people and organizations for their generous contributions to *Revista:*

Shawmut Banks. "¿Cuál es su the estilo ejecutivo?" by Richard C. Grote, Dallas, Tex. Reprinted by permission of the author. "La vida en público," by Liz Smith. Reprinted by permission of the author. *Video Vision* magazine, Lomberto L. Pérez, Publisher. "Ser," "Cope," and "Referéndum de los animales," from *Tiempo,* Madrid, Spain. "Qué hacer cuando está aburrida." Reprinted from *Fold a Banana,* text by James R. Erskine and illustrations by George Moran. Text, copyright © 1978 by James R. Erskine. Illustrations, copyright © 1978 by George Moran. Used by permission of Clarkson N. Potter, Inc. Colgate-Palmolive Company. Levi Strauss International, Division of Levi Strauss and Co., San Francisco, Calif. Swatch Watch USA. Courtesy of The Procter and Gamble Company. MB España Playskool is a trademark owned by Hasbro, Inc., 1027 Newport Ave., Pawtucket, R.I. Raffoler Ltd. Omega Watch Corporation. Motor Ibérica, S.A. El Corte Inglés, S.A. National Car Rental. Iberia Airlines of Spain. Eastern Airlines. SeaEscape. "Vaqueros y gauchos." Reprinted from *Américas,* bimonthly magazine in English and Spanish published by the General Secretariat of the Organization of American States. Law offices of Rubén de León, 2228 NW 7th St., Miami, Fla. 33125. Oscar Reyes, Director of the Catholic seminary El Pregonero, Washington, D.C. "Snoopy" cartoons reprinted by permission of United Feature Syndicate, Inc. Lichtman, Trister and Levy law offices. "Pepita" ("Blondie"). Reprinted with special permission of King Features Syndicate, Inc. Attorney Alvin Jack Sims. *El Mundo* newspaper, Cambridge, Mass. *La Semana* Newspaper, Boston. "Los esclavos," by Antonio Martínez Ballesteros. Reprinted by permission of the author. "Canto negro," by Nicolás Guillén. Reprinted by permission of Agencia Literaria Latinoamericana. "Diario las Américas," Miami, Fla. *El Vocero* newspaper, San Juan, Puerto Rico. *Temas* magazine. "Técnicas para triunfar en una fiesta," by Vicki Lindner. Reprinted by permission of the author. "Ud. y sus padres: Cómo comenzar de nuevo en armonía familiar," © 19-- by Susan Jacoby. "La chica cosmo trabaja." Reprinted by permission of "*Cosmopolitan* en Español." Jōvan, © 1987, Beecham Cosmetics, Inc. American Cancer Society. Dr. Ronald Weisman, © Gentle Dental advertisement. "Vence la fatiga," "Fiat de Franco," "Recetas para un divorcio", cartoon "Mi mujer contrata . . ." Publication authorized by Lecturas, Barcelona, Spain. Hearst International Editions. Special thanks to Marta V. Arbucias and Editorial Américas, S.A. *Cambio 16.* *Hola.* *El País.* Reprinted as courtesy of the Commonwealth of Puerto Rico Turism Company. By permission of American Express Travel Related Services and Company, Inc. EUROP Assistance.